珠江金融论坛丛书

金融法制环境建设探索

Explore Legal Environment
Construction of Finance

主　编　欧阳卫民

副主编　邱亿通　许涤龙

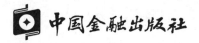

中国金融出版社

责任编辑：黄海清
责任校对：李俊英
责任印制：丁淮宾

图书在版编目（CIP）数据

金融法制环境建设探索（Jinrong Fazhi Huanjing Jianshe Tansuo）/欧阳卫
民主编．—北京：中国金融出版社，2015.12
　　（珠江金融论坛丛书）
　　ISBN 978 - 7 - 5049 - 8482 - 1

　　Ⅰ．①金…　Ⅱ．①欧…　Ⅲ．①金融法—研究—中国　Ⅳ．①D922.280.4

中国版本图书馆 CIP 数据核字（2016）第 066375 号

出版
发行　**中国金融出版社**

社址　北京市丰台区益泽路 2 号
市场开发部　（010）63266347，63805472，63439533（传真）
网 上 书 店　http://www.chinafph.com
　　　　　　（010）63286832，63365686（传真）
读者服务部　（010）66070833，62568380
邮编　100071
经销　新华书店
印刷　北京市松源印刷有限公司
尺寸　169 毫米 × 239 毫米
印张　18
字数　310 千
版次　2015 年 12 月第 1 版
印次　2015 年 12 月第 1 次印刷
定价　35.00 元
ISBN 978 - 7 - 5049 - 8482 - 1/F. 8042
如出现印装错误本社负责调换　联系电话（010）63263947

总　序

　　广州是我国近现代金融业发展的先行地，18 世纪中叶的"十三行"街是全国最大的资金融通中心。新中国成立后，特别是改革开放以来，广州金融业持续稳步发展，金融业发展规模、金融改革创新、金融对外开放等方面走在全省前列，在全国亦具有较高的地位。

　　当前，加快建设广州区域金融中心具有十分重要的战略意义。首先，有利于加快建设广东金融强省。在"珠三角"加快区域一体化进程中，广州起着龙头带动作用。依托广州的综合优势，引导金融资源、金融要素在广州集中配置，进一步强化区域金融中心的地位，发挥区域金融中心的聚集、辐射和带动作用，可以全面促进区域金融分工合作、改革创新与协调发展，带动全省向国际金融、产业金融、科技金融、农村金融、民生金融"五大金融"全面发展，提高广东在全国金融市场上的资源配置能力，全面推进金融强省建设，进而促进产业转型升级。其次，有利于促进粤、港、澳加强合作，打造世界级城市群。利用广州毗邻港、澳地区的良好条件，加快建设区域金融中心，与香港、深圳等地区一起发挥各自优势，分工合作，错位发展，可以共同打造联通中国与世界金融市场、具有重要影响力的国际金融中心区域，进而增强广东与香港、澳门地区的经济合作，粤、港、澳联手打造更具竞争力的世界级城市群。最后，有利于维护国家经济金融安全。加强粤、穗与港、澳地区，东南亚及周边国家的合作，加快开展跨境人民币业务，推动人民币逐步走向区域化、国际化，不断提高人民币在国际金融市场上的地位；积极争取国家支持，在广州设立创新型期货交易所，形成具有国际影响力的"广州价格"，打造广州国际定价中心，增强我国在国际金融领域的话语权，提升我国的国际竞争力。

　　近年来，广州金融业发生了巨大变化，区域金融中心地位初步确立，功能不断强化。初步概括，我认为广州金融业发展主要有六个标志性成果。

　　第一，金融对于国民经济的贡献率大大提高。近年来，广州金融业快速发展，2013 年金融业增加值突破 1 000 亿元大关，达到 1 147 亿元，占 GDP 比重达 7.43%，发展成为广州重要的战略性主导产业之一。广州的资金实力和保险市场规模多年来稳居全国大城市前列，货币市场、外汇市场规模居全国前列，成为区域金融中心的有力支撑。

第二，金融平台建设取得新成效。中国（广州）国际金融交易·博览会成功举办，广州国际金融城、广州民间金融街、广州金融创新服务区、南沙现代金融服务区、广州股权交易中心、广州金融资产交易中心、广州碳排放权交易所等金融平台加快发展，成为广东金融强省和广州区域金融中心建设的重要平台和抓手。

第三，金融服务实体产业与民生发展取得新进展。充分发展和利用多层次资本市场，目前广州地区在境内外资本市场上市及"新三板"挂牌的企业已达到 100 多家，通过上市累计融资 2 300 多亿元，债券、期货、产权等资本市场也快速发展。社区金融服务建设大步推进，探索出了符合广州地情、可持续发展的民生金融发展创新模式。农村金融示范镇（村）建设加快推进。

第四，金融改革创新硕果累累。积极推动地方金融机构改革，地方金融机构发展驶入快车道，经营效益大幅提升。组建了越秀金控、广州金控等金融控股公司，成立了全国首家小额再贷款公司，小额贷款公司、村镇银行蓬勃发展，融资性担保机构规范发展，保险业综合改革试验等金融创新活动顺利推进。金融改革创新活动的深入开展为广州区域金融中心增添了活力。

第五，金融生态环境全面优化。不断完善金融业发展的政策体系，先后制定、出台了多个竞争力和创新力强的金融产业政策文件，在全国大城市中率先以市委、市政府名义出台《关于全面建设广州区域金融中心的决定》。地方政府与国家金融监管部门驻粤机构"一行三局"形成了有效的金融综合监管协调服务机制。成立了广州金融业协会等社会中介组织，成立了金融审判庭、金融法庭和金融仲裁院。金融生态环境的不断优化进一步夯实了广州区域金融中心的基础。

第六，金融文化建设不断加强。成功举办了珠江金融论坛、金融图书"金羊奖"评选等活动，规划建设广州国际金融研究院、岭南金融博物馆、广州国际金融文化交流中心、广州金融书店等文化服务机构。金融文化建设的扎实推进进一步深化了广州区域金融中心的内涵。

珠江金融论坛是广州市着力打造的高端金融研讨交流平台，自 2011 年 12 月创办以来，目前已成功举办了 13 次。珠江金融论坛旨在探讨金融领域的重大理论和实践问题，促进金融交流与合作，提升广东、广州金融在国内外的知名度和影响力。论坛每次围绕一个主题，邀请金融监管部门专家、金融机构和企业人士、理论界专家学者等共同进行研讨，近几次论坛还根据论坛主题组织了征文和评奖。论坛获得了金融界、新闻媒体和社会各界的高度关注，成为广东、广州金融行业研讨问题、开拓思想、凝聚共识、探寻良策的平台，形成了较大的学术影响和较好的品牌效应。

近期，珠江金融论坛的主办单位——广州金融业协会等，收集、整理了历次珠江金融论坛的成果，拟汇编成册，出版《珠江金融论坛丛书》。我认为这是一件很有意义和很有价值的工作，这不仅有利于总结珠江金融论坛的经验和成果，扩大论坛影响，提升论坛品牌，促进广东、广州与国内外金融界的交流与合作；而且有利于引导各界关注金融领域的热点、重点和难点问题，培育金融学术氛围，培养金融研究队伍，提高金融人才素质，促进金融思想交流，从整体上提升广东、广州的金融研究水平，进而在先进金融理论的指导下有效地推动广东金融强省和广州区域金融中心建设。

希望珠江金融论坛的主办、承办单位及相关作者、编者、出版单位等通力合作，共同打造好《珠江金融论坛丛书》品牌。

2014 年 5 月 26 日

前　　言

　　本书为第 14 次珠江金融论坛的成果汇编。

　　第 14 次珠江金融论坛的主题为"金融法制环境建设",于 2014 年 10 月 28 日在广州市珠江宾馆举行。珠江金融论坛的指导单位为广州市人民政府,主管单位为广州市金融办。本次论坛由广州金融业协会和广州仲裁委员会主办,广州金融仲裁院承办。广州市金融办聂林坤副主任担任本次论坛的主持人,来自广州地区政府部门、金融监管机构、人民法院、仲裁机构、金融与类金融企业、高等院校及新闻媒体的代表 200 余人共聚一堂,针对当前金融生态环境不断发展与个别金融领域法制建设相对滞后的矛盾,从理论与实践相结合的角度就如何加强金融法制环境建设问题进行了探讨。

　　论坛邀请三位专家担任主讲嘉宾,广州仲裁委员会陈忠谦主任作了《从仲裁角度看企业投融资的法律风险》的主题演讲,广州市中级人民法院执行局刘跃南局长作了《积极协助,紧密配合,实现广州金融法制环境有序发展》的主题演讲,广东金融学院金融法研究中心张长龙教授演讲的题目是《金融创新的法律事务》。主题演讲之后,与会人员就金融法制环境建设中的有关问题与主讲嘉宾们进行了深入的交流和探讨。

　　为配合第 14 次珠江金融论坛的举行,广州金融业协会于 2014 年 7 月 21 日发布了《关于举行金融法制环境建设论坛征文的通知》,收到应征论文近 40 余篇;经专家评审,评出优秀论文 11 篇,其中:

　　一等奖论文 2 篇:《众筹视野下余额宝规制的困境与出路——以美国 JOBS 法案为借鉴》(阳建勋,广州大学法学院)、《伪银行卡民事案件证明责任分配研究》(彭建华、潘锋、李学辉,广州市越秀区人民法院)。

　　二等奖论文 3 篇:《金融消费者保护与消费者自负原则之司法平衡问题探讨》(贾岚,广州市海珠区人民法院)、《法制环境对我国上市公司融资约束的缓解效应研究》(陈波、梁彤缨、苏思,华南理工大学工商管理学院)、《试论金融法治的价值取向——以保护金融消费者选择权为视角》（符思宪，兴业银行广州分行）。

三等奖论文 6 篇：《保险合同纠纷的非诉讼解决机制研究》（汪演元，广东保监局）、《试论普惠金融视角下 P2P 网贷征信制度的构建与完善》（苏本茂，中山市人民检察院）、《集体土地抵押流转的法律规制探析》（付发理，光大银行广州分行）、《区域金融中心法制环境建设的理论模式及启示》（蔡美玲，广西民族大学管理学院）、《电子商务争议解决机制之网上仲裁》（钟瑜、高明光，广州市国信信扬律师事务所）、《完善我国证券纠纷多元化解决机制的新探索——深圳证券期货纠纷调解中心的尝试和努力》（陈彬，深圳证券交易所）。

论坛现场对"金融法制环境建设论坛"征文全部获奖论文的作者代表进行了表彰，并向本次论坛的承办单位——广州金融仲裁院颁发了第 14 次珠江金融论坛纪念杯。

本书收录了第 14 次珠江金融论坛的主要成果，包括特约致辞、演讲报告、现场讨论、应征论文、交流论文和新闻报道等资料。其中，特约致辞、现场讨论系编者根据现场记录稿整理而成；演讲报告系编者根据主讲嘉宾的 PPT 文档结合现场记录稿整理而成；应征论文包括本次论坛的全部获奖论文和部分虽未获奖但具有一定价值的应征论文（部分论文作了修改）；交流论文是本次论坛的主办单位之一——广州仲裁委员会和承办单位——广州金融仲裁院，向本次论坛主题征文推荐的参评论文，但未能在征文截止日期之前提交，未被允许参加本次论坛征文优秀论文奖的评审，但编者认为这些论文有一定价值，故将其列入交流论文；新闻报道由有关媒体提供报道文稿，或下载于各种媒体对本次论坛的专题报道。

编　者

2015 年 8 月 29 日

目　　录

交流论文

新闻报道

特约致辞

TEYUE ZHICI

贯彻依法治国方略
推进广州金融法治建设

聂林坤[①]

    2014 年 10 月 20 日至 23 日，党的十八届四中全会作出了《中共中央关于全面推进依法治国若干重大问题的决定》，提出了全面依法治国，建设中国特色社会主义法治体系和建设社会主义法治国家的总目标。同年 10 月 27 日广东省委及广州市委都召开了贯彻落实的工作会议，在会上，胡春华书记和任学锋书记都对建设法治广东、法治广州作出了一系列的重要决策和部署。今天，我们又在这里举办第 14 次珠江金融论坛——金融法制环境建设论坛，各位法律界的专家和金融界人士济济一堂，共同探讨如何加强广州金融法治建设，优化金融发展环境，为促进广州金融业的健康发展建言献策。大家知道，金融是现代经济的核心，法治金融是建设好法制广东、法治广州一个重要的核心内容，举办金融法制环境建设论坛，是广州金融界学习贯彻十八届四中全会依法治国精神的一个实际行动。在此，我受市金融办周建主任委托，对本次论坛的举办表示热烈的祝贺！对广大法律工作者为优化广州金融生态环境作出的贡献表示衷心的感谢！

    法律是治国之重器，良法是善治之前提。金融法治作为金融生态环境建设的重中之重，直接影响着金融生态环境的有序性、稳定性、平衡性和创新能力，决定了金融生态环境将来的发展空间。近年来，在人民法院、人民检察院、仲裁委等部门的大力支持下，广州金融法治环境进一步优化。

    2013 年 3 月 7 日，广州中院成立了全省首个金融审判庭，以全面提升司法公信力为总抓手，充分发挥金融审判职能作用，服务广州区域金融中心建设，开创性地完成各项金融审判工作。金融审判庭在保证结案数量和质量的同时，积极推进工作机制创新。通过当庭宣判制度化、建立金融专家陪审员制度、扩

---

① 聂林坤，时任广州市金融办副主任。本文是他在第 14 次珠江金融论坛——"金融法制环境建设论坛"（2014 年 10 月 28 日）主持、致辞的摘编，题目为编者所加。

大庭务会参与范围、改革对基层法院的指导方式、深入与金融监管机构的联络等措施，在优化资源配置、提高诉讼效率和办案水平、预警金融纠纷等方面取得了长足的发展，为金融纠纷的有效监控、化解搭建起了一道严密的防线，为打造具有金融特色的审判机制改革注入新的动力。

同时，为配合市委、市政府加快建设广州区域金融中心的工作，金融审判庭牵头制定并出台了《加强金融案件审判执行工作服务广州市金融生态环境建设实施细则》，该实施细则的审判部分着重从机构建制、案件审理、能动司法三个方面提出了许多大胆的制度建议，包括两级法院均建立金融庭或金融合议庭，开通金融审判绿色通道，建立金融专家陪审制度，与金融监管机构建立沟通联络机制，赋予资信良好的保险、证券、信托机构信贷担保资质，当庭宣判制度等。通过落实和贯彻这些机制，不断加大对金融案件的审理和执行力度，有力地维护了金融市场的秩序和稳定。

在金融仲裁方面，广州仲裁委成立了广州金融仲裁院，为高效、专业处理金融纠纷拓宽了渠道。通过加大金融仲裁宣传力度，引导金融企业关注和选择仲裁解决纠纷，加强仲裁员和办案秘书专业技能培训，提高办案人员驾驭仲裁程序的能力，注重金融仲裁理论研究，围绕仲裁焦点问题进行分析解读，紧密结合实际，强化仲裁工具的实用性。经过几年的努力，金融仲裁的受案量显著提高，审理时效、办案质量得到了保证，为维护良好金融秩序、服务金融消费者作出了积极贡献。

另外，广州还成立了广州金融业协会、广州股权投资行业协会、广州市融资担保行业协会等行业自律组织，充分发挥监督和协调作用。这些行业自律组织是由广州地区金融机构及相关经济组织自愿结成，代表广州广大金融企业的共同利益。他们本着服务会员、行业自律、增进交流、促进发展的原则设立，以维护会员合法权、加强行业自律为重要工作目标，充分发挥行业保护、行业协调、行业监管的职能，通过业务交流、教育培训、相互启发指导等方式，促使金融机构自我管理和自我约束，规范金融市场行为和运作，促进整个金融行业的共同进步，积极推动广州金融生态环境健康稳定发展。

广州金融法治环境建设正处在不断发展、不断完善的良好时期。当前，广州正在积极实施"金融强市"战略，加快区域金融中心建设，抢占经济发展的制高点，迫切需要继续加强金融法治建设，进一步优化金融生态环境，为广州金融业的持续、健康、快速发展保驾护航。随着依法治国理念的不断深化，在座各位的共同努力下，广州金融法治建设一定能够不断取得新的进步，迈上新的台阶。

演讲报告

YANJIANG BAOGAO

实现广州金融法制环境有序发展

刘跃南①

本文将以广州法院金融审判、执行工作为视角，着重从法院与金融机构配合的角度，谈谈如何实现金融法制环境有序发展的问题。

一、广州市中级人民法院金融案件审判、执行工作概况

金融是现代经济的核心、国家经济的命脉，在国家实行宏观经济调控，促进国民经济发展和维护社会稳定方面具有重要的作用，也是广州走新型城市化发展道路的先导和支撑。2008 年国务院批复的《珠江三角洲地区改革发展规划纲要》明确提出在广州建设区域金融中心，而建设区域金融中心更需要良好的司法环境。一方面，随着广州金融业的快速发展，金融机构改革不断深入，金融业务品种和业务模式不断创新，金融纠纷随之呈现数量增长、纠纷多元化、复杂化的趋势，亟须构建专业、高效的金融审判模式。另一方面，良好的法制框架是地区金融体系的基础，良好的金融司法环境有利于防范和化解金融风险，维护区域金融安全稳定，增强广州市对金融资源的吸引力，提高区域经济竞争力。

2013 年 3 月，广州市中级人民法院（以下简称"中院"）为更好地服务广州市建设区域金融中心的需要，对自身的审判职能进行了细化、分工，在广州建设区域金融中心的关键历史时期专门成立了金融审判庭，同时为解决金融案件的执行难问题，中院执行局也根据金融案件的特点，强化了内部的职能分工，成立了专门的执行合议庭来办理该类案件。自金融审判庭成立以来，为金融机

① 刘跃南，法学硕士，时任广州市中级人民法院党组成员、执行局局长、审判委员会委员。本文是作者在第 14 次珠江金融论坛——"金融法制环境建设论坛"（2014 年 10 月 28 日）演讲的摘编，题目有修改，演讲原题为《积极协助 紧密配合 实现广州金融法制环境有序发展》。

构和金融消费者提供了高效便捷的纠纷解决途径，2014 年 1—9 月，金融审判庭新收案 1283 件，同比增加 191 件，增长 17.49%；结案 871 件，同比增长 51.22%。而在执行方面，自 2013 年以来，广州市两级法院涉及金融机构的总收执行案件数为 12960 件，其中结案 10324 件，执行到位金额 23.67 亿元，执行到位率 35.52%。另外，从 2013 年 4 月开始，广州市两级人民法院执行局为进一步加强金融案件执行，强化金融债权保护，在全市范围内连续开展了两次金融债权案件专项清理活动，共清理金融债权执行案件 926 件，涉及金额 28.32 亿元。与此同时，中院还制定了《广州市中级人民法院加强金融案件审判执行工作服务广州市金融生态环境建设实施细则》，明确金融案件审判、执行的具体机构，规范金融案件审判执行流程，细化具体工作措施和要求，配合相关职能部门做好广州市金融生态环境建设，进一步加强金融案件审判执行，强化金融债权保护。

二、正确认识协助人民法院依法执行与提高金融行业公平竞争水平的关系

由前面的数据可以看到，广州市两级人民法院依法维护金融机构大量债权，同时金融机构充分利用人民法院在执行案件中积累的信息，加强信用风险管理，严控对借款人的信贷评估和审查。在对借款人进行贷款评估时，将借款人履行义务的情况作为对借款人进行信贷风险评估的重要参考依据。对拒不履行人民法院生效判决的单位和个人，涉及金融债权的，不发放新的贷款；涉及非金融债权的，作为评估借款人信用状况的内容及信贷风险审查的重要参考依据。可以说，金融机构是人民法院执行工作的最大受益者。另一方面，虽然金融机构通过法律的救济收回了大量的呆滞贷款，其合法权益得到了维护，但是当人民法院按法律规定要求其协助人民法院执行其他案件时，个别金融机构却又从自身的利益出发，为留住客户，违法地拒绝或变相拒绝履行协助义务。一些地方频频发生的拒不协助人民法院和不正确协助人民法院依法执行的现象是部门利益和地方保护主义的表现。应当看到，拒不协助人民法院和不正确协助人民法院依法执行，损害的是国家利益、法律权威和当事人的合法权益，最终也损害了金融机构的自身利益和储户的根本利益，也阻碍了金融机构自身健康发展，对建立完善的社会主义市场经济秩序和信用制度也会造成极大损害，这个问题应当引起金融机构的高度重视和反思。维护国家宏观经济政策、促进和完善社

会主义市场经济秩序、加速培育诚实信用体系，需要金融机构树立大局意识、整体意识，在执行国家法律和政策的前提下，通过挖掘行业潜力、展示行业优势、拓宽业务范围、优化服务质量来提高本行业公平竞争的水平和为人民服务的本领，如此才能促进本行业健康、快速发展，提升金融机构的竞争实力和兑付能力。

三、正确看待当前金融机构协助人民法院执行工作的现状

（一）金融机构协助人民法院执行工作的法律规定

2012 年新修订的《民事诉讼法》第二百四十二条规定："被执行人未按执行通知履行法律文书确定的义务，人民法院有权向有关单位查询被执行人的存款、债券、股票、基金份额等财产情况。人民法院有权根据不同情形扣押、冻结、划拨、变价被执行人的财产。人民法院查询、扣押、冻结、划拨、变价的财产不得超出被执行人应当履行义务的范围。人民法院决定扣押、冻结、划拨、变价财产，应当作出裁定，并发出协助执行通知书，有关单位必须办理。"另外，《中国人民银行、最高人民法院、最高人民检察院、公安部关于查询、冻结、扣划企业事业单位、机关、团体银行存款的通知》（银发〔1993〕356 号）、《最高人民法院、中国人民银行关于依法规范人民法院执行和金融机构协助执行的通知》（法发〔2000〕21 号）和《中国人民银行关于发布〈金融机构协助查询、冻结、扣划工作管理规定〉的通知》（银发〔2002〕1 号）等规定均是金融机构协助执行义务的法律规范依据，明确规定了人民法院要求金融机构协助执行的权力来源。根据这些规定，依法查询、冻结、扣划案件当事人在金融机构的存款是人民法院的职权和职责；依法配合和协助人民法院查询、冻结、扣划案件当事人在金融机构的存款是金融机构的职责和义务。职权不可放弃，义务必须履行。

（二）金融机构协助人民法院执行工作的特点

从当前现状看，金融机构依法协助人民法院执行工作情况总体比较好，金融机构在依法履行协助义务方面更加规范，相对前几年已有质的飞跃。但也存在不足，并呈现以下两个特点：一是协助执行状况不一。具体表现在市区金融网点与郊区金融网点在协助状况不一，不同金融机构之间协助状况不一，有的尚存在较大差距。二是部分金融机构仍然存在不依法履行或消极履行法定协助义务，严重违反法律和相关规定妨害人民法院执行的情况仍然时有发生。

（三）金融机构协助人民法院执行工作过程中存在的突出问题

1. 明显违反规定，另行制定"土政策"，不按规定协助执行。一是要求执行人员在出示"两证"后，还要求出示身份证；二是在收到法院发出查询、冻结通知后仍然要求本行领导签字或领导批准同意后才进行。

2. 违反规定，变相拒绝履行法定义务。一是多次传唤以各种理由拒不到庭；二是查询单位存款时，有的还要求必须提供具体账号；三是本系统内拒绝提供全部账户及存款信息，要求逐个网点查询；四是有能力提供查询异地存款信息的，拒绝查询。

3. 消极履行协助义务。一是金融机构没有专门的协助柜台和接待法院协助执行的人员，柜台之间相互推诿，拖延办理协助事项，有的银行甚至以法院级别过低为由拒绝法院查询；二是部分接待人员业务不熟悉，办事效率太低；三是协助按月扣划执行不到位，有的一年才扣划一两次。

4. 金融机构管理上的问题，导致人民法院执行不畅。一是多头开户，明暗交错。目前单位多头开户仍相当普遍，有的单位在不同的金融部门多头开户，有的账户达十几个之多。二是违反规定使用账户，帮助隐匿存款。有的单位基本账户金额一直为零，存款只存放在专用账户上。金融部门协助多头开户，并帮助被执行人在各账户间隐匿存款，造成公开的账户上存款金额寥寥无几，法院难以掌握隐蔽账户，致使执行工作难以进行。三是违反存款实名制规定，隐瞒被执行人账户。有的金融机构在姓名与身份证号码不对应、公款私存、单位名称上做文章，帮助当事人逃废债务。四是有的金融机构有开设"黑账户"，有为当事人逃废债务之嫌。被执行人的这些账户往往在人民银行查不到登记，说明这些账户的开设没有按规定报批或备案，而这些账户上却能查到存款。五是人民银行登记备案的账户，除部分正规单位外，大部分账户都是当事人早不使用的，账户信息更新不及时。六是新、老身份证号码不一，有的是老号码，有的又是新号码。七是个别银行的系统不能直接划拨，必须先冻结，才能进入划拨操作，迫使法院作出不必要的裁决，造成执行程序不严谨。

四、正确处理金融机构协助执行过程中遇到的新情况、新问题

（一）司法裁量权应符合现今法院执行工作的价值取向

司法执行工作的价值取向是为了通过合法的执法手段达到公平和效率的目的，执行工作应当做到公平和效率兼顾，既要保证债权人权利的完全实现，又

能在法院自身办案效率和外部社会效益上达到预期效应。特别是银行自身完成改制上市后，人民法院执行工作的重心偏重任何一方都会导致相反的结果。过分注重公平固然使债权人得到全额受偿，但因为案件执行而带来一系列的社会问题如职工罢工、闹事，最后不得不由政府出面协调，导致社会的不稳定，这和司法工作维持社会稳定的初衷是背道而驰的。而如果走另一个极端，过分地听信政府与企业主管部门而损害了银行的金融债权，则最终损害的是广大储户即社会公众的利益，最终损失的是国家财产。长此以往，会引起整个社会的金融危机。所以，在人民法院的执行工作中，行使司法裁量权的度应当慎重把握，必须找到兼顾公平和效率的结合点，必须在合法的前提下考虑改制过程中相关权益人的基本利益，兼顾各方的利益开展执行工作，并作出最终的裁定，法院不应当狭隘地为了保护国家利益而忽视对商业银行这一平等民事主体利益的保护。

（二）加强金融机构对人民法院的协助执行

1. 人民法院要加强与金融机构的沟通与合作，同时充分发挥执行联动与执行威慑机制作用。人民法院应进一步加强与金融主管、监管部门联系，认真落实法律规定的相关要求，认真对待、妥善处理人民法院依法执行和金融机构协助执行过程中遇到的新情况、新问题。特别是要充分发挥"执行联动机制"与"执行威慑机制"的作用，所谓"执行联动机制"就是人民法院与相关职能部门协调配合，共同解决执行工作和具体案件执行中问题的机制。具体而言，它是以法院执行案件管理信息系统为基础平台，与有关部门的管理机制形成联动关系，当被执行人不主动履行生效法律文书时，法院的执行措施、制裁性措施和有关管理部门协助措施将同时启动，形成整体威慑力，促使或强制被执行人履行生效法律文书所确定义务的机制。而"执行威慑机制"是指国家立法和司法机关通过加大执行力度、增加被执行人责任、提高被执行人强制执行的成本等途径，增强对尚未进入强制执行程序的债务人的威慑力，促使其自动履行债务，使绝大多数生效裁判通过债务人主动履行而不是强制执行实现的法律机制，从而提高生效裁判履行率，节省司法资源，维护司法权威和社会稳定。

2. 金融主管、监管部门应加强监督管理。金融主管、监管部门应加强对各金融机构工作人员的职业道德及法制教育，加强对金融机构内不正确履行协助义务的违法行为的管理，特别是违法履行协助义务的责任追究。要有底线意识，这种底线，既有法律底线，也有职业道德底线。

（三）人民法院的重要任务

综上所述，维护国家金融安全，为经济平稳较快发展提供司法保障和法律服务，是当前和今后一个时期人民法院的重要任务。必须最大限度地依法保障金融债权实现，努力维护国家金融安全；最大限度地依法保障企业发展，全力维护社会和谐稳定；最大限度地采取强制执行措施，防范和化解金融风险。同时，人民法院要密切关注企业破产倒闭、劳动争议以及合同不能履行、不能执行等问题，研究采取稳妥慎重的处理办法，并及时向有关方面提出预防和解决相关问题的司法建议；要自觉服从于国家经济发展的大局，担负起保护金融债权、维护国家金融安全的职责，依法加大对相关案件的执行力度，努力杜绝借各种名义逃废、悬空债务的现象，最大限度地保障国有金融债权；要及时依法公正执行关系企业改革、发展和稳定的各类案件，在工作方法上要体现原则性和灵活性的统一。尽可能维持有发展前景的困难企业的生存，避免因执行工作简单化而激化社会矛盾。我们还需认识到，维护良好的强制执行秩序，需要金融机构的强力参与和配合，希望金融机构积极配合各级人民法院做好执行工作，切实依法履行法定协助义务，维护区域金融安全，共同促进广州金融生态法治环境健康发展。

从仲裁角度看企业投融资的法律风险

陈忠谦[①]

企业融资难是个"老生常谈"的问题。为什么"难",因为无论是借贷方还是融资方都不得不去考虑借贷资金的运作风险。作为借贷方,既有意愿也有需求向那些经营体制完善,具备市场竞争力的企业发放贷款,获取收益,但又同时担忧自己的借贷资金能否顺利回收;而作为融资方的企业们,既需要大量资金以保证企业的日常运转,进行技术研发,提升自主创新能力,但又因自身提供担保的不足,信用不够,无法取得贷款,导致其因资金链断裂而无法正常经营。解决这种矛盾或困局需要从经济和法律两个层面来探讨。

在广州仲裁委员会受理的银行借贷、民间融资案件中,既有企业因对外融资需求大,为解燃眉之急,而背负高额利息产生的支付纠纷,也有因企业信贷担保意识薄弱,随意担保而产生的融资担保纠纷。企业融资纠纷产生的具体原因并不相同,但忽视投融资中的法律风险,则可能是导致企业投融资失败,甚至影响企业的经营。本文将从仲裁角度出发,结合实际案例,探讨企业投融资的法律风险问题。

一、借贷合同订立、履行中的风险

企业投融资的借贷业务一般都要通过"借贷合同"这一法律形式进行。借贷合同不仅是借贷双方权利、义务的主要体现,也是防范各种已知和未知法律风险的重要保障。在处理借贷纠纷时,借贷合同也是仲裁机构或法院裁判的主要依据。因此,借贷双方一定要重视借贷合同的拟定,确保合同合法有效,内容完善,并确实履行。

---

① 陈忠谦,时任广州仲裁委员会主任。本文由编者根据他在第 14 次珠江金融论坛——"金融法制环境建设论坛"(2014 年 10 月 28 日)的演讲报告及记录稿整理、修改而成。

（一）关于借贷合同订立时的风险

借贷合同的内容主要包括借款种类、借贷用途、借款期限、借款利率、担保方式等。作为一个民事主体之间的民事行为，借贷合同主要体现的是双方当事人的意思自治，但该意思自治并非毫无限制的，必须有一个基本前提，即借贷合同的内容必须符合国家有关法律、行政法规的要求。此外，在合同签订之前，贷款企业还需要审查清楚借款人、担保人主体资格。

在个人借款或个人担保方面，需要审查自然人的身份证明、工作情况证明、婚姻状况证明、收入财产证明尤其是房产等证明，谨防自然人提供虚假身份证明。在企业借款或企业担保方面，需要审查企业营业执照、机构代码证、税务登记证、法人身份证明、开户许可证、验资报告等基础资料真实并年检。在对担保人的主体审查时，贷款企业还应该审查保证人主体资格是否存在缺陷，避免因为保证人的主体资格存在缺陷导致保证无效。按照现行《担保法》规定，国家机关和公益性组织是绝对不能作为国内贷款的保证人的。至于法人的分支机构或职能部门，他们作为保证人也应当获得法人的书面授权，否则也是不得作为保证人的。

（二）关于企业履行借贷合同中法律风险问题

1. 贷款企业需密切注意借款人动向，根据实际情况采取措施。

案例：2011 年至 2013 年期间，为经营所需，资源再生集团下属的 8 家子公司向 A、B、C、D、E 五家银行组成银团申请贷款共 31 亿元。不料因为市场环境变动，资源再生集团的经营陷入困境。2013 年 7 月，香港法院根据香港证监会的申请，对资源再生集团进行临时清盘，该清盘行动也导致其子公司的经营受到影响。为此，A、B 银行迅速反应，当月与其中 6 家子公司及其确认的担保公司签署了《授信总框架协议》及保证、抵押等一揽子债权担保协议。通过与债务人确认债权、增加保证和抵押措施，来进一步保证债权的安全。同时约定由广州仲裁委员会仲裁解决纠纷。不过严密的防控措施有时候也无法抵挡企业经营业绩的下滑，填补风险漏洞。2013 年 10 月，这 6 家子公司受外部经济环境影响，财务出现危机。A、B 银行立即向广州仲裁委员会提起仲裁。不到 1 个月时间广州仲裁委员会就作出裁决，支持 A、B 银行的全部仲裁请求。在生效裁决执行过程中，这 6 家子公司有 3 家被债权人申请破产。由于 A、B 银行做好贷后检查工作，及时保护了自身的权利，而其他 C、D、E 银行则势必面临很大的追收风险。

这个案件有几点值得思考：第一，在集团公司出现风险，被香港法院实施临时清盘措施之际，因为集团公司同时也是这些子公司债务的担保人，本来按照银行与6家子公司的借贷协议，银行是有权解除合同，提前收回债权的。但这种做法无异于杀鸡取卵，因为此时子公司的业务虽然受到影响，但还能正常还贷和经营。如果要求他们提前还贷，斩断资金链条，不仅不能保证债权的全额回收，还会使一个好好的公司陷入危险境地。第二，银行及时与债务人确认债权，并要求其提供优质物业进行抵押和有实力的担保人实行担保，是明智之举，也为今后债权的回收提供了更加严密的安全保障。第三，当一部分子公司的经营存在困难，且随时可能被破产清算，这种情况对银行来说比较麻烦。因为再严密的风险控制也是无法抵挡市场环境的恶化，银行应立即采取措施，通过仲裁手段追收贷款，使自己的权益可以最大限度地得到保障。

2. 贷款企业忽视划拨贷款手续面临败诉的风险。

案例：小贷公司与A（自然人）、B公司签订了《借款合同》，约定小贷公司向A出借180万元，B公司作连带担保。合同签订后，小贷公司应A的口头要求将180万元借款划入第三方D公司的账户。借款期满，因A没有如期还款，小贷公司将A、B公司诉诸仲裁，要求清偿借款。庭审时，小贷公司声称，该180万元已按照A口头指示，划到D公司名下。A则抗辩称，合同签订后，双方没有实际履行，至于小贷公司所主张的划款到D公司的问题，A表示从来没有指示小贷公司划款到D的账户，小贷公司的划款行为既没有合同约定也没有事实依据。而B公司则表示，小贷公司连借款的主合同义务都没有履行，何来要求担保人承担保证责任？

这是一起典型的因小贷公司忽视完善划拨贷款手续导致败诉的案例，对于小贷公司而言，可谓是一个致命的打击。从这个案例当中，有两点值得注意。第一，对于大宗金额的借贷，贷款人应尽量通过银行转账，款项接收账户应为借款人本人的账户或双方在合同中约定的银行账户，保留好银行转账的凭证。第二，对借款人在合同签订后才提出的将借款交付第三方的要求，贷款企业与借款人应作出补充约定或事后取得借款人的认可，同时，贷款人还应当保留好相关的把款项交付第三人以及双方约定或应借款人要求打款给指定对象的书面证据。

这两个案例都表明了风险防范非常重要。合同签订前的调查、合同内容的设计、合同履行过程的风险管控，到最后纠纷出现，诉讼或者仲裁的时机，当事人都面临着如何选择和判断。要全面做好管控，风险才会降低。古人云，不谋全局者，不足谋一域，不谋万世者，不足谋一时。在经济活动的整个过程中，必须要看到风险存在的可能；不仅要看到两个当事人之间存在风险，还要看到周边的经济环境的变化。只有全面看到风险，当事人才能做好风险防范。

二、利用担保手段促进投融资时应注意的法律风险

（一）在签约主体上

在风险防范中，比较重要的是用担保手段对投资公司进行风险防范。在担保中当事人容易忽略签约的主体，但实际上签约的主体往往容易出现问题。和谁签合同？担保人是否有权利担保？财产所有者是谁？担保的客体是谁？这些都是需要关注的方面。在签订担保合同时，究竟是认可公司的公章，还是法定代表人的签名，也存在很大分歧。广州仲裁委员会曾经代理过一个案子，一份加盖了公司公章的申请书申请仲裁，而公司的法定代表人却表示要撤回仲裁申请。此时要以法定代表人为准还是以公章为准？我们不能排除法定代表人可能会损害公司的利益的可能性，大股东可能解雇法定代表人，而这时法定代表人和公司的竞争对手串通，不同意仲裁。那么这个案子是继续进行仲裁，还是同意法定代表人的撤回仲裁申请呢？依据法律规定，法定代表人的职务行为就是公司的行为，如果完全按照法律规定，则公司需要办理工商变更登记，更换法定代表人。广州仲裁委员会当时采取了一个比较灵活的方法，认为应该以公章为准。理由是公章的行为是维护公司利益的行为，撤回仲裁申请的行为是损害了公司的利益，应当给它时间办理工商变更登记，而不是撤回仲裁申请。

1. 股东与公司的关系。股东以其出资额对公司负责并对公司享有权利，公司以自己财产对外承担责任。现实中往往公司和股东互为担保，但是小公司，尤其股东占到90%股权的小公司，这种情形比较普遍。来看这样一个案例：法定代表人兼公司大股东，带领部分股东借款给公司，后来法定代表人申请仲裁，要求公司返还借款。这种案子能否受理？受理后又该如何审理？被申请人公司同意了吗？法定代表人手里拿着公司公章，在控告公司的同时也就相当于自己告自己。现实中出现大量这种纠纷，如果简单地说能受理或者不能受理这类案件，都是错误的。如果股东向公司提供借款，特别是出借人在公司里既是大股东又是法定代表人，这就必须做出股东决议。借款给公司的时候也必须出示凭证，证明借款确实是投入到公司里，且凭证要清晰。除此之外，还要经过股东大会授权，程序才合法。

2. 母公司与子公司、分公司的关系。母公司、子公司和分公司的关系在公

司法中是关联公司。比如银行的分行，它有营业执照，可以独立对外，但是法定代表人只有一个，母公司的责任分公司无法承担，必须由整个公司承担责任。而母公司和子公司则是两个法人，但也同样是关联公司。当事人签订合同时需要注意这些主体之间的关系。

3. 明确签约人的主体资料。在银行贷款或小额公司贷款的情形下，签订贷款合同时，需留下双方当事人的地址，并且用法律文书确定这是当事人的通信地址、诉讼地址或仲裁地址等。因为有些当事人事后难以找到。在发生违约的时候，如果用公告送达的方式来寻找借款人，时间周期太长，会加大贷款人的风险。为了降低风险和减少不必要的麻烦，在签订贷款合同中约定当事人的送达地址，如果当事人地址有变化，则必须书面通知对方。因为经过双方确认的送达地址，是当事人意思自治，按照约定的方式送达，可有效解决送达难的问题。

（二）在签约程序上

从签约程序上讲，根据《公司法》和公司章程的规定，公司为他人担保，必须召开董事会或者股东大会。如果章程约定担保的金额有限制，那么担保的金额不能超过约定金额，如果超过了约定金额，则公司作出了担保无效。无效不等于不用承担责任，但是与原来担保合同约定的责任承担相比，发生了变化。所以公司对外提供担保时，必须要符合公司章程的规定。如果有限制，即使开股东大会作出了决议也是无效的，要使担保有效就只能修改公司章程。此外，应特别注意《公司法》与《担保法》的特殊规定，应该从程序和形式上审查企业的担保行为是否合法，防止因程序违法而导致担保不成立，进而危及贷款。

（三）在合同内容上

1. 担保责任类型。按照我国现行《担保法》的规定，借款人为融资所采取的担保方式常见有以下几种：保证、抵押、质押。而2007年实施的《物权法》，更是在融资担保主体、融资担保渠道方面有了前所未有的拓宽。如《物权法》规定了动产浮动抵押制度，使企业可以通过提供他们现有的和未来获得的资产、原材料、产品作为担保物来进行融资；《物权法》还规定可以用企业的应收账款、基金份额、股权进行质押，使权利质押成为企业新的融资手段。在实践中常见的抵押登记有三种类型：房地产抵押登记、机动车抵押登记和动产抵押登记。在办理房地产抵押登记过程中，需要提交相关材料，包括：当事人身份证明文件、抵押登记申请书、房地产抵押合同、土地使用权证书或用地证明、房屋权属证书、近一年内出具的《资产评估报告》或《房地产价值折价协议》等。

由于办理抵押登记的手续过程较为烦琐，目前实践中贷款合同签订后，贷款合同中也约定了借款人提供抵押担保，抵押登记手续被长期拖延办理甚至不办的现象大量存在。而小贷公司怠于办理抵押登记，会留下隐患，存在很大风险。当涉案房屋不能办理抵押登记，担保方式不可能实现。

2. 担保期间。《担保法》中规定如果一般保证与连带责任保证未约定保证期间的，保证期间为主债务履行期届满之日起六个月。如果合同有约定保证期间的话，要注意期限的约定，但这里存在博弈。如果从债权人的角度来看，担保期限越长越好。从债务人的角度看，则越短越好。这就是合同的博弈。

3. 担保范围。担保的范围必须明确，除主债权担保外，利息的担保、罚息、违约金、实现债权的费用等方面都需要在合同中明确。在实践中，就有不少的合同对于这些方面没有约定或者约定不明。如果一个借贷合同，仅约定一方当事人做保证人，而没有约定保证范围，那么能不能追究本合同的利息呢？更重要的是，保证人是为哪个债务提供担保？现实中就有这样一件案件，债务人没有到庭，担保人出庭就说不是为这项债务担保，因为合同中没有明确规定。这些都是值得注意的地方，合同中应尽可能约定清楚担保范围。

4. 担保中其他值得注意的地方，如在建工程、有限合伙的担保。当事人就在建工程签订了抵押合同，也作了抵押登记，但此时在建工程的工程款还是可以优先于抵押权人受偿。如果在建工程还有工程款尚未结清，那么抵押担保通常现实不了。如果拿了在建工程作为担保、作为抵押，就必须要求施工单位放弃优先追偿工程款，否则的话，抵押合同是无法起到作用的。在有限合伙的担保方面，合伙人以自己份额的资产作为担保，质证、抵押都是允许的。

（四）关于抵押物的登记问题

抵押物登记是产生有效抵押权的必要条件。抵押合同中的"抵押权"仅具有债权层面上的期待权，不具有物权层面上的抵押权，只有进行抵押物登记，使债权层面的期待权转化为物权层面的抵押权，才享有对抗第三人优先受偿的法律效力。不同的抵押登记物到不同的部门登记，如以地上定着物的土地使用物抵押的，到核发土地使用权证书的土地管理部门登记；以城市房地产或者乡（镇）、村的厂房等建筑物抵押的，到县以上人民政府规定的部门登记；以林木作为合同标的进行抵押的，到县级以上林木主管部门登记；以航空器、船舶、车辆作为合同标的进行抵押的，到运输工具的登记部门登记；以企业的设备和其他动产作为合同标的进行抵押的，到财产所在地的工商行政管理部门登记。如果进行抵押的时候不登记，则该抵押就不能对抗善意第三人。

（五）关于优先受偿权的顺序

组合担保是人的担保和物的担保并存的担保方式，包括提供保证人、以物抵押、以商标权抵押、以应收货款质押等方式。从担保人来讲，债权人可以向其他担保人主张担保责任，那么单独担保人的风险就减少了。从债权人的角度来讲，增加承担担保责任人数量，可以降低债权人的风险。根据《物权法》第一百七十六条规定："被担保的债权既有物的担保又有人的担保的，债务人不履行到期债务或者发生当事人约定的实现担保物权的情形，债权人应当按照约定实现债权；没有约定或者约定不明确，债务人自己提供物的担保的，债权人应当先就该物的担保实现债权"的规定，在"物权"和"人保"并存的情况下，如果合同中约定承担担保责任的顺序，那么应当首先尊重当事人的意思自治。反之，如果合同中未约定承担担保责任的顺序，当"物保"是借款人自身所提供的则"物保"的效力优先，此时必须首先实现借款人的"物保"后，不足部分才由保证人承担补充清偿责任；当"物保"不是由借款人提供的，则"物保"与"人保"在清偿责任体系中具有同等法律地位，债权人可以要求"人保"或"物保"等任何一位担保人承担清偿责任，或者要求其中一位担保人承担清偿责任。除此之外，登记在先的抵押权效力又强于登记在后的抵押权，已经登记的抵押权效力强于质权；按照法律规定应当登记而没有登记或者应该占有而没有转移占有的抵押物，在法律上不能享有优先权。

三、对已经出现的法律风险进行防范

（一）以和为贵，注重调解

当纠纷出现的时候，应当尽可能寻求以协商途径解决问题，以和为贵，注重调解。《中庸》有云："中也者，天下之大本也；和也者，天下之达道也。致中和，天地位焉，万物育焉。"当事人通过和解互谅互让，达成合意，符合中国传统的"以和为贵"的儒家思想能够大事化小、小事化了，最终平息纠纷，减少诉累，在双方的较量当中找到平衡点，不失为一个双赢的选择，妥善解决双方当事人的纠纷。

（二）当确实不存在调解可能性时，贷款企业应积极备战

1. 保证陈述请求的合理性。当事人在采用仲裁手段维护自身利益的时候，应当明确自己的仲裁请求，且仲裁请求所依据的事实理由应当充分与恰当；且表述上应当言简意赅，详略得当，避免太多旁枝末节干扰仲裁庭的判断。有些

当事人在提起请求时可能会"漫天要价"，等着对方或者仲裁庭"落地还钱"。仲裁是以事实为依据，根据公平合理原则进行裁决，当事人这种做法未必能够得到仲裁庭的支持。

2. 注重证据链条之间的衔接与相互呼应。有确切证据支持的案件必然就会胜诉，当事人的证据是否充分在很大程度上决定了案件的走向。在平时的投融资交易过程中，当事人应该多留一个心眼，注意搜集保留材料，以防日后提起仲裁时证据缺失导致举证不能，错失良机。而且当事人所提交的证据要注意相互之间的联系，形成完整的证据链，这样才能有力地支持当事人所提出的请求。如果仅有孤证，或者证据之间并没有内在联系，证据的证明力不足，则难以支持当事人的请求，有可能会面临败诉的风险。

（三）重视仲裁（诉讼）时效

仲裁（诉讼）时效是指权利人持续不行使民事权利而于期间届满时丧失请求人民法院或仲裁机构保护其民事权利的法律制度。诉讼时效期间届满时，权利人虽然不丧失程序法上的起诉权，但是却丧失了胜诉权，即如果对方以请求超过诉讼时效为由提出抗辩，那么，权利人的请求就得不到人民法院或仲裁机构的支持。因此，应当特别重视仲裁（诉讼）时效问题。

1. 关于催收债权的时效风险。

在实际的借贷纠纷案件中，不乏当事人以借款的时效已过为由提出抗辩，要求对贷款人的请求不予支持。而从对案件的具体审查来看，同样为借贷案件，金融机构相对于其他的民间借贷人更注重保护自己的权利，会采取比较积极的方式对贷款进行及时催收，避免时效已过，丧失法律的保护权。而民间借贷的当事人，很多时候会缺乏这种催收意识，或者有催收，但没有证据支撑。广州仲裁委员会受理过一件小贷公司借款给个人的借款纠纷案，该借款发生在2008年，借款期一年，借款人陆续在2008—2010年期间有向该小贷公司偿还部分借款本息，之后，由于借款人没有再偿还余下的借款本息，小贷公司于2013年向广州仲裁委员会提起仲裁，要求借款人偿还本息。仲裁审理中，借款人提出时效抗辩，而贷款公司由于无法举出充足证据，证明曾在2010—2013年期间进行过催收，最终只能面临败诉的后果。

此外，就催收方式而言，成本最低也最常被使用的便是邮寄送达催收通知。但要注意的是，一旦发生纠纷，债务人经常会以邮寄地址不是其法定地址，地址错误为由抗辩没有收到催收通知，或者虽然收到了，但是其邮寄的不是催收通知，而是其他文件。因此，建议为了防范因仲裁（诉讼）时效引发借款不能收回的法律风险，贷款企业应该积极主动地行使自己的催收权，并在合同条款中列明书面催收文件的寄达地址，贷款企业一旦向双方确定的该寄送地址发出催收文件，且文件确实到达该地址的，则催收事实成立，有效地保护自己的合法权益。

2. 关于保证期间与诉讼时效的问题。

保证期间，是指依照法律规定或者当事人约定，保证人承担保证责任的期间。在该期间内若债权人不积极向主债务人或保证人行使权利，保证人的保证责任即被免除。虽然保证期间和诉讼时效在保护保证人权利及督促债权人及时行使权利方面具有趋向一致的功能，但两者所表现的法律后果是完全不同的。根据我国法律的规定，诉讼时效届满后，实体权利本身并不消灭，仅胜诉权归于消灭。而债权人在保证期间内若不行使权利，将丧失保证债权，失去的是实体权利。此外，按照《担保法司法解释》的规定，保证期间不因任何事由发生中断、中止、延长的法律后果，但在由保证期间向保证诉讼时效转换后，仍然要适用诉讼时效有关中止、中断、延长的规定。

实践中，由于对保证期间缺乏理解，不少债权人会将保证期间与诉讼时效混同，以诉讼时效的两年期间去限制当事人约定的保证期间的长短。所以在理解保证期间与诉讼时效两种制度时要注意以下两点。第一，注意保证期间的约定。根据《担保法》的规定，如果一般保证与连带责任保证未约定保证期间的，保证期间为主债务履行期届满之日起六个月，而要实现保证责任，一般保证则需要债权人在该保证期间提起仲裁或诉讼，连带责任保证中，债权人仅需要在保证期间内要求保证人承担保证责任即可。但是如果合同有约定保证期间的话，也要注意期限的约定。因为如果约定不当，将会被视为约定不明，如《担保法司法解释》第三十二条规定，保证合同约定的保证期间早于或者等于主债务履行期限的，视为没有约定，保证期间为主债务履行期届满之日起六个月。保证合同约定保证人承担保证责任直至主债务本息清还时为止等类似内容的，也视为约定不明，保证期间为主债务履行期届满之日起二年。第二，注意保证期间的诉讼时效关系。保证期间不存在期间中断、中止、延长的法律后果，但保证期间的诉讼时效则存在中断、中止、延长的法律后果，故适当认定保证期间的诉讼时效，也是保护保证责任得以顺利完成的关键。按照《担保法司法解释》第三十四条的规定，一般保证的债权人在保证期间届满前对债务人提起诉讼或者申请仲裁的，从判决或者仲裁裁决生效之日起，开始计算保证合同的诉讼时效；连带责任保证的债权人在保证期间届满前要求保证人承担保证责任的，从债权人要求保证人承担保证责任之日起，开始计算保证合同的诉讼时效。

（四）选择正确的纠纷解决途径

仲裁与诉讼是两种不同的纠纷解决机制，其中仲裁具有公正快捷、一裁终局、方式灵活、专家断案等特点，受到众多贷款企业青睐，时间成本对于贷款企业来说具有举足轻重的地位。仲裁特有的一裁终局制度避免了诉讼审级的冗长，避免久拖不决的现象。所以没有效率的公正也是不公正的。仲裁另外一个优势是保密原则，试想如果一个企业出现了危机，消息一旦发布出去，它还有机会翻身么？如果一个银行有很多仲裁案件和诉讼案件，大家就会去取回自己的存款，所以在金融案件中，保密非常重要。仲裁的特点如图 1 所示。

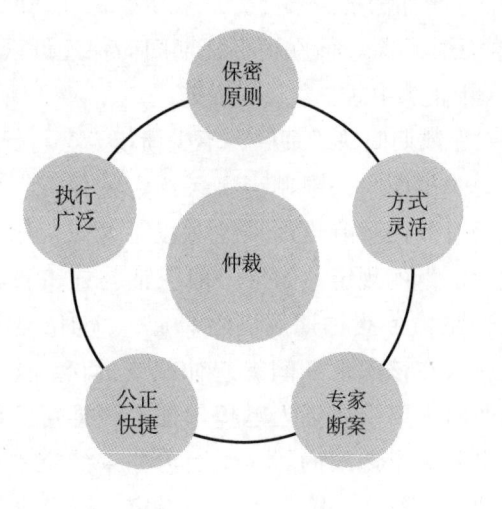

图 1　仲裁的特点

广州金融仲裁院是一家专业、高效的金融争议解决机构，于 2011 年 7 月 11 日顺利组建成立。在机构设置方面，广州金融仲裁院为确保权力的有效配置，参照公司的治理模式，设立了理事会（决策机构）、监督委员会（监督机构）、仲裁庭（裁决机构）（见图 2），这三个机构的权力相互制衡，在阳光下运作，保证广州金融仲裁院健康运作。

为适应金融纠纷多元化的发展趋势及高速、快捷解决纠纷的需求，广州金融仲裁院研究制定了专业的金融仲裁规则。仲裁收费上予以适当倾斜，鼓励金融当事人调解结案，促进社会的和谐进步。为充分体现专家办案的特点，在金

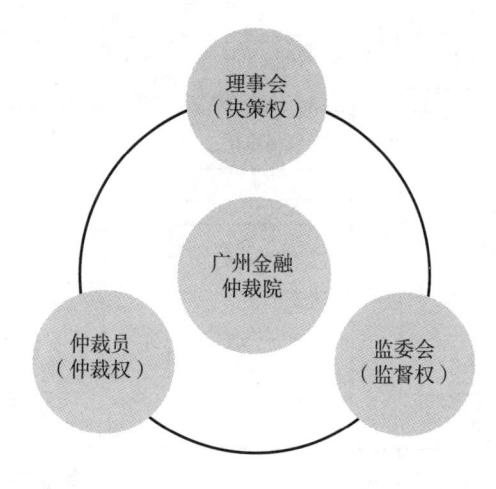

图2 广州金融仲裁院机构设置

融仲裁员的选聘上，强调专业、专注，将具有专业理论和经验的专业人士吸收进入仲裁员队伍，使金融纠纷的解决不仅符合法律规定，也符合行业的发展惯例。目前广州金融仲裁院已聘请了一支近200人的金融专业仲裁员队伍，涵盖银行、保险、证券、期货等多个金融领域。

四、金融仲裁下一步改革创新之举——网络仲裁

改革开放30年以来，我国的经济发展模式发生重大调整，互联网逐渐渗透到人们工作、生活的各个领域。随着互联网技术对传统金融的不断冲击，互联网金融已深入到传统金融业务的核心中去。我国的互联网金融从第三方支付开始，逐步向网络筹资、网络投资、个人理财服务等领域拓展。2004年以来，众筹、P2P、网络股权交易平台等多种金融交易工具被创造出来，互联网金融进一步向多样化、大众化方向发展。互联网金融的高速发展，随之而来的则是大量纠纷的产生。那么，相隔千山万水的互联网金融当事人之间产生的矛盾如何解决成为互联网金融进一步发展的瓶颈。2014年国务院总理李克强所作的政府工作报告中，首次提出"要使互联网金融健康发展"。因此，规范互联网金融的运作，并为之提供一个合理的、简便易行的纠纷解决机制迫在眉睫。传统金融与互联网的关系如图3所示。

网络仲裁将在不久的未来一定会成为互联网金融的守护神。理由很简单，网络仲裁特性与互联网金融最匹配。

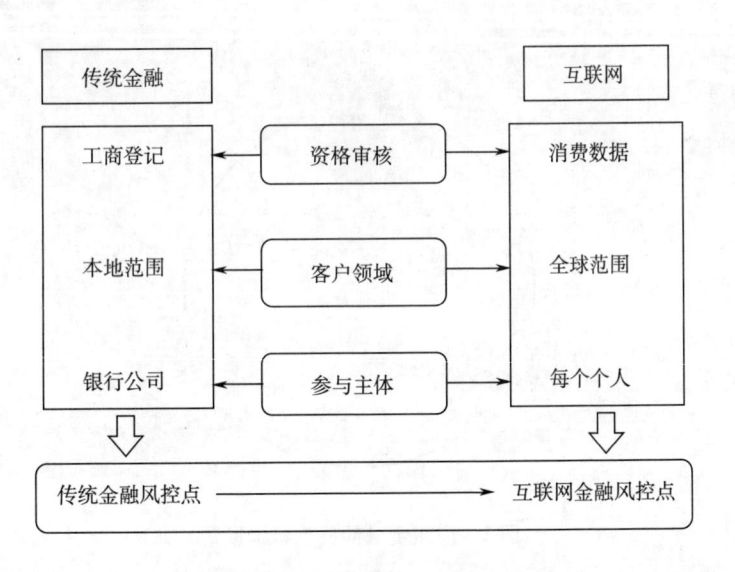

图3　传统金融与互联网

　　首先，网络仲裁与互联网金融都没有地域的限制。一旦出现纠纷需要解决的，网络仲裁可以将不同地域的互联网金融纠纷当事人、仲裁员有效联系在一起。

　　其次，网络仲裁与互联网金融都具有便捷性。与传统的仲裁相比，便捷性是网络仲裁的最大优势。随着科技的日益发展，平板电脑、手机使用越来越广泛，人们可以随时随地上网。当事人之间有关仲裁的各种文件、证据等通过电子邮件可即刻传送，双方当事人可以通过特定的软件和相关的音像设施，在其各自的地点通过一台与互联网相连的计算机、手机、平板电脑参加开庭，不用专门到仲裁庭所在地参加开庭，这不但节省了时间，还免去了出差的麻烦和可观的费用。在由三个仲裁员组成仲裁庭的情况下，仲裁员对仲裁案件的合议，以及仲裁裁决的作出，甚至仲裁员对裁决的电子签名等也都可以通过网络手段来实现，不必集中到一个特定地点进行。网络仲裁的即时性能快捷、经济地解决争议，给当事人提供极大的便利，这是网络仲裁魅力之所在。

　　最后，互联网金融形成的大部分证据，如网上支付、电子合同等都是通过网络形成的。如果按照传统的纠纷解决模式，为了证明自己的主张成立，当事人需要提交这些网上形成的证据，也就是讲，这些网上支付凭证、电子合同等都必须打印一份出来，在庭上，当事人还需要进一步说明这个网络形成的证据的出处以及其可靠性。而通过网络仲裁解决，这些举证、质证都变得轻而易举，当事人只要简单通过手机或者平板电脑将这些电子证据推送到仲裁系统即可。

　　相信随着仲裁制度的不断发展和金融活动的不断深化，金融纠纷和仲裁结合的程度将更加紧密，方式将更加独特。未来的金融仲裁制度肯定会覆盖到更广泛的金融纠纷范围，且相关制度安排将更具包容度，更加切合金融市场安全稳定和发展的新需求。希望随着金融仲裁制度的不断发展完善，金融仲裁能成为金融纠纷的华佗圣手，为解决社会经济纠纷提供良方妙药，为我国经济发展保驾护航。

金融创新的法律风险与法律实务

张长龙①

近年来，由金融创新引起的法律问题数量逐渐增多，如 2012 年广东华鼎、创富事件、2014 年广州金启担保事件等。而广州金启担保事件被喻为"翻版华鼎担保案"，作为主角的金启融资担保有限公司违法一次性划走保证金超过 1531 万元。此外，由于经营不规范等原因，一些金融机构被撤销资格，如 2013 年安徽 8 家小贷公司取消经营资格，2014 年广东 16 家担保公司"退市"等。从这些例子可以看出，金融在创新过程中存在各种问题，这其中一个主要原因是法律障碍，法律滞后跟不上。金融创新的法制建设越来越需要得到关注。

一、金融创新法治建设的宏观环境

（一）加快非公有制经济的发展，建设法治中国

2013 年，中共十八届三中全会提出公有制经济和非公有制经济都是社会主义市场经济的重要组成部分，都是我国经济社会发展的重要基础。必须毫不动摇地鼓励、支持、引导非公有制经济发展，激发非公有制经济活力和创造力，建设法治中国。2014 年中共十八届四中全会审议通过了《中共中央关于全面推进依法治国若干重大问题的决定》，并明确提出全面推进依法治国的总目标是建设中国特色社会主义法治体系，建设社会主义法治国家。这是我国第一次提出了社会主义法治体系，建设社会主义法治国家，对金融创新有着非常大的影响。如今法治建设领域的主要矛盾是集中在宪法和法律的实施上，实施方针已由

---

① 张长龙，法学教授、博士，时任广东金融学院法律系主任、金融法研究中心主任。本文是作者在第 14 次珠江金融论坛——"金融法制环境建设论坛"（2014 年 10 月 28 日）演讲的摘编，编者对题目作了修改，演讲原题为《金融创新的法律实务》。

"有法可依、有法必依、执法必严、违法必究"转变为"科学立法、严格执法、公正司法、全民守法"。科学立法是法治中国建设的前提；严格执法是法治中国建设的关键；公正司法是法治中国建设的保障；全民守法是法治中国建设的基础。

（二）促进市场公平竞争，维护市场正常秩序

2014年7月发布的《国务院关于促进市场公平竞争维护市场正常秩序的若干意见》。意见提及促进市场公平竞争维护市场正常秩序的基本原则是简政放权、公正透明、权责一致、社会共治。具体如下：

1. 简政放权。充分发挥市场在资源配置中的决定性作用。法律不禁止的，市场主体即可为；法律未授权的，政府部门不能为。

2. 依法监管。更好地发挥政府作用，坚持运用法治思维和法治方式履行市场监管职能，加强事中事后监管，推进市场监管制度化、规范化、程序化，建设法治化市场环境。

3. 公正透明。各类市场主体权利平等、机会平等、规则平等，政府监管标准公开、程序公开、结果公开，保障市场主体和社会公众的知情权、参与权、监督权。

4. 权责一致。科学划分各级政府及其部门市场监管职责；法有规定的，政府部门必须为。建立健全监管制度，落实市场主体行为规范责任、部门市场监管责任和属地政府领导责任。

5. 社会共治。充分发挥法律法规的规范作用、行业组织的自律作用、舆论和社会公众的监督作用，实现社会共同治理，推动市场主体自我约束、诚信经营。

（三）广东建设金融强省并优化金融生态环境

广东为进一步建设金融强省和优化金融生态环境，出台了《广东省建设珠江三角洲金融改革创新综合试验区总体方案》、《关于全面推进金融强省建设若干问题的决定》、《广东省金融改革发展"十二五"规划》，其中"十二五"规划中提出，全面优化金融生态环境，特别是优化社会信用环境、加强金融法制环境建设、完善区域金融监管。广州也相应出台了《广州市金融生态环境建设实施方案》，重点阐述了几个方面的内容：一是信用方面，二是改善金融法制环境，要建立金融司法联系机制，加强金融债权保护，完善金融纠纷调解机制，大力推广金融仲裁，建立金融诉讼的绿色通道，加大金融案件的执行力度。

二、金融创新的法律风险

中国农业银行原副行长杨某、国家开发银行原副行长王某落马；中国银行开平支行三任前行长 4.82 亿美元资金挪用案；2006 年深圳发展银行违法放贷总额 15 亿元案；清远某银行储户卡内 7 万余元不翼而飞，银行被判担全责等金融案件，可见金融业务中的法律风险不可忽视。作为金融从业人员更要识别和防范法律风险。有效地防范法律风险，不仅可以保护自己，也能保护国家、集体和他人的财产免受不法侵害。

（一）金融从业人员必须防范的法律风险的含义

法律风险是指在法律实施过程中，由于外部法律环境发生变化，或由于法律关系主体未按照法律规定或合同约定行使权利和履行义务，而给自身造成负面法律后果的可能性。金融从业人员必须防范的法律风险就是金融从业人员在履职过程中所面临的各种可能发生法律上的不利后果的风险，包括本人面临的法律风险以及所在机构面临的法律风险。这里需要注意以下几点：

1. 法律风险不等于违法风险。将法律风险等同于违法风险的根源在于人们潜意识中都有一种对法律是确定不变的固有认识。部分银行认为只要不违法就不存在法律风险，把法律的确定性、可预见性固定化并无限扩大，这种认识是错误的。在司法实践中存在着大量非理性的、偶然性的、推测性的因素，以及法律的"灰色地带"。特别是金融行业，很多法律规定非常模糊，例如 P2P 很多企业在打擦边球。2012 年，在深圳召开的 P2P 行业会议上，谈及如何操作时，企业普遍认为自身没有违法，但实际上可能是违法的。另一方面就是对含义的理解不一样，以前没有统一，现在裁判基本上得到统一。还有就是法律技巧、保护证据，以及如何取证和固定证据。

2. 法律风险不等于操作风险。《巴塞尔新资本协议》将法律风险纳入操作风险的范畴内加以考量和管理，并将操作风险事件归纳为以下七种类型：（1）内部欺诈；（2）外部欺诈；（3）雇佣政策和工作场所安全；（4）客户、产品和业务操作；（5）实物资产的毁损；（6）业务中断和系统失灵；（7）执行、传递和业务流程管理。实际上内外部欺诈虽然可能使银行遭受损失，但并不是法律风险所导致的，也不会有法律责任；信贷业务操作风险一般来说会因为上述的第（4）、（6）、（7）项等三个方面而产生法律风险；并且法律风险的一种来源是因外部法律环境的改变，显然这种法律风险不包含在操作风险之中。所以，法律风险不等于操作风险，操作风险不能全部包含法律风险，两者之间是交叉的关系。

3. 法律风险不等于诉讼风险。信贷业务法律风险相当大的部分与诉讼有关，很多信贷资产的收回或借款合同纠纷通过诉讼程序来解决，但是法律风险包含的内容是比较多样和复杂的，因内部操作产生的法律风险而承担民事责任、行政责任、刑事责任，其中民事责任通过诉讼程序或仲裁程序解决，而行政、刑事责任则与行政、刑事程序有关，行政责任只能由行政执法部门的行政决定确定。另外，某些信贷业务的法律风险并不必须通过诉讼解决，相当多的贷款清收是通过当事人双方之间的谈判、债务重组等手段达到信贷资产保全的目的。

4. 法律风险不等于合规风险。

（1）范围不同。《商业银行合规风险管理指引》指出，合规风险是指商业银行因没有遵循法律、规则和准则可能遭受法律制裁、监管处罚、重大财务损失和声誉损失的风险。根据这一定义，合规风险的来源不仅包括商业银行违反具有普遍约束效力的规范性文件，也包括违反一般经济社会意义上的道德准则和具有行业自律性质的公约等，来源比法律风险较为广泛，但不包含外部法律事件。这一概括与巴塞尔委员会的规定也是一致的。

（2）管理要求不同。巴塞尔委员会与中国银监会均要求商业银行加强对合规风险的管理，但《巴塞尔新资本协议》只对商业银行的市场风险、信用风险和操作风险提出了计量和资本配置的要求，对合规风险的管理只要求商业银行设置相应的管理部门、人员队伍、管理政策和程序等，也就是以审慎原则加以管理而并不要求为合规风险配置相应的资本。

（二）金融从业人员必须防范的法律风险的种类

依据法律责任的不同，可分为民事法律风险、行政法律风险、刑事法律风险。其中特别要注意刑事法律风险，诸如贪污罪和职务侵占罪、挪用公款罪和挪用资金罪、受贿罪、行贿罪、私分国有资产罪、国有企业人员失职罪，国有企业人员滥用职权罪、逃税罪。

在实践中面对刑事法律风险能够预见自己行为的法律后果是最好的。目前金融业是刑事法律风险重灾区，如受贿罪，对此最高人民法院有专门司法解释，对非国家工作人员受贿罪与受贿罪需要区分；对于国有银行或金融业工作人员受贿，一般不是以职务便利可能不构成受贿罪。

另外，法律风险里面要注意两个分类，一是可以控制的内部操作风险，二是无法控制的外部法律风险，比如政策、法律、法规的制定与修改。

三、金融创新与非法集资

非法集资在各个行业金融创新都有可能出现，特别是 P2P 行业、小额贷款公司、融资担保公司。

（一）正确认识非法集资的概念与特点

所谓非法集资，是指公司、企业、个人或其他组织，违反法律、法规，通过不正当的渠道，向社会公众或者集体募集资金的行为。① 非法集资罪应同时具备以下四个条件：（1）未经有关部门依法批准或者借用合法经营的形式吸收资金，即非法性；（2）通过媒体、推介会、传单、手机短信等途径向社会公开宣传，即公开性；（3）承诺在一定期限内以货币、实物、股权等方式还本付息或者给付回报，即利诱性；（4）向社会公众即社会不特定对象吸收资金，即社会性。

（二）关于办理非法集资刑事案件适用法律若干问题的意见

2014 年 3 月 25 日，最高人民法院、最高人民检察院、公安部发布《关于办理非法集资刑事案件适用法律若干问题的意见》，意见就办理非法集资刑事案件适用法律问题提出以下意见：

1. 关于行政认定的问题。行政部门对于非法集资的性质认定，不是非法集资刑事案件进入刑事诉讼程序的必经程序。行政部门未对非法集资作出性质认定的，不影响非法集资刑事案件的侦查、起诉和审判。公安机关、人民检察院、人民法院应当依法认定案件事实的性质，对于案情复杂、性质认定疑难的案件，可参考有关部门的认定意见，根据案件事实和法律规定作出性质认定。

2. 关于"向社会公开宣传"的认定问题。最高人民法院《关于审理非法集资刑事案件具体应用法律若干问题的解释》第一条第一款第二项中的"向社会公开宣传"，包括以各种途径向社会公众传播吸收资金的信息，以及明知吸收资金的信息向社会公众扩散而予以放任等情形。

3. 关于"社会公众"的认定问题。下列情形不属于最高人民法院《关于审理非法集资刑事案件具体应用法律若干问题的解释》第一条第二款规定的"针对特定对象吸收资金"的行为，应当认定为向社会公众吸收资金：（1）在向亲

---

① 最高人民法院《关于审理非法集资刑事案件具体应用法律若干问题的解释》（法释〔2010〕18 号）。

友或者单位内部人员吸收资金的过程中，明知亲友或者单位内部人员向不特定对象吸收资金而予以放任的；（2）以吸收资金为目的，将社会人员吸收为单位内部人员，并向其吸收资金的。

4. 关于共同犯罪的处理问题。为他人向社会公众非法吸收资金提供帮助，从中收取代理费、好处费、返点费、佣金、提成等费用，构成非法集资共同犯罪的，应当依法追究刑事责任。能够及时退缴上述费用的，可依法从轻处罚；其中情节轻微的，可以免除处罚；情节显著轻微、危害不大的，不作为犯罪处理。

5. 关于涉案财物的追缴和处置问题。向社会公众非法吸收的资金属于违法所得。以吸收的资金向集资参与人支付的利息、分红等回报，以及向帮助吸收资金人员支付的代理费、好处费、返点费、佣金、提成等费用，应当依法追缴。集资参与人本金尚未归还的，所支付的回报可予折抵本金。

将非法吸收的资金及其转换财物用于清偿债务或者转让给他人，有下列情形之一的，应当依法追缴：（1）他人明知是上述资金及财物而收取的；（2）他人无偿取得上述资金及财物的；（3）他人以明显低于市场的价格取得上述资金及财物的；（4）他人取得上述资金及财物系源于非法债务或者违法犯罪活动的；（5）其他依法应当追缴的情形。

（三）准确界定非法集资与其他金融活动

1. 集资诈骗罪与非法吸收公众存款罪。两罪在客观上都有非法募集资金的性质，而且在实践中，许多非法吸收公众存款人因为各种客观原因不能归还存款，在主观上都是故意的，主体也都是一般主体，因此，两罪极容易混淆。但是两罪之间还是存在本质差别的。首先，两罪最关键的区别在于主观目的不同，即是否以非法占有所募集资金为目的。其次，两罪在行为实施方式上也有所不同。集资诈骗罪的行为人必须使用诈骗的方法，非法吸收公众存款罪非法聚集资金，表现为诈骗方法和非法集资两种行为的结合，即表现为以存款的方式非法吸收他人资金。再次，由于犯罪目的和客观方面的不同导致两罪侵犯的客体也不同，集资诈骗侵犯的客体是复杂客体，即不仅侵犯了国家的金融秩序，而且侵犯了出资人的财产所有权；而非法吸收公众存款罪侵犯的是单一客体，即国家的金融管理制度。

2. 私募与非法集资活动边界。目前我国对界定"私募"行为的标准比较一致，**包括**：人数限定、不得定期返息、不得公开募集、单个投资者投资金额不得少于100万元人民币、3名以上高管、工商注册及备案。而非法集资行为，根据《关于取缔非法金融机构和非法金融业务活动中有关问题的通知》的规定，是指单位或者个人未依照法定程序经有关部门批准，以发行股票、债权、彩票、投资基金证券或者其他债权凭证的方式向社会公众募集资金，并承诺在一定期限内以货币、实物以及其他方式向出资人还本付息或者给予回报的行为。

（1）从资金的募集方式进行界分。私募基金的投资人一般通过以下方式参与私募基金：直接认识基金管理人；依据在上流社会获得的可靠投资消息和间接介绍等；机构投资者的间接投资；投资银行、证券中介公司或投资咨询公司的特别推介；对冲基金研究咨询机构提供的信息；通过其他基金转入等。非法集资人一般会主动募集并采用变相公开的手段。

（2）信息披露的非公开性。私募基金的投资方式也具有"非公开"的特征，即投资过程更具隐蔽性，绝少涉及公开市场的操作，与公募基金相比，私募基金一般无须披露交易细节、详细的投资目标和投资组合等信息。但此时的非公开并不等于保密，而是在披露对象和披露内容上有着严格限制。

（3）从资金的募集对象进行界分。合格投资者制度的建立，在一定程度上可以使特定对象募集投资资金的募集与"非法集资"泾渭分明。另外，合法的私募不但设置了合格投资者的标准，而且也同时设置了选择合格投资者的程序，如对投资人数的计算方式、对投资者的资格包括风险识别能力等都设置了检验制度。

（4）从资金的运作方式进行界分。私募基金的字面含义已经揭示了其"基金"的性质。基金运作是指通过发售基金份额，将投资者的资金集中起来，由基金管理人管理，进行利益共享、风险共担的集合投资。其存在管理的外部性和基金管理费的计提两个显著特征。

四、金融创新的法律规制

（一）严守法律法规

近几年来，国务院、各部委、广东省陆续发布金融创新的有关法律法规，特别是《中国银行业监督管理委员会、中国人民银行关于小额贷款公司试点的指导意见》（银监发〔2008〕23 号），《融资性担保公司管理暂行办法》①以及

---

① 中国银行业监督管理委员会、中华人民共和国国家发展和改革委员会、中华人民共和国工业和信息化部、中华人民共和国财政部、中华人民共和国商务部、中国人民银行、国家工商行政管理总局令2010 年第 3 号。

《广东省小额贷款公司管理办法（试行）》（粤金〔2009〕10号），在经营过程中，这些法律法规都是需要严守的。

（二）抓住规制要点

申请成立金融类的公司，如小额贷款公司、融资担保公司等，一般分为筹建阶段、开业阶段、运营阶段三个阶段，其中运营阶段的监管要特别注意，监管主要有以下四个方面：

1. 监管主体及其职责。主要涉及人民银行、银监会、地方主管部门和银行业金融机构。

2. 监管模式。出现了审慎监管和非审慎监管模式并存的局面。

3. 监管内容。出现审慎监管内容与非审慎监管内容混杂的局面；三个核心内容即准入制度、退出制度、风险监管制度。

4. 监管措施。部分省（市）规定了非现场监管和现场检查相结合的监督检查制度；多数省（市）建立了对小额贷款机构的分类评价制度并实施差别监督；各地还规定了重大事项报告制度。同时，监管机构在开展监管工作时，应注重小额贷款公司的特殊性，防止监管异化，重蹈农村合作基金会的覆辙；而公司经营者，特别是小额贷款公司，要注意四条红线，即不能非法集资、不能账外经营、不能暴力收贷、不能吸收公众存款。

另外，在运营阶段可以通过合理完善的贷款程序进行风险控制，具体如图1所示。

（三）不断完善立法

1. 借鉴国外的监管经验。主要是借鉴国外小额贷款监管主体及监管方式，如利用现有的金融监管制度进行监管、颁发特别许可证独立监管、层级方法。

2. 完善监管法律制度。小额贷款公司设立准入问题需要中央统一立法。1916年美国出台了《统一小额信贷法》规范美国境内的所有小额信贷行为，日本的《放债人法修正案》对放债人和放债机构都做出规制。而各地小额贷款公司发展情况不一，需要"因地而治"。

3. 明确监管主体。银监会享有小额贷款公司监管权；省级政府的金融工作办公室为监管执行机构。

4. 更新监管内容。更新内容主要包括：完善市场准入和退出机制；适度放松对资金来源的监管；放开利率控制；强化风险控制机制。

5. 完善监管措施。应进一步完善非现场监管和现场检查制度；健全分类评价制度实行差别监管；建立重大事项报告制度。

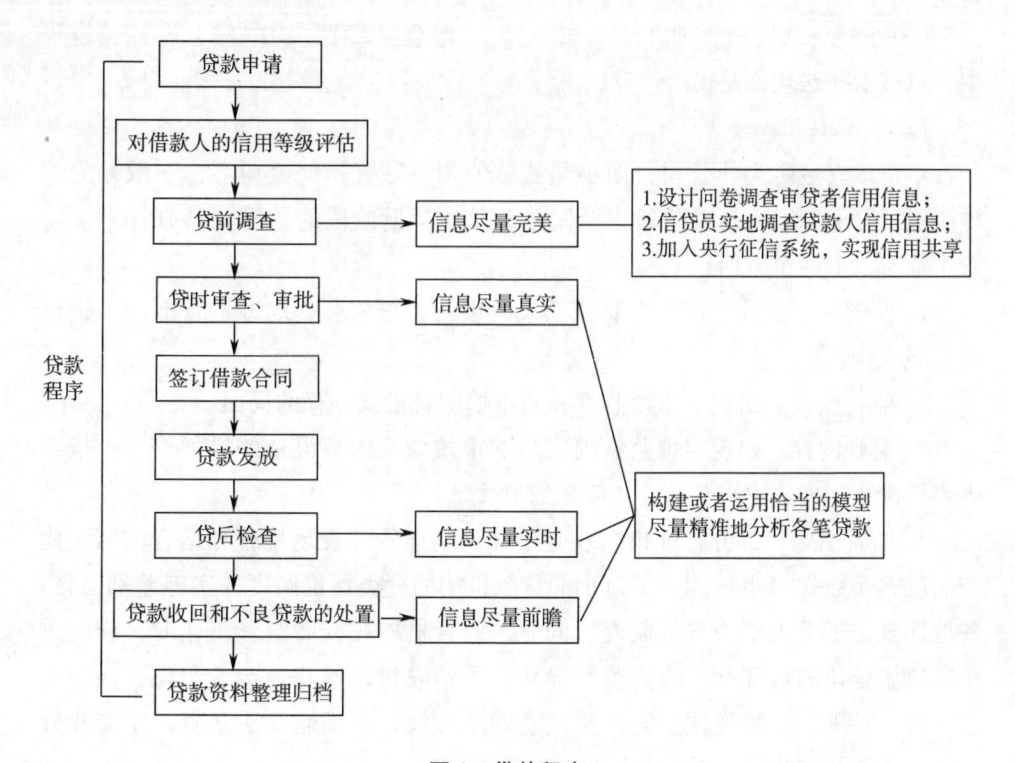

图1　贷款程序

6. 健全监管辅助制度。建立和完善社会信用制度；充分发挥行业协会的自律功能；建立员工培训机制；引入中介机构为小额贷款机构提供经营安全保障等都是可以考虑并实施的。

（四）引导利用资源

人民法院专门有相关的信用系统，一是人民银行互联网个人信用信息服务平台，每个人都可以通过这个平台来查询自己信用记录；二是全国企业信用信息公示系统；三是最高人民法院的被执行人名单公布与查询系统，只要提供姓名和身份证号码就可以查询。上述三个平台对以后信用体系的建立是非常有好处的。

五、金融创新的纠纷解决

对于金融纠纷解决，特别是金融创新纠纷，最好的解决方式是仲裁，这比选择使用诉讼方式好。相对诉讼来说，仲裁除了公正快捷，拥有保密的优势外，还具有以下优点：一是在金融创新太快、法律滞后的情况下，仲裁法赋予仲裁比较宽的裁量权，仲裁可以不一定用法律衡量，可以用行业惯例、公平合理原则来处理。二是仲裁专业性比诉讼强，很多法院金融审判庭在诉讼过程中，业务能力可能存在滞后，对一些专业的问题难以解决。三是对于小额贷款和融资担保，用仲裁方式解决纠纷非常适合：小额贷款的纠纷数额以几万元居多，当事人不希望公开信息；仲裁速度非常快，可以避免因解决纠纷的速度不够快，财产可能被转移的问题。

现场讨论
XIANCHANG TAOLUN

关于仲裁条款、强制执行等问题的问答

刘跃南　陈忠谦[①]

提问：在实际案件中，在申请执行债务人和次债务人的过程中，法院向当事人送达履行债务通知书，次债务人提出执行异议。现在不能对次债务人强制执行。请问在司法实践中，对于执行异议是否不能驳回？债权人还能否申请强制执行？

刘跃南：被执行人的权利也受到法律保护。在执行过程中，被执行人对法院的执行行为提出异议，法院必须受理，审查后做出裁定。如被执行人不服，可以向上级法院申请复议。案例中，被执行人提出异议，法院应当受理，受理后做出审查结果，被执行人仍不满意，可以向高院提出复议申请。当法院处置财产时，案外人如果提出足够的证据及理由，案外人也可以向法院提出案外人异议。《民事诉讼法》修改后，规定了案外人与被执行人的保护条款。法院在审查案外人异议时进行形式审查，经过形式审查，认为财产确实不是被执行人而是案外人的，法院就对此作出裁决书。当事人对该裁决不服，可以提出异议之诉。

提问：合同中约定提交仲裁书面审理，仲裁条款可以约定到什么程度？

陈忠谦：仲裁审理可以分为开庭审理和书面审理两种情况。由于当事人享有法律赋予的不可剥夺的诉权，包括口头陈述意见、口头辩论和询问证人的权利，因此，一般情况下是开庭审理，但是如果双方法律关系清楚，又是异地，可以约定书面审理，不必开庭。书面审理适用于两种情况：（1）双方当事人共同约定书面审理；（2）在简易仲裁程序中，仲裁庭根据案件的具体情况，认为

---

① 刘跃南，时任广州市中级人民法院党组成员、执行局局长、审判委员会委员；陈忠谦，时任广州仲裁委员会主任。本文是上述人员在第 14 次珠江金融论坛——"金融法制环境建设论坛"现场讨论环节回答问题时发言的摘编。

不需要开庭审理而决定书面审理。仲裁庭的这一决定，基于仲裁规则的授权，也基于双方当事人仲裁协议中的授权，因此应当视为是双方当事人对开庭审理的事先弃权，而交由仲裁庭斟酌决定适当的审理方式。在书面审理中，仲裁庭可以通过书面的方式向双方当事人提出问题，当事人也可以用书面方式陈述事实和意见，进行辩论。仲裁庭在给予双方当事人充分陈述意见的机会后，作出裁决书结案。至于举证期限、指定仲裁员或者裁决书的内容有要求，比如约定不写明查明的事实等，只要当事人的约定没有违反法律规定，仲裁庭会尊重当事人的约定。当事人的约定可以修正仲裁机构通常使用的规则。

应征论文

YINGZHENG LUNWEN

众筹视野下余额宝规制的困境与出路

——以美国 JOBS 法案为借鉴

阳建勋[①]

一、问题的提出：余额宝事件凸显的规制困境

（一）余额宝事件概述

一站式服务、碎片化理财的普惠金融产品——余额宝自 2013 年 6 月推出以来就受到了广大投资者的青睐，也给银行业金融机构带来了相当大的现实压力。在一向受到严格管制的我国金融领域，余额宝这一金融创新产品借助互联网对于传统金融业带来了巨大的挑战，也引发了人们对于余额宝的激烈争论。央视评论员钮文新主张予以取缔。在他看来，高收益率的余额宝是吸附在银行身上的吸血鬼，余额宝吸收的数千亿元资金获得的高收益率起到了类似于中央银行加息的作用，不利于实体经济的发展，加大了宏观经济下行的压力。耶鲁大学金融学终身教授陈志武则认为，余额宝既不是金融寄生虫更不是第二中央银行，因为"余额宝等通过增加资金的流动性和配置使用速度，通过给银行带来竞争，降低实体经济的资金成本，会增加资金的总体供应量，优化资金在整个经济中的配置结构依据"，至于其高收益率则是利率未市场化及银行被过度管制的结果。有人认为，依据"法无禁止即可为"的原则，余额宝的推出及运营并不违法，而且余额宝事实上推动了利率的市场化，应当予以鼓励。还有人认为，余额宝等货币市场基金投资的银行存款应当纳入存款准备金管理。

与此同时，尽管央行一再表示鼓励互联网金融创新的初衷未变，其对余额

---

① 阳建勋，法学博士，广州大学法学院副教授、硕士研究生导师，主要从事金融法与财税法研究。本文选自第 14 次珠江金融论坛——"金融法制环境建设论坛"的应征论文。

宝的监管却在逐步升级。央行先是要求暂停二维码（条码）支付、虚拟信用卡等支付业务和产品；继而被曝光的《支付机构网络支付业务管理办法》草案征求意见稿要求个人支付账户转账单笔不超过 1000 元，年累计不能超过 1 万元；接着叫停了货币基金提前支取不罚息的优惠。截止到 2014 年 3 月 24 日，四大银行均调低了快捷支付转账额度，余额宝遭受了自上线以来的重创，马云承认，这是支付宝最艰难也是最光荣的时刻。2014 年 4 月 3 日银监会与央行联合下发了《关于加强商业银行与第三方支付机构合作业务管理的通知》（业界简称"10号文"）。"10 号文"要求商业银行在与第三方支付机构开展业务时，应当设立与客户技术风险承受能力相匹配的支付限额，包括单笔支付限额与日累计支付限额。"10 号文"实际上将《支付机构网络支付业务管理办法》草案中的限额意见制度化了，因而被认为是对余额宝规制的再度升级。

（二）余额宝规制的困境

有关余额宝的争议已经演变成为备受社会各界关注的事件，事件事实上凸显了余额宝规制的困境——规制缺位与过度规制并存的矛盾状态。

1. 证监会对余额宝规制的缺位。余额宝在推出的当初，证监会就曾指出其部分业务违规并要求其备案。证监会之所以允许余额宝"先上车后补票"，是为了鼓励互联网金融创新。问题是，在互联网金融规制的法律法规乃至部门规章尚未出台之前，余额宝应如何"补票"至今仍未明确。而且，余额宝作为一种综合性的创新金融产品，横跨了银行和证券领域，事实上突破了我国现行金融业秉承的分业经营、分业监管的原则。天弘基金之所以借助支付宝来销售增利宝这一门槛极低的普惠基金，正是看中了支付宝这一第三方支付平台所拥有的成千上万的客户资源以及其潜在的巨额投资需求。在传统金融体制下，这些投资需求被抑制了；而在互联网金融环境下，余额宝成为这些长期被抑制的金融需求的突破口。金融监管部门又未曾料到余额宝会引发如此深远的效应，甚至尚未来得及制定监管规定进行风险提示与防范，银行业金融机构就已经饱受了"存款大搬家"之苦。互联网金融规制的缺位可见一斑。直至今日，证监会仍然未出台有关余额宝监管的规定。

2. 央行及银监会对余额宝的过度规制。证监会对余额宝规制的缺位诚然是其能够在短期之内突飞猛进的重要原因之一，却又是其陷入当前争议的诱因。利益受损的银行业金融机构必然会事实上已经祭起了金融规制的大旗来收复失地。囿于分业监管的限制，银行业金融机构不能求助于证监会，而银监会又无能为力，负责第三方支付机构监管的中央银行自然成为银行业金融机构所能抓住的救命稻草。央行正是以确保支付安全为由不断加强了对余额宝的监管。如果说暂停二维码（条码）支付、虚拟信用卡等支付业务和产品是基于支付安全的优先考虑和落实金融账户实名制的要求以防止洗钱，但是《支付机构网络支付业务管理办法》草案征求意见稿及"10号文"等对个人支付账户单笔金额限制、月度金额限制及年累计金额限制的规定则有明显针对余额宝等互联网金融创新产品之嫌疑，而且限制了网络用户的私有财产处分权，必然会增加网络购物者的交易成本。"10号文"通过对第三方支付平台的资金限额直接切断了增利宝的资金来源，实质上是釜底抽薪，但是也限制了余额宝客户的支付自由与消费自主权，人为增加了余额宝客户的支付成本，不利于电子商务与实体经济的发展。连央行自己也承认是"尽管效果不好，但央行确实是在不适当的时间点以不适当的方式做了应当做的事情"。[1] 可见，央行及银监会从第三方支付机构角度对余额宝监管的不断升级是对互联网金融创新产品的过度规制，实质上是要借助第三方支付机构限额限制或阻断余额宝客户的投资通道，从而将监管的触角延伸到了证券投资领域。过度规制在法律上表现为特别强硬的法律控制，而欧美发达国家的规制实践表明，"特别强硬的法律控制通常对私有市场产生的规范效应太小……严厉的标准不仅会造成规制过度，而且还会造成规制不足。"[2]第三方支付机构对央行行为的抵制、监管层内部对"10号文"的争议与分歧及商业银行对执行"10号文"所持的观望态度表明，对余额宝的过度规制极有可能造成规制不足。

二、余额宝规制困境的原因与出路

（一）余额宝规制困境的主要原因

是什么原因造成了我国众多的金融监管部门在余额宝推出之初对它的熟视无睹呢？又是什么原因使得中央银行及银监会在余额宝"做大"之后又对其穷追猛打且不惜通过监管第三方支付平台跨越分业监管的鸿沟呢？其中原因甚为复杂，笔者以为至少存在以下几个方面的原因。

1. 余额宝的混业经营型创新金融产品特征是余额宝规制缺位的经济原因。

---

[1]　史进峰：《央行谈限额第三方支付：用不恰当方式做了应该做的事》，载《21世纪经济报道》，2014 – 03 – 21。

[2]　凯斯·R. 桑斯坦［美］，金朝武等译：《自由市场与社会主义》，北京，中国政法大学出版社，2002。

余额宝是一种典型的混业经营型创新金融产品：余额宝用户可以通过支付宝这一第三方支付平台将其在支付宝的账户余额用来投资，即购买天弘基金通过支付宝这一网络平台直接销售的基金，从而获得投资收益；同时，余额宝内的资金还可以随时用来进行网络购物消费及转账等，具有银行活期存款随时存取的便利性，又可能获得高于银行活期存款利息的投资收益。余额宝正是通过支付宝这一第三方支付平台跨越了我国银行业与证券业分业经营、分业监管的界限。"一行三会"分业监管体制本质上是一种机构型监管，"按照金融机构的类型设立监管机构，不同的监管机构分别管理各自的金融机构，但某一类型金融机构的监管者无权监管其他类型金融机构的金融活动。"这种监管体制在应对混业经营型创新金融产品上存在先天性不足——易导致监管真空抑或监管不足。以余额宝为例，银监会与中央银行无权监管天弘基金从事的网络在线销售业务——余额宝中的增利宝业务；证监会无权监管余额宝赖以开展业务的第三方支付平台，结果导致了余额宝规制的缺位。

2. 金融法律制度相对于互联网金融市场创新的滞后性是余额宝规制缺位的法律原因。以金融创新之名兴起的互联网金融秉承的是"法不禁止皆自由"的理念。"法不禁止皆自由"的精准含义是只要行为人不实施侵犯他人合法的私人领域这一为法所禁止的不正义行为，他就享有充分的自由。"法不禁止皆自由"力图宣示，扣除禁令后剩余的所有空间均为自由的领地，由此凸显了自由为"扣减权"的无所不包的特性，从而营造了最大的自治空间。互联网金融正是通过金融产品销售或获取渠道上的创新来达到规避以往金融法律制度对金融业的管制，减少金融交易成本，从而极大地促进金融投融资需求。尤其是在金融市场总体不太发达，管制太多，投资渠道受到的限制太多的中国，互联网金融市场创新所引发的变化更加具有革命性和颠覆性，余额宝交易规模的迅速扩大及其对银行业金融机构的影响就是明证。

以余额宝为代表的互联网金融市场创新对金融法律制度的挑战再次表明，要求法律保持相对稳定性的法律确定性与法律所调整的社会生活的变动不居是现实的二律悖反。"法律必须稳定，却不能静止不变。"然而，相对于互联网金融市场创新的突飞猛进，应对金融创新的金融法律制度变革却是姗姗来迟。因为"社会的需要和社会的意见常常是或多或少地走在法律的前面，我们可能非常接近地达到它们之间缺口的接合处，但永远存在的趋向是要把这个缺口重新打开来。因为法律是稳定的，而我们谈到的社会是前进的"。法律与社会生活条件脱节的现象被我国学者称为法律的滞后性。正是金融法律制度相对互联网金融市场创新的滞后性使得金融法与社会需求之间出现了暂时的缺口。在这一缺口地带，金融监管部门囿于权力法定主义原则难以对互联网金融市场实施有效监管，而互联网金融市场主体可以基于"法不禁止皆自由"原则从事交易活动。不过，法律滞后性造成的缺口不可能长期存在，法律作为一种整体意义上的社会控制工具，必然会对现实社会中的各种变化做出积极回应，法律也已经从"压制型法"或"自治型法"走向了"回应型法"。余额宝规制之争实际上就是法律回应余额宝规制缺位的先声。

3. 互联网金融规制中的矛盾状态是造成余额宝过度规制的重要原因。美国当代著名法学者凯斯·孙斯坦教授指出了规制实践中存在的矛盾状态——"不利于自己企图的规范性策略，这些措施最后的结果恰好与其本意或与得到公众支持的唯一正当的理由相反。"规制中的矛盾状态表现如下：规制过度反而造成规制不足；新危险的严格控制可能会增加总的危险程度；要求采用可得到的最佳技术结果却阻碍技术的发展；重新分配的规范往往损害处于社会经济底层人们的利益；披露规定可能使人们知情更少；独立的规制机构事实上并不独立，因为其很容易受到私人集团压力的影响。这些矛盾状态在互联网金融规制中也不同程度存在。以余额宝为例，中央银行及银监会对第三方支付平台风险的严格控制可能会增加金融市场体系总的风险，因为"常用的策略是对新的根源进行特别严格的限制，而对旧的却网开一面"。其次，严格规制余额宝的规范实质上是一种风险与利益的重新分配，这些规范事实上已经使得余额宝的投资收益大大下降，这表明这些重新分配的规范已经损害了购买余额宝这一普惠金融产品的经济底层人们的利益。此外，在余额宝事件中，中国银行业协会、各大银行及主要的第三方网络支付平台商等无不通过各种渠道表达其立场或看法，企图对监管机构施加影响。这些私人集团给央行及银监会等监管机构造成的压力是客观存在的。"立法结果通常是组织良好的私人集团运用压力的产物……法律实际上不会危及有强大政治影响力的集团，公众才是唯一的损失者。"最终授权银行实施第三方支付机构支付限额规定的"10号文"在很大程度上是我国组织良好的银行业利益集团运用压力的结果。正是这种压力使央行及银监会跨越了分业监管的界限，并且置严格的支付限额规定可能给公众利益造成的损害于不顾，最终导致了央行及银监会对余额宝的过度规制。殊不知，"特别强硬的法律控制通常对私人市场产生的规范效应太小"，过度规制反而导致规制不足。目前，连银行业内人士也对"10号文"执行力度持观望态度。

4. 互联网金融领域中的自由市场与社会正义、金融安全与金融效率之间的矛盾是余额宝规制困境的矛盾根源。

自由市场与社会正义是矛盾的对立统一体。如孙斯坦教授所言,自由市场具有许多优点,但是也会做一些不应该做的事情,换言之,自由市场的所有结果并不都是符合社会正义的,那么,入侵自由市场就能产生好的结果吗?事实上,一个积极的政府往往以维护社会正义如安全保障之名入侵自由市场,而自由市场的捍卫者总是以自由市场配置资源的高效率加以抗衡。因此,自由市场与社会正义之间的矛盾在法律价值上演变为安全与效率之间的矛盾,在金融领域又表现为金融安全与金融效率之间的矛盾。

在互联网金融领域,传统的自由市场与社会正义、金融安全与金融效率之间的矛盾获得了新的发展。一方面,矛盾发生的空间范围扩展到了新兴的互联网金融市场,互联网成为销售与获得金融商品的渠道,从而突破了传统的金融商品交易渠道。互联网金融大大扩展了金融市场主体的交易自由,也有利于减少交易成本,从而促进金融效率。另一方面,互联金融市场中的金融受众大大增加,金融风险与互联网风险交织在一起,这些因素极大地增加了维护互联网金融市场安全的难度。可见,互联网金融中的自由市场与社会正义、金融安全与金融效率之间的矛盾较之于传统的金融市场又发展到了一个新的高度。这些高度复杂的矛盾正是余额宝规制困境的矛盾根源。余额宝规制缺位背后隐藏的是对互联网金融创新的鼓励,更是对互联网金融市场自由与效率的推崇;而对余额宝的过度规制强调的是维护互联网金融市场的社会正义,尤其是金融安全,实质上是基于"法律父爱主义"①限制互联网金融市场主体的自由或自治。总之,互联网金融市场这柄"双刃剑",若运用恰当会极大地促进金融效率,反之则会极大地损害金融安全。

(二)余额宝规制困境的出路:众筹视野下的证券法规制

1. 众筹的含义。"众筹"是一个舶来品,翻译自英文"crowdfunding",其字面含义是"向大众筹资"。美国学者指出,众筹并不是一个新概念,政治家、慈善组织及地方性的非营利性组织都曾为了特定的目的向广泛的社会公众筹集资金,一般而言资金数量相对较小。有人认为,众筹是小微金融或小额信贷(microfinance/microcredit)与众包(crowdsourcing)这两种创新自然衍生组合的结

---

① 法律父爱主义理论认为,政府在某些领域为了公民自身的利益可以不顾其意志而限制其自由或自治,我国学者将其概括为"政府对公民强制的爱"。笔者以为,法律父爱主义的对象不仅是公民,而应当是与政府相对应的私人主体,应当是"政府对私人强制的爱"。参见孙笑侠、郭春镇:《法律父爱主义在中国的适用》,载《中国社会科学》,2006(1)。

果，小额信贷是旨在通过向个人或小微企业提供贷款来消除贫困的一种金融创新；众筹则与小额信贷相反，是帮助众多的个人向企业投资。美国记者杰夫·豪 2006 年提出了众包的概念，众包就是"以盈利为目的的企业将有关产品制造与销售的特定任务通过互联网以公开的形式分配给社会公众"。体现众包魅力的著名案例之一是维基百科。众包取得成功的基础是互联网技术在全球的广泛运用以及世界网络用户的成倍增加。这为众筹这种资金筹集模式注入了新的强大动力。2009 年美国网站 Kickstarter 搭建了一个平台，使得富有创意的人可以借此向公众筹资。如音乐人士可以通过这一平台筹集资金发行唱片。依据高德纳公司的研究，2009 年美国众筹业筹集到了 16 亿美元的资金，高德纳公司预测2013 年筹集的资金将达到 62 亿美元。"众筹已经演变成为努力通过网络渠道向无数小额捐赠者筹集资金的同义语。"众筹事实上已经发展成为美国创业企业和个人的重要融资渠道，消除了从传统投资者和机构如风险投资者融资的诸多障碍。

2. 余额宝中的增利宝本质上是一种众筹。余额宝事件中互联网金融规制的缺位与过度规制表明，在我国"一行三会"的金融监管体制下，对余额宝这种综合性的金融创新产品的规制绝非单一的金融行业监管机构所能胜任，而中国人民银行作为中央银行更不适合充当监管的急先锋，倒是一直要求余额宝备案的中国证监会需要迅速填补规制的缺位。因为余额宝对传统金融业构成真正挑战的是其通过支付宝这一第三方支付平台销售的证券投资基金——增利宝。增利宝才是余额宝这一金融创新产品的核心与关键所在。增利宝也并非马云公司的真正原创，只不过是把美国兴起的众筹型投资工具与支付宝捆绑在一起，起了一个富有中国特色的名字罢了。总之，增利宝实质上是众筹融资模式与第三方支付机构业务高度融合的结果。鉴于众筹是一种新兴的投资工具，美国对众筹的法律规制也存在较大的争议。考察美国的相关法律及实践对于理性地看待余额宝监管之争和完善我国互联网金融规制无疑具有重要的借鉴意义。

三、美国 JOBS 法案的立法背景、主要内容及主要争议

(一) JOBS 法案的立法背景：众筹对美国证券法的挑战

1. 众筹是不是美国证券法意义上的证券？这是众筹这种新型的融资模式给美国证券法带来的首要法律挑战。美国 1933 年《证券法》第二节（a）款（1）项规定：除非上下文另有规定，"证券一词，是指任何票据、股票、回购股票、

证券期货、公司债、公司信用债券、债务凭证、息票或参与任何分红协定的证书、以证书作抵押的信用证书，组建前证书或认购书、可转让股份、投资合同、股权信托证书、证券存款单、石油和煤气或者其他矿产小额利息滚存权、任何股票的出售权、购入权、买卖选择权或优先购买权、存款证明、一类证券或证券指数（包括其中的任何利益或者以其价值为基础）或者在全国证券交易所中与外汇有关的任何股票的出售权、购买权、买卖选择权或优先购买权；还包括一般来说被普遍认为是'证券'的任何权益和凭证，或者上述任何一种的息票或参与分红证书、暂时或临时证书、收据、担保证书、认股证书、认购权、购买权。"

以上规定既明确了属于证券法调整的证券的具体类型，也试图用"上下文另有规定"的除外来克服成文法的局限性。"国会是有意地不对证券的含义做严格的界定，以授予法官在解释这一概念的含义与范围等方面的自由裁量权。"就众筹而言，可以依据投资者有没有期望获得投资回报分为捐赠型众筹与投资型众筹。与其认为 Kickstarter、RocketHub 等捐赠型众筹的投资者从事的是股权投资，不如说是一种慈善捐赠，因为他们并不期望从中获得任何回报。但是，投资型众筹的投资者以营利性为目的，故投资型众筹属于证券法规定的"投资合同"无疑。令人困惑的是捐赠型众筹是不是一种"投资合同"。美国证券方面的制定法没有明确界定到底什么构成投资合同，只是在法院的相关案例中有对投资合同的解释。在最早提出这一术语的 1920 年 State v. Gopher Tire& Rubber Co. 案中，投资合同被认定为说明"为了获得来自其工作的收入或利润而投入资本或金钱的合同或方案"。[①] 在 SEC. V. W. J. Howey Co. 案中，美国最高法院确定投资合同成立的标准是"该方案是否涉及对某项共同事业的金钱投资，而收益完全来自他人的努力。"该标准包括金钱投资、共同事业、预期收益及完全来自于他人的努力等四个构成部分。

2. 众筹能否适用证券法上的豁免规定？尽管捐赠型众筹在美国证券法上的地位仍然存在争议，但是投资型众筹无疑属于"投资合同"，其发行与交易应当受美国证券法的调整，由此导致的第二个法律挑战是众筹是否适用证券法上的豁免规定。

美国 1933 年《证券法》的豁免规定分为以下几种情况：（1）真正意义上的豁免证券，如政府证券、由宗教、教育、慈善及其他机构发行的证券、在铁路

① SEC. V. W. J. Howey Co. , 328 U. S. 293, 298 (1946) 转引自莱瑞·D. 索德奎斯特［美］：《美国证券法解读》，胡轩之，张云辉，译. 北京，法律出版社，2004。

设备信托中发行的利益等，这些证券无论由谁持有或转手，都不需要进行注册；（2）州内发行豁免，即只提供并出售给一个州的或准州的人的证券，而且发行人必须在证券被出售的州内从事绝大部分业务；（3）私募发行豁免，即"与公开要约无关的发行人的交易"，受要约人的人数及其相互之间的关系、受要约人与发行人的关系、发行的规模及方式等是确定有效的私募法定的主要因素；（4）限制性要约的豁免，主要是证券交易委员会依据《证券法》第三节（b）款授权认定的因涉及数额很小或公开发行性质限制而予以豁免注册的证券，如规章 A 规定在 12 个月内出售最高金额不超过 500 万美元的证券可以只进行简式注册，又如《证券法》第四节（6）款规定向受信投资者发行的证券可豁免注册。

从理论上分析，捐赠型众筹可以作为教育、慈善等机构发行的证券进行豁免，投资型众筹只有可能纳入限制性要约的豁免情形，因为其受要约人是成千上万的网络用户，网络发行方式也突破了州的地域限制。发行人主张州内发行豁免必须要确认每个投资者的住所地，而且要确保所有投资者是发行人所在地的居民。因此，众筹的发行人难以主张州内发行豁免与私募豁免。

（二）JOBS 法案之前美国有关众筹的四个立法建议

1.《创业者融资法案》。该法案是 2011 年 11 月美国众议院通过的第一个有关众筹的法案，其主要目的是试图为众筹型证券的发行创立一个证券法上的安全港规则。依据该法，众筹发行人必须遵守以下三个方面的限制才能适用其安全港规则：其一，发行人筹集的资金不超过 100 万美元，向投资者提供了经审计过的财务报表的发行人最多可以筹集 200 万美元；其二，每个投资者的投资限额是 10000 美元或者不超过其年度收入的 10%；其三，发行人必须采取风险防范与提示措施，如向投资者提示众筹的投资风险及其再售的限制，回答投资者有关风险的问题，向证券交易委员会提交要约公告等。

2.《融资民主化法案》。美国第二个有关众筹的法案是马萨诸塞州参议员布朗·斯科特提交的《融资民主化法案》。与《创业者融资法案》相比较，它将个人投资者的限额降到了 1000 美元，要求所有的融资都要通过众筹平台获得才能主张该法案的豁免规则，而且要求众筹的发行人必须至少在一个州注册。这就为北美证券管理协会（NASAA）监管众筹打开了方便之门。

3.《网络融资与反欺诈及保密法案》。第三个有关众筹的法案是俄勒冈州参议员默克里·杰夫在 2011 年 12 月提交的《网络融资与反欺诈及保密法案》。该法案对众筹的个人投资者的限额采取了超额累进制：5 万美元以下的为 500 美元；5 万美元至 10 万美元增加到该部分收入的 1%；10 万美元以上的增加到该部分收入的 2%。

4. 北美证券管理协会的立法建议。北美证券管理协会建议的主要内容是：由州监管机构作为众筹的主要监管组织；发行人筹集资金不超过 50 万美元；对于个人投资者，不管其个人收入多少，最高限额统一为 1000 美元。

（三）JOBS 法案规制众筹的主要内容

2012 年 4 月 5 日美国总统奥巴马签署了《促进创业企业融资法案》（Jump-start Our Business Startups Act，"JOBS 法案"）。该法案旨在通过促进创业与小企业的融资来鼓励和增加就业。如该法案将年收入低于 10 亿美元的企业界定为"成长型公司"，它们可以在首次公开发行股票后的五年内不公布财务信息。该法案最具争议的内容是第三章的众筹豁免规定，即众筹型证券的发行可以免于1933 年《证券法》的注册。该豁免的基础是《证券法》的第四节（6）款规定。主张第四节（6）款规定的豁免必须符合以下四个要求：（1）发行总额的限制；（2）每个投资者的投资总额限制；（3）证券由符合《证券法》第四节 A（a）规定的中介机构发行；（4）发行人符合《证券法》第四节 A（b）规定的要求。JOBS 法案从以上四个方面规定了众筹型证券发行的豁免条件。

1. 众筹型证券的发行总额限制：发行人在 12 个月之内可以通过众筹发行不超过 100 万美元的证券。

2. 众筹型证券投资者投资总额的限制。JOBS 法案从三个方面对投资者进行了限制性地保护。

（1）每个投资者向单个众筹的投资限额。这取决于投资者的财产净值与年度收入。财产净值与年度收入均低于 10 万美元的投资者，向单个众筹的最高投资额是 2000 美元或者是其年度收入的 5% 或者是其财产净值的 5%。财产净值与年度收入均达到或超过了 10 万美元的投资者，向单个众筹的最高投资额是其财产净值或年度收入的 10%。但是，该法案并没有明确当财产净值与年度收入不相等时以哪个为准，也没有明确财产净值与年度收入中的一个达到了 10 万美元，另一个却低于 10 万美元时如何确定最高投资限额。

（2）每个投资者的总投资限额。众筹的中介机构有义务保证投资者在 12 个月之内向所有发行人购买的众筹型证券总额不超过规定的限额。该限额与每个投资者向单个众筹的投资限额是相同的。尽管中介机构的交易记录会显示投资者通过其网站购买了多少证券，但是投资者也可能通过其他网站购买证券。因此，要求中介机构履行上述义务事实上存在较大困难，目前尚不清楚的是证券交易委员会如何要求中介机构执行总投资限额的规定。

（3）对投资者的风险管理要求。由于《证券法》第四节（6）规定是适用于受信投资者的发行注册豁免，故对于该投资者具有一定的风险管理要求。以众筹为例，投资者必须回答有关问题，以表明其认识到了投资创业企业和小企业的风险并能够承担损失。

3. 对众筹型证券发行人的要求。发行人负有比较广泛的信息披露义务。发行人应当向证券交易委员会、投资者及中介机构披露法定的信息，包括发行人公司的总体情况、财务信息、股权结构及有关证券发行要约的具体信息。发行人需要提供的财务信息因证券发行总额而不同：发行总额低于或等于 10 万美元的，发行人应当提供最近年度的所得税申报表及其主要管理层确认真实的财务报表；发行总额在 10 万美元至 50 万美元之间的，发行人应当提供经独立的会计师审核的财务报表；发行总额超过 50 万美元的，发行人应当提供经过审计的财务报表。发行人还必须向证券交易委员会提交年度报告。证券交易委员会还被授权可以要求增加其他必要的信息披露要求，以保护投资者利益与公共利益。

4. 经纪人与集资门户（funding portal）的注册要求。主张适用第四节（6）款豁免规定的众筹必须通过在证券交易委员会注册的经纪人或集资门户发行。集资门户是 JOBS 法案界定的一种新的网上小额融资交易的中介机构。JOBS 法案对于集资门户的资格限制行为做出了明确规定，以规范融资行为保护投资者利益。如集资门户不能提供投资建议，不能推荐证券，不能买卖证券、管理、持有或以其他方式处理投资基金或证券等。

（四）美国有关 JOBS 法案豁免规定的主要争议

1. 强调投资者利益保护的反对意见。JOBS 法案对众筹证券的豁免规定自制定与实施以来在美国社会引起了广泛的争议。反对者认为，豁免规定不利于保护投资者利益。如前证券交易委员会主席玛丽·夏皮罗从一开始就极力反对 JOBS 法案，她警告该法案必将增加资本市场的欺诈行为，损害市场信心，进而会提高融资成本。美国证券法专家托马斯·李·哈森对豁免规定中的有限信息披露要求提出了批评，他指出豁免规定以"小的东西往往是好的"这一信条为基础，但是小的东西也可能伴随着欺诈，尽管众筹中欺诈行为发生的比率小，总体上也会损害经济，而且众筹网络平台投资者之间的关联性增加了欺诈的可能性，网络的非人格化本质要求更多的而非更少的投资者保护，无论是受信投资者还是非受信投资者都需要一定程度的保护，即使是受信投资者也有可能沦为欺诈的牺牲品。

2. 注重发挥众筹促进资本市场效率的支持意见。JOBS 法案的支持者认为，豁免规定有助于促进资本市场效率且需要证券交易委员会进一步落实。如果众筹不能适用证券法的豁免规定，那么众筹的发行人必须履行证券注册与定期报告义务，那样势必会增加众筹的融资成本，损害资本市场的效率，进而影响到以众筹作为主要资金来源的小企业尤其是创业企业的发展。这些企业提供了大量的就业机会，对于解决金融危机后欧美国家普遍存在的高失业率问题具有重要的意义，欧美国家立法者甚至将众筹作为解决失业与促进经济发展一剂良药。而要发挥众筹的这些社会功能，就必须要在证券法上建立起行之有效的适用于众筹的豁免规定。美国有律师指出，JOBS 法案的豁免规定存在三个缺陷：一是证券发行中的财务信息披露要求；二是证券发行中的非财务信息披露要求；三是发行之后的持续信息披露要求，这些缺陷会给众筹型证券的发行增加不合理成本。实际上美国的堪萨斯州、佐治亚州及威斯康星州等已经采取措施避免这些成本的发生。如依据《堪萨斯州投资法》，众筹的发行与交易都无须履行信息披露义务。

3. 争议充分体现了互联网金融领域的自由市场与社会正义、金融安全与金融效率之间矛盾。JOBS 法案豁免规定反对者依据的是加强投资者利益保护与维护资本市场诚信，关注的是上述矛盾中的金融安全因素；支持者重在发挥众筹促进资本市场效率的功能。矛盾本身就是一个对立统一体，具有两面性，无论是 JOBS 法案的反对者还是支持者，都只是关注矛盾的某个方面，因而都有失片面。然而，他们毕竟指出了矛盾的某个方面且提出了应对措施，这些对于完善我国余额宝的法律规制仍不乏借鉴意义。

四、众筹视野下余额宝规制的制度完善：以 JOBS 法案为借鉴

（一）填补余额宝规制的缺位必须打破互联网金融自由放任主义的神话

如前文所述，监管部门在余额宝推出之初未对其实施监管的重要原因之一是出于对互联网金融市场创新的鼓励，互联网金融市场创新者也声称"法不禁止即为自由"。不过，"法不禁止即为自由"是指"现行法律不禁止"，是从法律适用的视角而言，并不能否定未来立法对某种行为做出禁止性规定。因此，由于现行法律没有对互联网金融创新做出禁止性规定，市场主体享有创新自由，但是这并不意味着未来立法对互联网金融市场的自由放任。因为"自由市场的存在依赖于其在法律上的存在，我们不可能有一个没有法律规范的私有财产体制……市场应当理解为一种法律框架，根据它们是否促进人类的利益进行评价，

而不是自然或者自然秩序的一部分，也不是一种简单地促进人们自愿交易的方法"。同样，以余额宝为代表的网络金融产品所组成的互联网金融市场的存在依赖于其在法律上的存在，依赖于一系列强制性的法律干预，互联网金融市场本身就应当内含互联网金融法律框架，互联网金融法律框架应当设定该市场主体的权利义务及责任，并为防范和解决互联网金融市场风险及维护金融安全提供有效的制度保障。自由不仅意味着个人拥有选择的机会并承受选择的重负，而且还意味着他必须承担其行动的后果，接受对其行动的赞扬或谴责。自由与责任实不可分。鼓励金融创新名义下的互联网金融市场自由也不可能与责任相分离，互联网金融市场主体在享有更广泛的金融自由的同时应当承担更多的责任，因为高度的自由与高度的责任相连，自由越大，责任越大。就此而言，余额宝规制缺位这种不完善的互联金融市场状态注定是短暂的。为了维护余额宝交易各方的合法权益，防范和化解金融风险及维护金融安全，必须要打破互联网金融市场自由放任主义的神话，迅速填补余额宝规制的缺位。

（二）填补余额宝规制的缺位需要借鉴 JOBS 法案，完善我国相关证券立法

中国证监会新闻发言人张晓军指出，"余额宝是一项账户增值服务，本质属于第三方支付业务与货币基金产品的创新。支付宝仅发挥客户倒入的作用。为了促进余额宝等互联网基金的健康发展，证监会正在研究有关监管规则。"[①] 笔者以为，在我国现行的"一行三会"的金融监管体制下，填补余额宝规制的缺位必须要把握余额宝这一创新金融产品横跨银行业与证券业的本质特征，既要完善央行及银监会对余额宝的规制，也要充分关注余额宝中的增利宝业务的众筹本质，加强和完善证券监管部门对余额宝的规制。为此应当借鉴美国 JOBS 法案，从以下几个方面完善我国相关证券立法，为证券监管部门规制余额宝提供法律制度支撑。

1. 明确将众筹纳入我国证券法的调整范围。依据我国现行《证券法》第二条的规定，股票、公司债券、上市交易的政府债券、证券衍生品种及国务院依法认定的其他证券等属于《证券法》调整的范围；依据《证券投资基金法》第二条的规定，证券投资基金活动适用该法，该法未做规定的，适用《证券法》及《信托法》等有关规定。可见，《证券法》调整的证券范围还包括证券投资基金。不过，由于上述法律制定之时，尚未出现利用互联网销售证券，故众筹在我国证券法上的地位并不明确，众筹是不是我国证券法上的证券？这种挑战与

---

① 杜卿卿：《证监会回应货币基金监管问题》，一财网，2014 - 04 - 29。

众筹给美国证券法带来的挑战如出一辙。这是证监会规制余额宝首先需要解决的问题。我国证券法上述规定与美国 1933 年《证券法》第二节（a）款（1）项规定相比，主要是采用了列举式规定，并未像美国的规定那样对"证券"的含义做一般性的概括。因此，依据现行法律要将众筹纳入我国证券法的调整范围，只能通过"国务院依法认定的其他证券"加以涵盖。换言之，在国务院未依法认定增利宝属于其他证券之前，证监会不能对其实施监管。这是证监会对余额宝规制缺位的直接原因。

2. 建立和完善我国证券法上的众筹发行豁免注册制度。明确了众筹属于证券法调整之后，还必须建立和完善相应的众筹发行豁免注册制度，以最大程度地发挥众筹在促进资本市场效率及服务实体经济发展等方面的功能，同时也要注意防范众筹的风险，保护众筹投资者利益，维护稳定安全的互联网金融市场秩序。为此，可以借鉴美国 JOBS 法案的相关规定，从众筹的发行总额限制、投资者总额限制、发行人的信息披露义务及众筹经纪人与集资门户的注册要求等方面建立和完善我国的众筹发行豁免注册制度。以余额宝为例，应当通过立法限制发行人在 12 个月内通过众筹发行的增利宝不能超过一定的总额，以防止增利宝基金的发行规模迅速膨胀和过大；应当依据投资者的财产净值或年度收入规定其购买增利宝的投资限额；还应当要求发行增利宝的天弘基金管理有限公司履行法定的信息披露义务；对于提供互联网销售渠道的支付宝这个第三方网络支付平台，应当作为集资门户在证券监督管理部门注册，而且其不能提供投资建议，不能推荐、买卖证券，不能够管理、持有或以其他方式处理投资基金或证券。与直接限制单笔支付限额、日累计支付限额的"10 号文"相比，上述四个方面构成的众筹发行豁免注册制度的优势是不限制余额宝客户的支付自由与消费自主权，不会增加支付成本，也不会影响电子商务的发展。

（三）纠正与防范对余额宝的过度规制最终有赖于对规制措施的成本收益分析

1. 过度规制问题的法律经济学分析。过度规制问题在 20 世纪 80 年代西方国家的产业政策变革时就受到了关注。"促使 20 世纪 80 年代政府政策从传统的干预措施发生标志性转变的理由之一就是产业已经被过度规制，如果标准制定者将规制的经济效益更多地纳入考量的话，本来是可以避免这种现象的。"依据科斯的社会成本理论，过度规制的实质是政府干预的成本超过了市场调节的成本。科斯指出，政府有能力以低于私人组织的成本进行某些活动，但政府行政机制本身并非不要成本，实际上，有时它的成本大得惊人；导致某些决策的改善的现行制度的变化也会导致其他决策的恶化，因此，在设计和选择社会格局时，必须考虑各种社会格局的运行成本以及转成一种新制度的成本，应当考虑总的效果。这就是科斯所提倡的方法的转变，这种方法实质上就是成本收益分析方法。我国学者在评述科斯的上述思想时指出，"科斯证明了那种认为市场交易需要成本，政府矫正手段没有任何代价的观点是虚假的，问题的解决没有普遍的方法，只有对每一情形、每一制度进行具体的分析，才能提出符合实际的、基于成本收益分析选择的特定法律。"① 科斯开创的法律经济学理论在 20 世纪 70 年代日趋成熟，并在实践中得到了广泛运用。如里根总统在 1981 年任命波斯纳、博克、温特三位法律经济学派的代表人物为美国联邦上诉法院法官，并通过 12291 号总统令，要求所有新制定的政府规章都要符合成本—收益分析的标准；1985 年英国首相撒切尔建立了企业与放松规制小组，负责审查所有为产业带来不合理负担的社会性规制，要求每个政府部门向该小组提供有关规制措施的合规成本评估报告。

2. 美国众筹规制过度与否之争对完善余额宝规制的启示。

从法律经济学视角看，美国有关 JOBS 法案豁免规定的争议实质上是众筹规制过度与否的问题。美国学者在评价 JOBS 法案的主要争议时指出："问题的解决有赖于进行成本收益分析：是否存在这样的监管缺口——它会造成很多人失去较少数额金钱的风险，而这种风险是他们所能忍受的；这些风险是否超过了该监管缺口所带来的诸如创业企业促进经济增长与就业之类的收益呢？"美国 JOBS 法案豁免规定的支持者认为，对众筹发行人的信息披露要求、对经纪人与集资门户确保单个投资者不超过投资总额限制的要求等使得豁免规定过于复杂且成本高昂。也有人在评价证券交易委员会依据 JOBS 法案制定的有关众筹的建议规定时指出，JOBS 法案对众筹发行人的信息披露要求增加了不合理成本，若国会在立法时进行成本收益分析，这些缺陷在很大程度上是可以避免的，证券交易委员会应当利用国会的授权制定规则来减少或消除这些不合理的成本，如简化信息披露。然而，证券交易委员会的建议规定在一些方面却增加了规制成本，如证券交易委员会对发行总额超过 500 万美元的众筹发行人的年度持续信息披露要求就过于严格，并没有提供最优的简化的信息披露格式，使得国会通过 JOBS 法案授权证券交易委员会减少众筹发行人信息披露范围的目的落空，以至于有人认为新的联邦众筹豁免立法只不过是一项未曾实现的承诺罢了。

---

① 理查德·A. 波斯纳 [美]，蒋兆康译：《法律的经济分析（上册）》，北京，中国大百科全书出版社，1997。

与美国众筹规制过度与否之争相似的是，围绕"10号文"直接限制单笔支付限额与日累计支付限额的做法的争议实质也是一种规制过度与否之争。填补余额宝规制的缺位并不难，难的是如何解决余额宝过度规制的困境。美国的众筹规制之争启示我们：证券监管部门依据众筹法律制度规制余额宝也有可能会像央行及银监会那样陷入过度规制的困境，因此，解决余额宝规制的困境既要纠正央行及银监会的过度规制，也要防范证券监管部门的过度规制；纠正与防范的具体路径是对余额宝规制措施进行全面的成本收益分析，既要打破互联网金融市场自由放任的神话，正视互联网金融市场失灵可能造成的市场交易成本，也要从根本上认识到规制中存在的多种矛盾状态，认识到规制措施自身所致的成本，最终以规制措施的总体效果作为取舍的标准。

五、结语

窥一斑而见全豹，余额宝规制困境折射出了我国当前互联网金融规制困境。随着时间的流逝，人们对余额宝的关注度已经大为降低，暗流涌动的互联网金融市场表面上已经恢复了往日的平静。"投资者鼠标动一动，'宝宝们'一季度猛赚110亿元"的消息也未能引起多大的社会反应。然而，平静的市场掩盖不了互联金融市场主体、互联网第三方支付平台及互联网金融市场规制部门各方激烈博弈的事实。相映成趣的是，大洋彼岸的美国也正在上演类似的规制众筹的JOBS法案之争。喧嚣的午夜之后是黎明，黎明之前的夜色总是显得分外宁静。经过了余额宝事件洗礼之后的我国互联网金融市场似乎迎来了静悄悄的黎明，一场互联网金融市场革命正在上演，作为导演的互联网金融市场立法者应当借鉴美国众筹规制立法的经验，对互联网金融规制措施做成本收益分析，以免造成对互联网金融市场的过度规制，窒息互联网金融市场活力。

参考文献

[1] 钮文新：《取缔余额宝》，钮文新新浪博客，2014 - 03 - 29。

[2] 陈志武：《余额宝不是金融寄生虫更不是第二个央行》，基金网，2014 - 03 - 27。

[3] 刘先云：《余额宝们事实上推动了存款利率市场化》，载《人民日报》，2014 - 02 - 28。

[4] 盛松成、张璇：《余额宝与存款准备金管理》，载《第一财经日报》，

2014 – 03 – 19。

［5］范辉、吴琳琳：《支付宝"余额宝"因违规被令备案 未被叫停》，载《北京青年报》，2013 – 06 – 22。

［6］史进峰：《央行谈限额第三方支付：用不恰当方式做了应该做的事》，载《21 世纪经济报道》，2014 – 03 – 21。

［7］凯斯·R. 桑斯坦［美］著，金朝武，等译：《自由市场与社会正义》，北京，中国政法大学出版社，2002。

［8］陈雨露、汪昌云：《金融学文献通论：宏观金融卷》，北京，中国人民大学出版社，2006。

［9］易军：《法不禁止皆自由的私法精义》，载《中国社会科学》，2014（4）。

［10］陈志武：《互联网金融到底有多新》，载《凤凰财经》，2014 – 05 – 06。

［11］徐国栋：《民法基本原则解释——成文法局限性之克服》，北京，中国政法大学出版社，2001。

［12］亨利·梅因［英］，沈景一，译：《古代法》，北京，商务印书馆，1959。

［13］罗斯科·庞德［美］，封丽霞，译：《法理学（第 2 卷）》，北京，法律出版社，2007。

［14］诺内特，塞尔兹尼克［美］，张志铭，译：《转变中的法律与社会：迈向回应型法》，北京，中国政法大学出版社，1994。

［15］戴蕾蕾：《"10 号文"执行力度有待观察》，载《新浪财经》，2014 – 05 – 06。

［16］莱瑞·D. 索德奎斯特［美］，胡轩之，张云辉，译：《美国证券法解读》，北京，法律出版社，2004。

［17］弗里德利希·冯·哈耶克［英］，邓正来，译：《自由秩序原理（上册)》，北京，三联书店，1997。

［18］邱本：《自由竞争与秩序调控——经济法的基础建构与原理阐析》，北京，中国政法大学出版社，2001。

［19］杜卿卿：《证监会回应货币基金监管问题》，一财网，2014 – 04 – 29。

［20］安东尼·奥格斯［英］，骆梅英，译：《规制：法律形式与经济学理论》，北京，中国人民大学出版社，2008。

〔21〕R. H. 科斯〔美〕:《社会成本问题》,R. 科斯,A. 阿尔钦,D. 诺斯〔美〕等,刘守英等译:《财产权利与制度变迁——产权学派与新制度学派译文集》,上海,上海三联书店,上海人民出版社,1994。

〔22〕Pound Roscoe:"Interpretation of Legal History",London:Cambridge University Press,1923.

〔23〕Stuart R. Cohn:"The New Crowdfunding Registration:Good Idea,Bad Execution",social science research network(SSRN eLibrary Database Search),2014 – 05 – 06.

〔24〕Andrew C. Fink:"Protecting the Crowd and Raising Capital through the JOBS Act",social science research network(SSRN eLibrary Database Search),2014 – 05 – 06.

〔25〕Frank Kleeman et al. :"Un(der)paid Innovators:The Commercial Utilization of Consumer Work through Crowdsourcing",SCI. ,TECH. & INNOVATION STUD,2008.

〔26〕Joan MacLeod Heminway & Sheldon Ryan Hoffman:"Proceed at Your Peril:Crowdfunding and the Securities Act of 1933",Tenn. L. R. 879,2011.

〔27〕Joan MacLeod Heminway:" What is a Security in the Crowdfunding Era?",social science research network(SSRN eLibrary Database Search),2014 – 05 – 06.

〔28〕C. Steven Bradford:"The New Federal Crowdfunding Exemption:Promise Unfulfilled",social science research network(SSRN eLibrary Database Search),2014 – 05 – 06.

〔29〕Thomas Lee Hazen:"Crowdfunding,Social Networks,and the Securities Laws – The Inadvisability of a Specially Tailored Exemption without Imposing Affirmative Disclosure requirements 19 – 20(forthcoming 2012)".

〔30〕Samuel S. Guzik:"SEC Crowdfunding Rulemaking under the Jobs Act – An Opportunity Lost?",social science research network(SSRN eLibrary Database Search),2014 – 05 – 06.

伪银行卡民事案件证明责任分配研究

彭建华　潘　锋　李学辉[①]

中国人民银行公布的数据显示，到 2014 年第二季度末，全国累计发行银行卡 45.40 亿张。银行卡以其交易快捷、携带便利的优势，成为国民生活消费中重要的支付结算工具。[②] 然而在银行卡发行量迅猛增长之际，银行卡安全问题也不断凸显出来。特别是在近几年来，此问题越发加剧了持卡人与银行之间的矛盾。银行卡被不法分子复制而发生的盗刷事件频繁发生，诉诸法院的伪银行卡民事案件（以下简称伪卡案）数量也随之激增。由于与银行卡安全管理相配套的法律法规严重滞后，以及受地区经济差异和办案法官观点认识不同的影响，伪卡案同案不同判的现象屡见不鲜，严重地损害了法院审判的统一性和权威性。与此同时，媒体对这类案件高度关注，案件裁判结果稍有不当，法院就会被推到社会舆论的风口浪尖之上。"满城尽是克隆卡，法院裁判很纠结"已成为业内的调侃语。司法审判出现裁判尺度不一的问题，在很大程度上与法官对案件诉讼证据证明责任分配和对证据的认定标准有关，因此，厘清诉讼当事人的证明责任，明确证明标准，对妥善处理伪卡案至关重要。

一、案例回顾

案例一：2008 年广州市 Y 基层法院在张某诉中国银行广州某支行储蓄存款合同纠纷案中判决驳回张某的全部诉讼请求。该案法院认为张某在卡内存款 2 万多元被提取的数日后才报案，张某应对存款非本人取款或非委托他人取款承

---

① 彭建华，广州市越秀区人民法院副院长；潘锋，广州市越秀区人民法院金融庭负责人；李学辉，广州市越秀区人民法院金融庭代理审判员。本文选自第 14 次珠江金融论坛——"金融法制环境建设论坛"的应征论文，内容有修改。

② 中国人民银行：《2014 年第二季度支付体系运行总体情况》，中国人民银行官网，2014 – 08 – 18。

担相应的举证义务，报警回执不足以证明存款是被他人盗取，不能证明银行在扣减存款的操作程序中存在过错或违约行为，张某要求银行赔偿存款损失，证据不足。

案例二：2008 年江苏省南京市鼓楼区人民法院在王永胜诉中国银行南京河西支行储蓄存款合同纠纷案中判决银行承担全部赔偿责任。银行监控录像显示，该案是不法分子通过在自助银行安装读卡器和摄像头的方式窃取了王永胜的银行卡信息和密码后复制出伪银行卡进行取款和消费，导致王永胜 40 多万元损失。法院经审理认为银行未尽到安全、保密义务，对于被犯罪分子提取和消费的款项，银行应承担全部赔偿责任。该案例后被刊登于 2009 年第 2 期，总第 148 期《最高人民法院公报》。

案例三：2011 年广州市 Y 基层法院在黄某诉中国工商银行广州某支行储蓄存款合同纠纷案中判决银行承担全部赔偿责任。银行提出上诉，二审法院经审理认为，黄某在卡未离身的情况下，卡内款项被他人异地提取，相关银行未能尽到保障黄某存款安全的义务，负有过错责任，但是黄某预留的密码是支取存款的必备条件，由于密码具有专属性，黄某未能举证证明已尽到妥善保管密码的义务，故应该承担相应的责任，遂判决双方各自承担50%的责任。① 该案后来成为 2012 年广东省高级人民法院公布的三例伪银行卡典型案件之一。

案例四：2012 年广州市 Y 基层法院在陈某诉中国工商银行广州某支行信用卡纠纷中判决银行承担全部赔偿责任。该案一审判决后银行未提出上诉，判决生效。该案属无密码伪卡案，在持卡人卡未离身的情况下，发生异地刷卡消费 2 万多元，法院根据生活经验法则和消费签购单上的签名与真卡背面签名不同进行分析，推断存在伪卡交易事实，并以银行未能保障卡片足够高的安全性能和未能有效识别伪卡为由，判决银行承担违约责任。

案例五：2014 年广州市 Y 基层法院在周某诉中国建设银行广州某分行借记卡纠纷中判决银行对持卡人账户存款损失承担70%的责任，其余30%的损失由持卡人自行承担。该案案情与案例三基本相同，属设密码的银行卡被克隆发生异地取款。该案一审判决后双方未提出上诉，判决生效。

以笔者所在的广州市 Y 基层法院为例，2009—2013 年受理伪卡案件共计 255 件（见图1），特别是自 2012 年以来，该类案件数量激增，形势不容乐观。以上五个案例基本涵盖了当前法院审理伪卡案的情况，一类是设置有交易密码

---

① 裁判文书案号：一审（2011）穗越法民二初字第 3476 号，二审（2011）穗中法民二终字第 2429 号。

的银行卡被克隆盗刷，此类案件又分两种：一是不法分子将侧录器①、摄像头等窃密装置安装在自助银行场所而窃取银行卡信息和密码的；二是银行卡信息和密码泄露情况不明的。另一类是无设置密码的银行卡被克隆盗刷。对于不同类型的伪卡案，法院根据当事人的过错责任范围，所作出的裁判结果不尽相同（见图 2）。

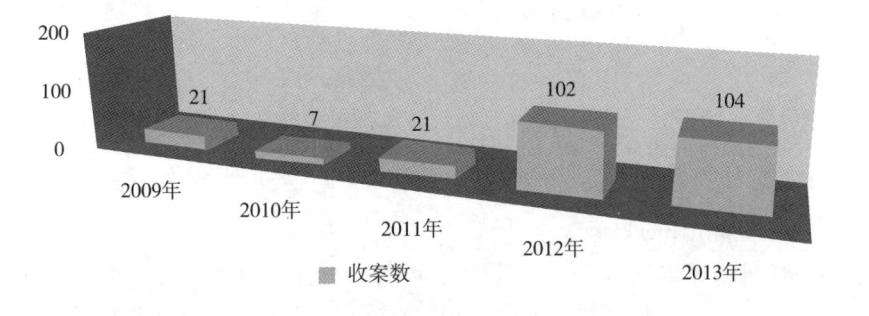

数据来源：2014 年 3 月广州市 Y 基层法院金融服务与权利保障论坛。

图 1　2009—2013 年广州市 Y 基层法院伪银行卡案件受理情况

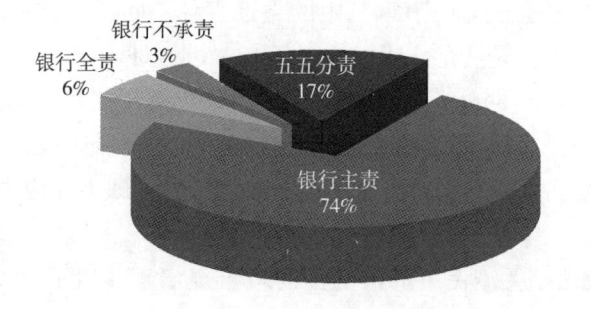

数据来源：由广州市 Y 基层法院提供数据。

图 2　截至 2014 年 6 月广州市 Y 基层法院近三年来伪银行卡案件审理裁判情况

　　法院的生效裁判在一定意义上具有指引作用，但毕竟判例不是我国的法律渊源，审级不高的法院作出的生效裁判很难发挥统一同类案件裁判尺度的作用。虽然最高人民法院发布的指导性案例，在统一和指导下级法院审判工作、统一法律适用标准和执法尺度、丰富和发展法学理论等方面发挥重要作用，② 但迄今

---

　　① 侧录器是一种具有记录储存功能的读卡机，能将持卡人的资料以及磁卡的磁条代码读出并记录储存下来。

　　② 《最高人民法院关于案例指导工作的规定》第 7 条规定："最高人民法院发布的指导性案例，各级人民法院在审判类似案件时应当参照。"

为止，涉及伪卡案的指导性案例仅有一例（王永胜案），无法满足法院审理该类型案件的司法需要。目前各地法院只能依据本省高级法院发布的指导性意见来审理该类案件，如广东地区的法院依据《广东省高级人民法院关于审理伪卡交易民事案件工作座谈会纪要》。尽管最高人民法院已着手制定相关的司法解释，但遗憾的是，该司法解释至今尚未颁布。① 立法的缺位，加上各地法院对案件证明责任分担和过错责任认定存在认识差异，同案不同判的问题难以得到有效解决。

二、内涵与衡量：从证明责任到证明标准

（一）证明责任的内涵

在现代诉讼证据制度中，证明责任即举证责任。以德国为代表的大陆法系诉讼理论一般认为，举证责任包含双重含义：一是指当事人在具体的诉讼过程中，为了避免败诉的危险而向法院提供证据的必要性；二是指在口头辩论结束之后，当事人因要件事实没有得到证明而要承受败诉的法律后果。② 以美国为代表的英美法系国家也认为民事审判中的举证责任，同样包含两层含义：第一是指当事人必须向法官提供充分证据的责任（burden of producing evidence），又称证据责任（evidential burden），以使本案的争议能够提交陪审团进行裁判；第二是指当事人已经提交陪审团的案件，在审判程序的最后阶段，因未能说服陪审团而导致争议事实真伪不明时所要承担的败诉风险，即不能说服的风险（risk of non-persuasion）。③

《最高人民法院关于民事诉讼证据的若干规定》（以下简称《证据规定》）第二条规定："当事人对自己提出的诉讼请求所依据的事实或者反驳对方诉讼请求所依据的事实有责任提供证据加以证明；没有证据或者证据不足以证明当事人的事实主张的，由负有举证责任的当事人承担不利后果。"通说认为，我国的民事诉讼举证责任内涵分为两个层次，一是行为意义上的举证责任，是指当事人负责证实事实的责任，是当事人希望证明某种事实时提出一定证据的责任；二是结果意义上的举证责任，是指事实真相真假不明时，在法律判断上处于不

---

① 征求意见稿名称：《最高人民法院关于审理银行卡民商事纠纷案件若干问题的指导意见（第二稿）》。

② 汉斯·普维庭［德］，吴越翻译：《现代证明责任问题》，67 页，北京，法律出版社，2006。

③ 潘金贵：《证据法学》，北京，法律出版社，2013。

利地位的当事人承担的责任，它实际上是一种承担不利判决的责任。①

（二）证明标准的运用

证明即以证据证明之，然证明需达到何种程度才能视为完成了举证责任，则需以证明标准来衡量。在诉讼过程中，证明标准与举证责任紧密相连，同时产生，同时消灭。当证明主体提供的证据在质与量上达到了证明标准的要求时，当事人的举证责任予以解除。②《中华人民共和国民事诉讼法》第一百七十条规定了二审法院对原审判决认定事实清楚，适用法律正确的上诉案件，经过审理，判决驳回上诉，维持原判。据此，可以将我国民事诉讼的证明标准概括为：案件事实清楚，证据确实充分。

民事证据是民事诉讼活动的基础和核心，而民事诉讼证明标准问题又是民事诉讼证据制度领域的关键，案件当事人对事实的证明程度一般可分为以下三种情况：

1. 案件事实清楚，证据确实充分。这是最为理想的证明程度，当事人充分证明了讼争事实，使法官对案件事实形成了无疑义的内心确认。

2. 一方证明程度高于另一方。在这种情况下，双方都未能提供确实充分的证据以将案件事实清楚呈现在法官面前，然而一方当事人的证明程度高于另外一方，法官虽然无法确信其所称的事实，但是内心已形成确信，认为一方当事人的证明程度要高于另一方。依据优势证明标准，③ 得支持证明程度较高一方。

3. 双方证明程度相同，案件事实真伪不明。案件事实真伪不明，即诉讼双方证据都不足以证明各自的观点，关于争议的事实存在无法克服的不可解释性，且法官无法对双方的证明程度做出一个比较性的判断，无法做出事实上的认定。在这种情况下，法官可适用举证责任作出判决，但还应具备以下两个条件：一是法官充分阐明举证不能的后果。正如法谚所述：举证责任的负担是败诉的一半。④ 由于根据举证责任作出判决所依据的是举证责任的分配法则，当事人的举证将直接影响其诉讼后果的承担，法官得清楚向当事人阐明因其举证不能所可

---

① 陈卫东，谢佑平：《证据法学》，上海，复旦大学出版社，2005。

② 汤维建：《民事证据立法的理论立场》，北京，北京大学出版社，2008。

③ 《证据规定》第七十三条：双方当事人对同一事实分别举出相反的证据，但都没有足够的依据否定对方证据的，人民法院应当结合案件情况，判断一方提供证据的证明力是否明显大于另一方提供证据的证明力，并对证明力较大的证据予以确认。因证据的证明力无法判断导致争议事实难以认定的，人民法院应当依据举证责任分配的规则作出裁判。

④ 莱奥·罗森贝克［德］，庄敬华译：《举证责任论——以德国民法典和民事诉讼法典为基础撰写》，北京，中国法制出版社，2002。

能承担的败诉风险和后果之后，才可适用举证责任进行裁判。二是法官已穷尽证明评价手段。证明评价手段包含：当事人举证、法院查证、法律拟制、法律推定、经验法则、司法认知等。

实践中，法官依据当事人提供的证据对事实的证明程度，对案件事实作出不同认定（见表1）。

表1　　　　　　　　　　　　证明程度与事实认定

对事实的证明程度	事实认定结果
0%～49%，不太可能	不予支持
50%，模糊不清	依举证责任确定
51%～99%，非常可能	支持优势证明方
100%，确信	支持

三、问题与思考：客观上的取证困难和主观上的认识分歧

银行卡交易离不开卡片和密码两要素（无密码刷卡消费除外）。银行卡和密码是由持卡人持有和保管，当银行卡遭复制而发生盗刷损失后，持卡人往往出于自我保护意识和趋利避害的本能，绝少会主动承认自己在银行卡信息和密码保管上存有过错，案件很难通过直接证据确定客观事实，由此造成案件事实真伪不明。

（一）证据材料收集难导致的伪卡交易事实无法认定

认定伪卡交易事实和银行卡信息密码泄露原因，是处理伪卡案的关键，这两方面均需要证据证实。在审判实务中，确定伪卡交易事实的证据材料有银行监控录像、挂失记录、报警回执、犯罪分子的供述、刑事判决书、POS签购单、证人证言等。其中监控录像可以证明自助银行场所是否被安装窃密装置，卡片外观是否与真卡有差异；挂失记录或报警回执可以从时间和空间上判断真卡出现在交易现场的可能性；供述笔录、刑事判决书可以证明不法分子的犯罪手段和作案过程；签购单的签名可以证明是否持卡人本人用卡；证人证言受主观性影响而具有不稳定性，但往往对裁判者建立内心确信产生作用。如在案例二中，监控录像可以证实银行卡信息和密码泄露的原因；案例三、四就是从时间和空间上推导出"隔空取款"的结论，从而认定伪卡作案的事实。但是以上证据当事人均较难提供。

　　造成举证困难的原因是多方面的，主要是：（1）不法分子窃取信息的手法隐蔽。不法分子以开设钓鱼网站、在 ATM 及 POS 机具放置读卡器和摄像头等信息窃取设备、利用通讯及网络交流工具诈骗等多种手段，窃取持卡人的银行卡信息和密码，制作伪卡用于盗刷，持卡人和银行难以收集这类非法手段所形成的证据。（2）跨行、跨地区、跨境的盗刷现象普遍。受取证成本、举证配合、境外取证等因素影响，证明伪卡作案的证据难以收集。（3）监控录像调取困难。该情况在跨银行系统交易中尤为突出，除非公安机关通过刑侦手段调查，否则较难取得该方面的证据。

　　伪卡案通常都会涉及刑事犯罪，在法院审理的伪卡案中，绝大多数案件存在持卡人向公安机关报案的情形。法院根据公安机关的侦查结论和刑事案件的审理结果来认定案件事实无疑是更准确和稳妥的，但由于不法分子的犯罪手段隐蔽，此类案件的侦破难度极大。根据广州市 Y 公安分局提供的数据显示，仅2013 年 1—7 月，受理的伪卡盗刷案为 329 件，收案数呈逐月上升趋势，但侦破的案件只有 3 件，破案率不足 1%（见图 3、图 4）。所以，伪卡案等待刑事案件的处理结果再审理，显然会让当事人的合法权益得不到及时救济。"迟来的公正也是不公正"，因此法院必须按照既有的证据和证据规则认定相关事实，依法作出处理。

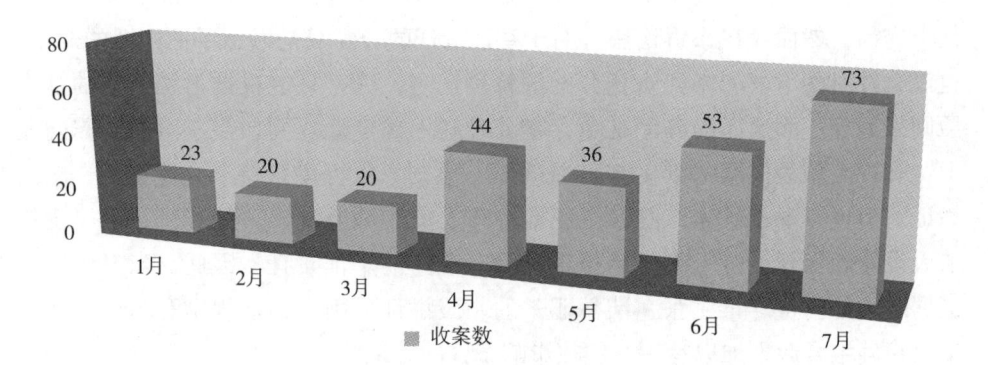

图 3　2013 年 1—7 月广州市 Y 公安分局伪银行卡案件收案情况

（二）举证责任分配缺乏统一认识和做法

　　我国在《证据规定》颁布以前，对证明责任概念的理解不一，受"谁主张、谁举证"理论和职权诉讼模式的深刻影响，民事审判的立法中只在《民事诉讼法》第六十四条第一款对举证责任的分配作过"当事人对自己提出的主张，有责任提供证据"的一般规定，至于当事人在诉讼中应就哪些具体事实举证以及

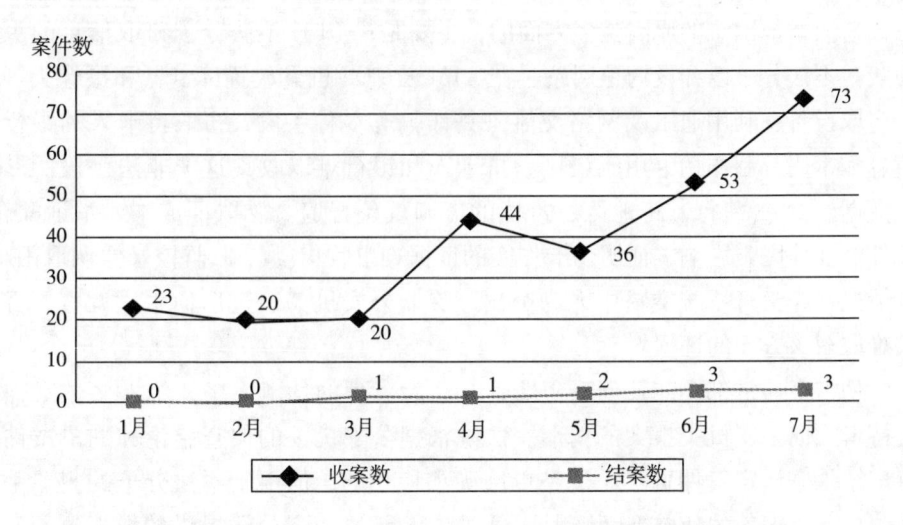

图4 2013年1—7月广州市Y公安分局伪银行卡案件收结数量

特殊情况下举证责任如何分担等均未涉及，导致举证责任分配在理论研究和司法实务中存在诸多缺陷与不足。[①]

受个人取证能力的限制，持卡人通常只能完成初步的证明义务，例如出示银行卡以证明卡未离身，银行方面又由于各种主观或者客观的原因没有提供证明案件事实的证据。基于上述情况，如何分配举证责任，将直接决定能否认定伪卡交易。然而《民事诉讼法》对于举证责任的分配只是做出了原则性的规定，也没有针对伪卡案的举证责任分配的特别规定，法官只能根据诉讼证据的基本原则来处理，而这样的分配难免存在分歧和不确定性。例如在密码的泄露问题上，有观点认为根据"谁主张、谁举证"原则，银行主张持卡人泄密的，应当举证。但也有观点认为，根据"证据持有人负有举证责任"的原理，密码由持卡人设置和保管，持卡人应承担密码没有泄露的举证责任。因此，当案件缺乏证据时，如何将"谁主张、谁举证"的一般举证原则、推定规则和举证司法裁量权正确结合起来加以运用，往往影响案件的处理结果。

四、方法与剖析：证据规则在伪银行卡民事案件中的应用

伪卡案属于民事案件，当事人负有对真伪卡交易事实、银行卡信息或交易密码泄露、合同履行与否等事实的举证责任，举证不能的，当事人应承担不利

---

① 倪杰：《民事诉讼证明责任的风险分配》，载《山东审判》，2009 - 06 - 20。

的裁判结果。法院在处理伪卡案时首先要解决伪银行卡交易事实的认定问题，其次是银行卡信息和密码的泄露责任问题。如何分配举证责任，避免败诉风险因举证责任的分配不当而对一方当事人显失公平，成为法官必须面对和解决的问题。在伪卡案中，法官对当事人科以举证责任时，应当是占有或者接近证据材料，有条件并有能力收集证据的一方当事人，否则，由远离证据材料，又缺乏必要的收集证据的条件与手段的当事人负举证责任是不公平的。①

（一）"谁主张、谁举证"的举证责任分配基本模式

"谁主张、谁举证"是民事诉讼的一般性举证原则。《民事诉讼法》第六十四条规定："当事人对自己提出的主张，有责任提供证据。"与大部分民事案件一样，伪卡案在举证分配上也遵循该原则，但该举证原则过于笼统，可操作性不强。按照该举证原则，持卡人应对银行存在过错举证，银行则应举证证明自身无过错。一旦事实无法查清，则双方都应承担举证责任，法院也就难以依据举证责任作出判决。同时，实践中普遍存在着一方证明对方存在过错容易，但是另一方想要证明自己没有过错则很困难，"证无"往往成为不可能完成的任务。

一般认为，当事人仅需要对案件的积极事实承担举证责任，主张消极事实的一方不需承担责任，即证有不证无。② 然而消极事实、积极事实的分类往往难以界定，简单地转换一下表述，即可转化积极事实与消极事实。在伪卡案中，使用密码时尽到审慎注意义务与对密码泄露没有重大过失与故意，二者实质内容一致，但是前者属于积极主张，而后者属于消极主张。因此，我们不能够僵化地把"谁主张、谁举证"理解为"证有"不"证无"，"谁主张、谁举证"原则的应用，应以哪一方当事人首先提出和发起某项事实或者观点，来判断该待证事实与观点由谁提出，进而确定由提出该待证事实和观点的一方承担相应的举证责任。

（二）举证责任的转移与倒置

《最高人民法院关于民事经济审判方式改革问题的若干规定》第十一条规定："案件的同一事实，除举证责任倒置外，由提出主张的一方当事人首先举证，然后由另一方当事人举证。另一方当事人不能提出足以推翻前一事实的证据的，对这一事实可以认定；提出足以推翻前一事实的证据的，再转由提出主

① 李国光：《最高人民法院〈关于民事诉讼证据的若干规定〉的理解与适用》，2002。
② 积极主张是指某一事实已经发生，已经存在的状态；消极主张是指某一事实不存在，没有发生的状态。

张的当事人继续举证。"

在诉讼中，证明与反证是一个动态的过程，先有原告对自己的诉讼主张进行举证，而后就原告的举证，被告需以反证推翻之，面对被告的反证，原告又需要以更多的证据补强己方的证明力，如此循环往复，双方博弈，举证责任在双方当事人之间不断转移，直至法官能够对事实的真相作出认定。例如，对POS 签购单签名真伪的举证责任，当持卡人提供签名样本，其举证责任即告完成，此时，举证责任发生转移，若银行认为签名是持卡人本人所签，则应对该项积极主张提供证据，其证明方式为提出鉴定申请和垫付鉴定费用。

举证责任的倒置多是出于平衡当事人举证能力的考量，将原本应由原告承担的举证责任转由被告承担。然而这种倒置属于法定情形，非法律明文规定不能随意创设。在伪卡案中，由于法律未明文规定该类案件可适用举证责任的倒置，实践中应谨慎适用。

（三）公平合理分配举证责任

公平合理地分配举证责任，是诉讼正义原则的基本要求。但公平原则过于抽象，在具体案件中使用不当，则有损当事人的合法利益，因此必须加以限制。一般来说，依法律、司法解释的规定和法律要件分类说，能够确定举证责任分配的，应遵循其规定，只有上述依据都无法奏效时，最后才能诉诸法官的自由裁量。①

民事诉讼中举证责任分配的问题具有复杂性，在审判实践中不时会遇到既不属于法律法规和司法解释规定的举证责任倒置的情形，而依照"谁主张、谁举证"一般规则又无法查明案件事实。然法官以裁判者的角色居中裁判，享有"心证"的职权。为此《最高人民法院关于民事诉讼证据的若干规定》（以下简称《若干规定》）第七条规定："在法律没有具体规定，依本规定及其他司法解释无法确定举证责任时，人民法院可以根据公平原则和诚实信用原则，综合当事人举证能力等因素确定举证责任的承担。"该法条赋予了法官根据民法的基本原则和相关规则，决定有关证据的举证责任分配的权力，但是要注意该规定的适用前提，即只有出现了有关法律法规、司法解释无法具体确定当事人的举证责任时，人民法院才可以根据民法上的公平原则与诚实信用原则，结合当事人的证明能力等因素来确定举证责任的具体分配。该规则的效力层次和适用顺序问题非常重要。

---

① 积极主张是指某一事实已经发生，已经存在的状态；消极主张是指某一事实不存在，没有发生的状态。

根据公平正义观念对举证责任进行合理划分，体现了举证责任的灵活性，赋予了法官一定程度的自由裁量空间。假如不考虑实际情况，片面强调"谁主张、谁举证"，举不出证据就要承担败诉的法律后果，就可能出现冤案、错案，增加社会矛盾，损害司法权威。因此，法官在具体适用举证责任分配原则的时候，应当考虑我国地区经济发展不平衡、人口素质差异大的特点，在遵循法定的举证责任原则的条件下，根据不同对象，采用不同的方法，使当事人的举证能力尽可能地得到充分发挥，实现实质上的公平与正义。

（四）法院调查取证

《民事诉讼法》第六十四条第二款规定："当事人及其诉讼代理人因客观原因不能自行收集的证据，或者人民法院认为审理案件需要的证据，人民法院应当调查收集。"《最高人民法院关于适用〈中华人民共和国民事诉讼法〉若干问题的意见》第七十三条对人民法院负责调查证据的范围作出了进一步规定。在目前，法院调查的范围包括两部分，第一是当事人申请调查，第二是法院依职权调查。

根据"举证责任基于诉讼而生"，"主张之人负举证之责"的理论基础，法官居中裁判，在诉讼中没有自己的主张，法官不负担举证责任，不可能裁判自身承担不利的法律后果。再者，法官在诉讼活动中，包括职权查证在内的一切活动，都属于履行审理义务的范畴，即"查明案件之义务"，并非法院证据。

法院收集证据主要限于以下三种情况：第一，当事人因客观原因不能自行收集的证据。如一些档案资料、机要资料，以及专业技术性强需要进行科学鉴定的资料。第二，当事人提供的互相矛盾、需要核实的证据。第三，当事人及代理人举证能力差，虽经指导仍不知道哪些是能够证明自己主张的关键证据，以及如何收集这些证据。[①]

在伪卡案中，视频资料和POS签购单是查明伪卡案事实的重要证据，而持卡人难以具备调取这类证据的能力，故申请法院调取。银行方虽然具备较强的举证能力，但往往以跨行交易、签购单无保存、视频已过保存期为由，不予提供相关证据。同时，银行认为根据"谁主张、谁举证"原则，在持卡人没有确凿证据证明盗刷交易涉及伪卡交易的情况下，其不负举证责任，没有调取监控录像和签购单的义务。在银行不愿举证的背后，往往隐藏着取款人或者刷卡人

[①] 叶自强：《举证责任及其分配标准》，184页，北京，法律出版社，2005。

很可能不是持卡人本人的事实，而这对于银行而言无疑是不利的。笔者认为，银行作为金融机构，其作为"经济人"的同时，还应承担起相应的社会责任，在面对关乎民生和谐的伪卡案时，我们有理由对银行提出更高的要求，监控视频与 POS 签购单均属于银行有能力提供而持卡人难以提供的证据，如有证据显示银行持有相关证据，能提供而怠于举证的，根据《证据规定》第七十五条的规定，可以作出对银行不利的认定。①

对于持卡人的调查取证申请，法院也不能因其举证能力较弱而不加区分予以支持。案件当事人申请法院调查取证并非不承担责任的依据和理由，法院应在向持卡人阐明举证不利后果并引导持卡人进行举证的基础上，综合考虑所调查取证事项之于案件事实认定的作用，再决定是否进行调查取证。正确处理当事人举证责任与法院依职权收集证据的关系，把两方面恰当地结合起来，既可以避免昔日的"大包大揽"和"当事人动动嘴，法官跑断腿"的现象，又可以防止片面强调当事人举证责任的现象，基本上能够保证查明案件事实，及时公正地处理案件。②

（五）推定法则的运用

推定，是指依照法律规定或者由法院按照经验法则，从已知的某一事实推断未知事实存在，并允许当事人提出反证推翻的一种证据法则，前一事实称为前提事实，又称基础事实，后一事实被称为推定事实，两者之间存在因果关联关系，一旦前提事实得到证明，法院可以径直根据前提事实认定推定的事实，无须再对推定事实加以证明。③推定法则的运用一般由以下三个层次构成：

1. 基础事实得到证实。基础事实的证实是事实推定的基础，如基础事实未得到证实或者证明力不足，推定则无从谈起。以伪卡案中银行卡信息泄露的举证责任为例，有观点认为，银行卡由持卡人持有和保管，属证据持有一方，故应由持卡人承担举证责任，不能举证的，根据《证据规定》第七十五条的规定，推定持卡人未妥善保管银行卡和未规范用卡的事实成立。法律推定是根据基础事实作出的推断，不需要作为证明对象予以证明，但是，作为推断根据的基础事实，除众所周知的事实和法院审判上知悉的事实可由法院迳行认定外，都应

---

① 《最高人民法院关于民事诉讼证据的若干规定》第七十五条规定：有证据证明一方当事人持有证据无正当理由拒不提供，如果对方当事人主张该证据的内容不利于证据持有人可以推定该主张成立。

② 刘兰芳、靳学筠：《以加强庭审功能，举证责任及法官职责为重点，大胆探索审判方式改革的新思路（下）》，载《审判工作研究》，1996（5）。

③ 李国光：《最高人民法院〈关于民事诉讼证据的若干规定〉的理解与适用》，2002。

由主张存在该事实的当事人举证证明，如果没有提供证据或提供的证据不足以证明基础事实，推定法则就无法适用。① 因此，适用该法条，银行应提供证据证明持卡人存在泄露银行卡信息这一基础事实，否则不能直接推定持卡人持有不利于自身的证据。此观点从最高人民法院制定的银行卡纠纷指导意见稿中也可得到印证。② 回到伪卡案，银行首先要提供初步证据，证明持卡人存在未妥善保管银行卡或未规范用卡的情形，而不能直接推定持卡人持有不利于自身的证据。因此，除非有相关证据，否则证明持卡人对银行卡被复制存在过错责任的举证责任，在于银行。

2. 基础事实与推定事实之间具常态联系。事实推定借助于已知的基础事实与未知的推定事实之间的常态联系，而不考虑两个事实之间的非常态的偶然的联系。伪卡案中，在银行和持卡人均无法提供监控录像这一直接证据时，将导致伪卡盗刷事实难以认定，此时裁判者应当根据其他间接证据，结合生活经验法则，在综合考量后作出事实推定。如通过银行卡挂失及向公安机关报案的时间来判断真卡不可能出现在交易地点，通过持卡人持有卡片且没有出境记录判断境外交易非真卡交易等。除此之外，还可以结合储户的身份、社会地位、工作岗位、职务等综合分析，为事实推定进行理据补强。

3. 推定事实的可反驳性。由于推定事实是基于事物之间的常态联系，而这种"常态联系"乃由法官依据生活经验法则作出的判断，其无法排除极端偶然情况出现的可能。因此，受推定不利影响的当事人，有权对推定结论进行反驳。伪卡案中，在缺乏直接证据证明存在伪卡交易的情形下，持卡人试图通过间接证据链条证明伪卡交易的，银行可通过对该些间接证据链条提出合理怀疑，证明其存在明显不足且有悖常理，以此反驳持卡人的诉讼主张和证明。

五、运用与实践：合同关系视角下的伪卡案件举证责任分配

（一）合同成立及履行与否的举证责任

合同的成立需具备要约与承诺两个条件，合同之诉中，就合同的签订发生

---

① 卞建林：《证据法学》，376 页，北京，中国政法大学出版社，2000。

② 《最高人民法院关于审理银行卡民商事纠纷案件若干问题的指导意见（第二稿）》第七条第（二）规定："伪银行卡交易情形下，发卡行对其主张银行卡被复制的事实无过错以及持卡人对银行卡被复制具有过错的事实承担举证责任。发卡行举证不能的，应在其未尽安全保障义务的范围内承担补充过错赔偿责任。"

争议时，原告必须证明：一方当事人的要约及时到达，以及另一方当事人及时的、无保留的承诺，连同承诺的到达。①

根据卡片的种类，可以将银行与储户建立的法律关系划分为储蓄存款合同关系（借记卡）与信用卡合同关系（贷记卡、准贷记卡）。在伪卡案中，通常会引发两种不同性质的纠纷，包括盗刷卡内存款的储蓄存款合同纠纷与盗刷卡片信用额度的借款合同纠纷。

缔约当事人就合同成立与否发生争议时，主张合同成立的一方应当证明要约与承诺的有效和到达对方当事人。具体到伪卡案中，持卡人主张卡片遭克隆，资金被盗取，其与银行之间就讼争交易不存在真实的取现或者刷卡合同关系。在这种情况下，根据当事人对积极事实负举证责任的证据规则，银行应提供讼争交易合同关系成立的证据。

银行和持卡人就合同是否履行的争议表现在银行给付是否适当的问题上。银行一般会认为，其已经按照合同约定，履行了付款义务。从债权人履行请求权角度看，一方当事人如主张对方当事人的债权人履行请求权已经消灭，则需举证证明其已经履行了义务，债权人履行请求权因债务人对债务的履行而归于消灭。伪卡交易缺乏持卡人用卡的意思表示，银行受理伪卡交易不构成对持卡人的履约。因此，银行若要证明已履行合同，应提供真卡交易的直接证据或能够证明存在真卡交易可能的高度盖然性证据，据以证明：交易流水清单上的交易真实发生、消费凭证的签名真实、涉案交易属于凭密码交易、真卡有出现在交易地点的可能性、交易时间及交易频率合理等（见表2）。

表2　　　　　　　　　合同成立及履行与否的举证责任

银行的举证责任	持卡人的反证义务
银行卡申请表	证明卡片非本人申请，如：提供持卡人签名样本
持卡人签收银行卡证明	
案涉交易交易流水	涉案交易非本人操作，如：提供持卡人签名样本、证明交易时间及频率异常
POS 签购单或监控视频	
其他证明真卡交易的证据	其他证据，如：挂失凭证，报警证明等

---

① 莱奥·罗森贝克［德］著，庄敬华，译：《举证责任论》，263 页，北京，中国法制出版社，2002。

（二）合同当事人违约行为的举证责任

在伪卡案中银行可能存在的违约情形有：ATM 或 POS 机具终端未能识别伪卡，自助银行场所交易环境不安全造成持卡人卡片信息和密码泄露等。国务院《储蓄管理条例》第十四条规定："储蓄机构应当保证储蓄存款本金和利息的支付，不得违反规定拒绝支付储蓄存款本金和利息。"《中华人民共和国商业银行法》第六条规定："商业银行应当保障存款人的合法权益不受任何单位和个人的侵犯。"如果持卡人的卡内资金遭到伪卡盗刷而减少的，则银行系统自然会以账户余额不足为由拒绝储户的支付指令，出现银行不能保证支付和没有为储户保密的事实。根据我国合同法对违约责任规定的严格责任原则，银行应当承担违约责任。① 因此，持卡人证明银行违反支付义务的，只需提供银行对账单证明卡内资金减少的事实即可达到证明目的。

无密码的伪卡盗刷案件不存在密码泄露的问题，由于银行卡凭密取现是业界惯例，故目前此类案件主要发生在特约商户的刷卡消费领域。受持卡人泄露密码应承担相应过错责任的习惯性思维影响，有观点认为，由于此类案件不存在持卡人泄密问题，故银行应承担全部赔偿责任。然而，该观点忽略了银行卡的妥善保管和安全使用的问题，而持卡人的该项义务又往往是银行卡章程和领用合约的必备条款，持卡人违反义务的，其责难免。银行卡的信息储存在卡片的磁条上，ATM 和 POS 机等银行终端设备是通过读取磁条上的数据来识别储户身份、调取存款信息的，如果持卡人存在保管不善或用卡行为不规范而导致不法分子窃取银行卡磁条信息的，根据《中华人民共和国合同法》第一百二十条规定的"当事人双方都违法合同的，应当各自承担相应的责任。"持卡人应承担相应的民事责任，否则有悖《合同法》第一百二十条规定的"过错相抵"原则。在伪卡案中，银行要举证证明的持卡人存在的违约情形有：未安全用卡、泄露密码、泄露卡片磁条信息等。

1. 案涉交易属于伪卡交易之举证责任。

讼争交易是否属于伪卡交易，此点对于伪卡案事实认定及责任承担都至关重要。然如前所述，大多数案件中，双方对伪卡交易事实的证明能力，均存在许多困难，无法提供直接证据加以证明。但是，直接证据并非证明案件事实的唯一证据类型，通过间接证据和经验法则，在很大程度上也能达到证明目的。因此持卡人可以通过提供间接证据的方式来证明伪卡交易（见表3）。

---

① 《中华人民共和国合同法》第一百零七条规定：当事人一方不履行合同义务或者履行合同义务不符合约定的，应当承担继续履行、采取补救措施或者赔偿损失等违约责任。

表 3　　　　　　缺乏直接证据情况下案涉交易属于伪卡交易之举证责任

	持卡人举证责任	银行的反证义务
1	银行卡在案涉时间内的使用记录	
2	合理时间内的挂失记录、报警记录	
3	出示真实银行卡，真实卡片由其持有和保管	
4	境外盗刷的，提供无出入境记录的证明	证明持卡人所提供的间接证据存在明显不足，有悖常理，无法推定伪卡交易事实
5	涉案交易发生时其本人不在交易地点的证明	
6	从涉案交易发生到持卡人持真实银行卡挂失报警的合理时间内，持卡人不可能由涉案交易地回到报案地的证明	
7	其他能够证明涉案交易属于伪卡交易的证据	

需要指出的是，表 3 中持卡人举证均属于间接证据，任何一项都不能直接证明伪卡交易的事实，其需要互相结合，通过证明多项间接事实，形成一个严谨而足以让人信服的证据链条，达到优势证明标准，方能证明案件待证事实（见图 5）。

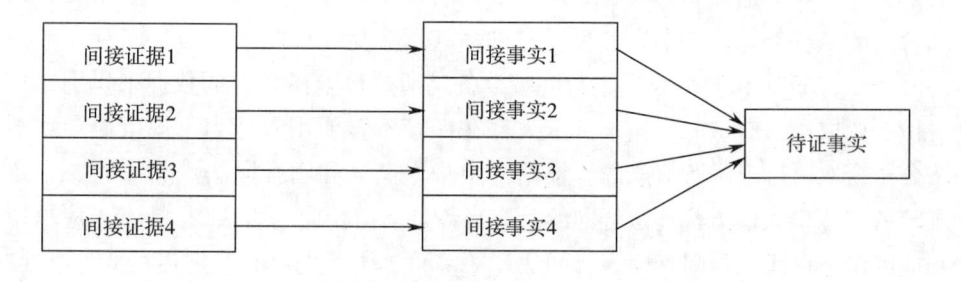

图 5　间接证据与待证事实

2. 对泄露密码存在过错的举证责任。

在现有证据能够认定或者推定涉案交易为伪卡交易的前提下，双方当事人应进一步就导致伪卡交易的原因，即卡片信息泄露和密码泄露进行举证。

交易密码泄露的举证责任是双向的，银行与持卡人任何一方证明对方泄露了密码，都能够以此要求对方承担相应的责任。持卡人可以举证证明银行未能提供安全的自助终端设备使用环境等事实以达到认定银行泄露了密码或者对密码的泄露存在过错的目的；银行可以通过提供持卡人曾经将密码和卡片交由他人使用等证据以证明持卡人泄露了密码。

在双方都没有证据能够证明对方对密码的泄露存在过错的情况下，对密码未发生泄漏的事实的举证责任在于持卡人，这是由密码的唯一性、排他性和私密性决定的。银行卡交易密码是由持卡人设定和保管，只有本人知悉。从现有技术看，交易密码一经设定，非经复杂的破译程序不可再现，根据证据持有人负有举证责任的理论，应由持卡人承担举证证明银行对密码保管不善的责任，如不能举证的，则推定持卡人因密码保管不妥导致泄露，存有过错责任。

也有观点认为，依据"谁主张、谁举证"的基本举证原则，银行应对持卡人泄露密码承担举证责任。对此，笔者不予认同。银行的关于"持卡人泄露密码"的"主张"，其实质上属于对持卡人诉讼请求与主张的一种反驳。《证据规定》第二条规定了反驳对方诉讼请求的，需要承担举证责任，然而不能忽略这种反驳对方诉讼请求而产生的举证责任的前提是原告一方已经完成或者初步完成了其举证责任。也就是说，只有在持卡人完成了银行泄露密码的举证责任，或者说是初步证明银行泄露密码之后，举证责任才会转移到银行方，如持卡人能够举证证明：（1）卡片消费取现无须密码；（2）银行自助设备被不法分子利用，盗取储户密码；（3）银行系统存在漏洞导致密码泄露；（4）其他能证明银行对泄露密码存在过错的证据。综上，在银行与持卡人均无法证明对方对密码的泄露存在过错的情形下，持卡人应当承担相应的举证责任。

3. 对卡片信息泄露存在过错的举证责任。

从保管的角度而言，卡片信息和卡片密码都具有一定的私隐性，持卡人如何用卡只有本人知道，其不同之处在于密码由持卡人设置，他人无从知晓，而卡片信息则由银行通过设备写入磁条，经过专门设备即可读取。理论上，银行掌握卡片磁条信息，接触卡片的人有获得卡片磁条信息的可能和便捷。

卡片信息泄露的举证责任较之密码泄露举证责任而言，由于卡片信息非当事人一方掌握，在双方均无证据证明对方泄露卡片信息的情况之下，不应推定任何一方当事人泄露了卡片信息。基于上述，卡片信息泄露的举证责任仍遵循"谁主张、谁举证"的原则，主张对方当事人泄露卡片信息的，应承担相应的举证责任。而且，现行磁条卡技术落后是导致伪卡案频发的根本原因，从政策导向的角度考虑，在遵循法律和基本法理的前提之下，适当加重银行方在卡片信息泄露方面的举证责任，将有利于推动和促进银行进行系统和技术升级。

综上，伪银行卡交易情形下，因提出对方泄露了卡片信息的通常是银行一方，其应对自身对银行卡被复制的事实无过错以及持卡人对银行卡被复制具有过错的事实承担举证责任。银行举证不能的，应在其未尽安全保障义务的范围内承担补充过错赔偿责任。① 对于卡片信息泄露的问题，银行需举证证明：（1）银行自助终端设备质量合格且使用环境安全；（2）银行卡片信息系统安全；（3）持卡人将卡借给他人使用的记录；（4）持卡人用卡时卡片脱离视线范围；（5）持卡人未妥善保管使用卡片的其他证据。

六、结语

在民事诉讼证明责任中，行为责任往往决定了结果责任。本案援引的案例，其中后四个案例法院均裁判银行要对持卡人损失承担赔偿责任。也许有人认为判决银行承担 50% 甚至 100% 的民事责任，是审判机关保护弱者持卡人的体现，但是，与其他民事案件一样，伪卡案中的举证责任仍是在诉讼证据制度的框架内运行。尽管大部分案件存在客观事实真伪不明的情况，但法官在根据公平合理原则对举证责任自由裁量时，仍然不能脱离证明制度的轨道，即在有法律法规或司法解释有明确规定时，不能凭感觉和同情心来分配举证责任，否则就会造成对另一方的不公平。进入 2013 年，我们从法院的审判中看到不少案件有加大银行的举证责任而要求银行承担更多责任的趋势，② 如前文的案例五，其案情与案例三相同，但法院以按照主次责任在银行和持卡人之间划分责任分担比例。这是一种司法价值取向，目的是敦促银行加快银行卡和终端交易设备的升级改造，提高银行卡的防伪能力，从源头上遏制克隆行为的发生。但也要意识到，在举证责任上对持卡人过于呵护，也会导致持卡人放松警惕，无助于持卡人加强风险防范意识，甚至可能引发道德风险。因此，正确运用民事诉讼证据规则，不偏不倚地在诉讼当事人之间进行举证责任分配，才能为民事责任合理承担奠定基础，最终实现案件裁判结果的公平正义。

---

① 参见《最高人民法院关于审理银行卡民商事纠纷案件若干问题的指导意见（第二稿）》第七条第（二）点。

② 如某沿海城市中级人民法院，过往对伪卡案的处理意见是持卡人和银行五五分责，后来出于推动和促进银行加快银行卡更新换代的考量，适当加大了银行承责比例，调整为按照二八分责或三七分责，并以此指导辖区内基层法院处理伪卡案件。

金融消费者保护与消费者自负原则之司法平衡问题探讨

贾　岚①

一、金融消费者概念的借势生成

（一）金融消费者概念升温的背景：民间投资问题频发

我们可以通过两篇新闻报道来了解金融消费者概念受到关注的背景，即分别登在《上海法制报》2012 年 1 月 31 日第 A02 版的《一边是民间投资风险重重　一边是民间资本暗流涌动——民间投资案件多发　民间投资"怪圈"亟待破解》（作者：记者　陈颖婷）和《检察日报》2013 年 9 月 18 日第 007 版的《让法治为民间投资"开路"》（作者：国家行政学院法学教研部副主任、教授杨小军）。其中陈颖婷记者的报道认为，近年来随着 CPI 的不断攀升，银行存款实际负利率，民间资金不甘于具有安全保障的银行存款模式，部分人将资金投入具有较高回报的民间借贷、投资领域，而民间投资、借贷活动并未纳入监管体系，资金安全无保障，与投资回报率相比，民间投资的风险也极其明显；而杨小军教授则以国务院总理李克强在 2013 年 9 月 6 日主持召开国务院常务会议上的讲话为契机，强调了法治应为民间投资"松绑开路"，为社会资本释放其巨大潜力创造良好的法律环境。

管中窥豹，虽然只是近两年众多报道中的两篇，但不难看出，一方面制造业疲软、楼市限购依旧、银行信贷紧张、通胀压力不减，投融资渠道"两头受困、四面楚歌"，民间资本进入金融服务领域已经势不可当；另一方面，进入金融服务领域的民间资本却又问题不断，资本市场的现有制度对民间借贷、民间投资的保

① 贾岚，法学硕士，广州市海珠区人民法院民二庭书记员。本文选自第 14 次珠江金融论坛——"金融法制环境建设论坛"的应征论文，题目有修改。

护显然是不够的，以至于学者要公开喊话，让法治为民间投资"保驾护航"。

上述困境的实质在于：随着民间资本大量涌入专业金融市场，这些未受过专业训练、抗亏损能力较弱的民间投资者为金融监管带来了新的挑战；但同时其携带入市的资金却又充满了活力，资本市场不但不应将之拒之门外反而应加以充分的利用。那么，如何将无序的民间投资纳入正轨，使其尽快地适应激烈的资本市场竞争？

要解决这道难题，唯有请出金融消费者概念这一"杀手锏"，确立金融消费者的概念，正视专业投资人与民间投资者间"阶级分化"的现实，完成传统消费者到新时代金融消费者的观念转化，才能既保障我国民间资本市场的有序发展，又不因过度保护而造成融资市场的萎靡，让民间资本为中国经济发展和转型升级发挥应有之力。

（二）从消费者到金融消费者：观念的嬗变

金融消费者的概念对大多数普通人来说可能是既陌生又熟悉的，在大众常见的"消费者"之前增加了"金融"二字。其实，金融消费者与消费者之间到底有着什么样的关系呢？

在我国，目前立法上还没有对金融消费者的概念进行界定。虽然中国银监会在2006年12月11日颁布的《商业银行金融创新指引》中首次使用了"金融消费者"的概念，中国人民银行的多个分支行也在一些文件中使用了"金融消费者"的概念，但根据《中华人民共和国立法法》及《规章制定程序条例》的规定，中国银监会、中国人民银行分支行等在规章及其他规范性文件中使用"金融消费者"的概念并无法律依据。[①]

而作为法律概念"消费者"三字则由来已久，且早经法律条文确立下来。《中华人民共和国消费者权益保护法》（2013年修正）第二条就规定"消费者为生活消费需要购买、使用商品或者接受服务，其权益受本法保护；……"，不过，此处的消费显然指的是以生活为目的，按照传统思维，金融消费似乎与"生活消费"的关系不大，因为金融消费的目的在于收益（见图1）。

金融消费者→金融产品/服务提供者

消费者→产品生产商/经营者

图1　金融消费者与消费者的类比图

---

① 宋成斌：《中国金融消费者保护法律制度的现状剖析及国际经验借鉴》，载《首都经济贸易大学学报》，2013（1）。

环境的变化必然带来思路的转变，事实上我国《消费者权益保护法》第二条的规定并未将金融消费者摒弃在该法的保护的范围之外，一切都在于观念的更新：金融服务本就是"服务"的一种；而在金融产品高度商品化的今天，对购买、使用的"商品"也可以做出合理扩大化的解释。此外，若使用金融服务、购买金融产品的为普通自然人，其目的大部分也是为了增加个人或家庭的财产、更充分地满足个人或家庭的消费需要等，显然也并不违反"生活消费"的要求。同理可据，1999 年美国《金融服务现代化法案》这样定义金融消费者：为个人、家庭成员或家务目的而从金融机构得到金融产品和服务的个人。①

综上所述，我国金融消费者宜界定为：以更充分、便利地满足个人或家庭的生活消费需要为终极目的而购买、使用金融产品和服务的自然人，专业投资者除外。这一概念界定具有以下优势：其一，保护对象不限于购买者，还包括使用者，这样有利于保护金融产品和服务的最终使用者，保护为家庭成员或者家庭需要而购买金融产品和服务的情形，也能够解决免费使用金融产品和服务情况下对使用者的保护问题；② 其二，将专业投资者排除在外，能够把有限的资源用于真正需要保护的金融消费者身上，具有专业能力并以金融投资为职业的投资人具有一定的博弈能力，其投资能力和水平不低于金融机构，不属于弱势群体，没有必要对其予以特殊的保护；其三，该定义方式是通过从行为的角度予以界定，具有总括性，无须将各个金融领域的投资者单独列明，无论是传统的银行消费者、证券投资者、保险投保人，还是作为金融业里当下最"时髦"的 P2P 理财产品购买者、线上众筹融资的投资人都已包含在内、列入保护的范畴；其四，这一界定和《中华人民共和国消费者权益保护法》的相关规定保持了一致，保证了立法思路在逻辑上的统一性和连贯性。

二、金融消费者保护理念与买者自负原则的冲突与交融

从"传统消费者时代"跨入"金融消费者时代"，改变不仅在字面上，观念上的革新带来了两方面的后果：后果一即上文提到的扩充了传统消费者权益保护领域及"消费者"的内涵；后果二，正是笔者接下来将要探讨的对金融投资领域长期以来坚持的"买者自负"原则的冲击。

① 李峣：《金融消费者概念与完善金融消费保护》，载《北京政法职业学院学报》，2011（4）。
② 叶建勋：《对我国金融消费者保护立法的框架性思考》，载《金融与经济》，2012（10）。

（一）买者自负原则确立的意义：成熟的市场与理性的投资人

所谓消费者自负，简而言之，就是在金融商品或服务的提供者已经向消费者充分披露了相关信息的前提下，由金融消费者自行承担其投资可能伴随的风险。① 该原则是发端于普通法系的一项私法原则，对应的拉丁文是"caveat emptor"，英文解释为"let the buyer beware"，即"顾客留心"，指一个人在购买东西的时候，有责任识别和接受这个东西的缺陷。② "买者自负"原则最早在 Chandelor v. Lopus 案③中确立，经过长时间的演变，其法律含义和适用条件等逐渐成型，成为现代资本交易市场的基本原则之一，特别是近年来，因为市场倡导具有一定风险的金融产品、金融业务创新，"买者自负"原则更是成为市场及其监管者极力倡导和落实的投资理念和行为规范。

买者自负这一原则的普遍确立对于金融市场和投资人两方面的发展而言，都有着十分重要的意义：

第一，虽然金融消费者与提供金融商品或服务的经营机构相比处于相对弱势的地位，但是在法律关系中二者是平等的，如果对金融机构科以过于繁重的义务和负担，可能给整个金融市场带来消极的影响，因此，买者自负原则的出发点在于——鼓励资本高效率运作和金融创新，即培育出成熟的金融市场。

第二，金融消费者作为金融商品或金融服务的购买者、使用者，必须认识到收益与风险的相关性，同时加强对相关金融知识的学习，因此，买者自负理论的落脚点在于——强调广大金融消费者在投资过程中要保持相当的谨慎性，并且应该逐步提高自身的金融知识水平，进而主动辨识金融交易的风险，即最终培养出理性的投资人。

（二）买者自负原则受到质疑的原因：大量涌入的民间资本亟待保护

长期以来，金融市场一直带给人们"高大上"的感觉，专业机构与精英人士充斥了整个市场。而民间资本的持有者宛如"刘姥姥进大观园"一般闯进了

---

① 杨东：《论金融服务统合法体系的构建——从投资者保护到金融消费者保护》，载《中国人民大学学报》，2013（3）。

② 徐明、卢文道：《证券交易"买者自负"原则的司法适用及法制化初探》，载《证券法苑》，2011（4）。

③ 79 Erg. Rep. 3，Cro. Jac. 4（Ex. Gh 1603）. 何颖：《金融交易的适合性原则研究》，载《证券市场导报》，2010（2）。该案中，一位伦敦的珠宝匠以售价100英镑将一块声称是未经加工的"牛胃石"卖给了一位商人。后者事后发现该石头并无应有的功效，与普通的并无二致，于是诉至法院主张该珠宝匠违反了保证义务。法院最终驳回了原告的请求，认为被告的言语仅仅是"证实"这是一块"牛胃石"，但是该"证实"在法律上并不构成被告对该货物做出的任何"保证"，原告不能为此获得司法救济。

资本市场，这些不专业但同时也"不差钱"的投资人，本意是为自己"无处可去"的资产重新找一个"归属"，却未曾想到金融市场如此风高浪急，一不小心自己的家产就"打了水漂"。早在 2013 年 11 月便有国内一知名门户网站引用《第一财经日报》的报道称，浙江湖州一投资者投资的四家网贷平台相继曝出风险事件，记者赶到当地时，该投资者正在跟其他的受损投资者一起进行艰难的维权，可惜追回资金的希望渺茫，而在其损失的 200 多万元中，有 100 多万元都是向身边朋友借来的。①

上述例子只能说是沧海一粟，事实上从 2013 年年初以来，关于民间投资者大规模进入资本市场，却又频频铩羽而归的消息就层出不穷，这些民间投资实例存在以下三大特点：首先，投资人皆为普通民众，其抗风险的能力较弱；其次，资金规模不小，特别是针对非机构投资者来说，一旦出现亏损金额便有可能极大地影响其自身及家庭生活；再次，部分民间投资带有明显的家族痕迹或地域特征，牵一发而动全身，容易造成区域效应，影响地区金融稳定，加大爆发群体性事件的可能性。

投资环境的剧烈变化与民间投资者的不利处境向学界和司法界抛出了一个问题：在民间投资问题频出的背景下，金融市场及其监管者曾极力坚持的买者自负原则是否仍如此的坚不可摧？金融消费者保护理念与买者自负原则之间是否是"鱼与熊掌不可兼得"的对立关系？

（三）金融消费者保护理念与买者自负原则的交融：补充与基础

曾经有人形象地将买者自负原则比喻为"矛"，将金融消费者保护理念比喻为"盾"，两者一个代表了进取创新、一个则代表了保守求稳，因为买者自负原则对投资人自身的审慎义务提出了要求，保障了金融创新的空间，如同用于进攻的"矛"一样，全力支持着为金融市场的发展与资本的有效高速运作；而金融消费者保护理念则强调了投资人的资金安全，如同用于防卫的"盾"一样，它的意义不在于推动金融创新与市场发展，而在于确保资本市场的基本稳定，使全社会免于遭受市场崩盘带来的巨大负面影响。

一"矛"一"盾"向来是对立的，"矛""盾"之争看似不可避免，但在笔者看来，持有这类看法的原因在于弄错了"矛""盾"的使用方向，若不使"矛""盾"相互对峙，而是一致对着"资本市场无序竞争"这个"外敌"，就会发现尖锐的"矛""盾"之争转变成了"进可攻、退可守"

① 高谈：《P2P 投资者连踩四雷 200 多万被套》，搜狐理财，2014 - 06 - 02。

的和谐局面。也就是说，金融消费者保护理念与买者自负原则不但不是相互冲突的，而且具有共存性，两者间的协同与交融才能造就成熟、有序、理性的资本市场。

第一，金融消费者保护理念是对买者自负原则失灵时的补充。买者自负是金融交易行为过程中关于风险承担的基本分配原则，但绝不应该是唯一的原则，或者说这一原则不是任何情况下都发挥着积极作用的。首先，任何权利与义务都是有边界的，买者自负原则在实践中的适用范围与适用程度要受到金融商品信息披露是否充分、金融服务提供商是否履行了适当性义务、市场监管是否有效等几方面因素的影响。如果不论青红皂白或实际情况就彻底适用买者自负原则，那么买者自负原则只能沦为打击金融消费者信心或影响金融市场稳定的"破坏之刃"，此时金融消费者"用脚投票"，最终造成市场的萎靡。其次，现代市场经济条件下金融商品具有高度的信息性、较高的专业性与复杂性、高度风险性等明显有别于传统商品的特质。生产力的发展促使现代市场经济中的商品交易迥异于传统的商品交易模式，跨时空的金融交易动摇了买者自负原则的基础，使得买者自负原则在实践中产生一定程度的异化。[①] 总之，彻底地执行买者自负原则反而不利于资本市场的蓬勃发展，在买者自负原则失灵时，稳定应站在效率之前，此时宜以金融消费者的角度解决问题，通过对其的保护，弥补买者自负原则的"空位"，维护金融市场的稳定与秩序。

第二，买者自负原则是金融消费者保护理念存在的必要性基础。金融消费者保护理念可以在买者自负原则失灵时起到稳定市场的作用，反过来，买者自负原则也是金融消费者保护理念存在的必要性基础，没有了买者自负原则，就如同流水失去了源头，大树失去了根基。买者自负原则长久以来担负着提高资本市场效率、引导市场良性发展的重要作用，该原则的确立使金融服务的提供者能够更专注于为金融消费者提供多种多样的金融产品，而不是费时费力在与消费者无休无止的关于风险的争论中，使金融创新有了更多的空间和更大的可能性，而不是一直故步自封。一个活跃的金融市场才能吸引金融消费者的投资，一个向上的金融市场才能实现金融消费者的投资回报最大化。

由上可知，"矛""盾"之争是无谓的，金融消费者保护与买者自负这一金

---

① 胡伟：《金融消费"买者自负"原则的检视与展望》，载《西南金融》，2013（5）。

融交易行为的基本原则不仅不是并行不悖的，反而是保障金融市场有序竞争的"最佳搭档"。不过，如同市场经济要兼顾公平与效率，为了金融市场的稳定与发展，我们同样要处理好金融消费者保护与买者自负原则间的比例关系，任何一方失衡都会造成市场的混乱，从而影响金融消费者的合理利益，若影响进一步扩大，直接危及的就是社会的稳定。

三、如何实现金融消费者保护与消费者自负原则在司法实践中的平衡

（一）司法平衡的理论基础：利益衡平原则的要求

利益衡平原则源于英法美，是在多个合乎保护标准的利益并存而又无法全部得到充分的实现时，即当各个同时存在并具有合理性的利益发生冲突时，就需要遵循利益衡平的基本原则为解决路径。[①] 每一个法律关系基本上都会涉及两个甚至两个以上的利益点，因此法官的日常审判工作实际上就是对各种相互冲突的利益进行整合，从而化解利益各方的矛盾，发挥司法能量，实现社会资源合理配置。此外，利益衡平原则和机制总是针对特定的历史环境和条件的，[②] 也就是说，平衡都有一定的环境和条件，一旦这种环境和条件被改变，原有的平衡状况将被打破、原有的对权利的限制就会变得不适当，这就需要在新的环境和条件下重构利益平衡机制。

在金融交易行为中，金融消费者作为弱势的一方，对其权益的保护固然十分重要，而金融市场的发展也离不开金融服务提供者的智慧与创造，作为以追逐利润为最高目标的商人，通过合法行为获得利润应该受到法律的庇护。利益衡平原理的适用，就在于确定需要共存于金融市场中的双方利益的分配标准，保证各方利益在公平合理的前提下得以实现，最终才会获得一个生机勃勃的金融市场。

（二）司法平衡的实际操作：法官自由裁量权的合理把握

1. 立法空白、分业监管无力导致司法诉讼成为金融消费者保护的"最后一道屏障"。金融消费者权益保护立法方面，我国目前几乎处于空白状态：（1）作为消费者权益保护纲领性文件的《消费者权益保护法》，由于缺乏对金融行业发

---

① 郭丹：《金融消费者权利法律保护研究》，吉林大学，2009。

② E. 博登海默［美］，邓正来，译：《法理学：法律哲学与法律方法》，415 页，北京，中国政法大学出版社，2004。

展的前瞻性与预见性，适用到金融理财产品领域而言，规定太过于原则，缺乏可操作性，存在与金融发展的现实脱节的情况。① （2）《中国人民银行法》、《商业银行法》、《银行业监督管理法》、《证券法》、《保险法》等监管法律规范，过于重视加强对金融机构的监管与金融机构内部治理结构的改革，主要是就金融主体的交易行为进行规范，虽然在总则中有写入保护存款人、投资人或投保人的合法权益原则性规定，但这些原则性规定均未通过制定具体的规则以实现以上权利人的权益。② 如《商业银行法》第一条仅指出，"保护存款人和其他客户的合法利益"，并且同商业银行的利益保护并列一起，没有强调处于相对弱势地位的金融消费者保护的特殊性，因而操作性不强。③

因为立法上的缺失，我国对金融消费者权益保护长久以来依赖的是行业监管，即"一行三会"的分业模式。可是，随着金融业务的交叉与创新、综合化经营发展及金融产品和服务的界限日益模糊，以机构作为监管区分的做法已经无法满足市场的要求，实践中极易导致相同性质、相同类型的金融商品，在不同的金融行业内适用的法律规范宽严不一的结果。以目前竞争最为激烈的理财市场为例，目前市场上同时存在着基金公司发售的各类开放式基金、投资于信托产品的人民币理财产品、证券公司的集合理财计划，以及保险公司的投资连结保险等四大类理财产品，对于金融消费者而言这些产品的主要区别就在于投资风险与收益水平的不同，它们都可以作为更具收益性和流动性的金融产品来替代传统的银行存款。但是规范这些理财产品的规范则完全不同，目前商业银行、信托投资公司的理财业务由中国银监会根据《商业银行个人理财业务管理暂行办法》进行监管；证券公司和基金公司则归属中国证监会，适用《证券公司客户资产管理业务管理办法》和《信托公司集合资金信托计划管理办法》；保险公司的理财产品又必须遵循中国保监会制定的《保险资产管理公司管理暂行规定》的规则。这种分业监管的方法必然导致业务规范之间的不一致，最终造成金融消费者的无所适从。④ 具体差异可见表1。

---

① 李景欣、刘楠：《银行个人理财产品的法律分析》，载《法商研究》，2007（5）。
② 邓思：《我国金融理财产品消费者法律保护的现状分析》，载《湖北经济学院学报（人文社会科学版）》，2014（3）。
③ 李峣：《金融消费者概念与完善金融消费保护》，载《北京政法职业学院学报》，2011（4）。
④ 何颖：《金融消费者刍议》，载《金融法苑》，2008（2）。

表1 各种理财产品业务规范的具体差异

项目	人民币理财产品	资金信托	集合理财产品	基金	投资连结保险
资金门槛	5万元	合格投资者*	合格投资者**	≥1000元	无规定
自有资金是否参与	无规定	禁止参与	允许参与	禁止参与	禁止参与
监管部门	中国银监会	中国银监会	中国证监会	中国证监会	中国保监会
收益状况	不得承诺保底，可预测收益	不得承诺保底，可预测收益	不得承诺保底，可预测收益	可有条件承诺保底	无规定
营销	可以公开宣传	不能公开宣传	不能公开宣传	可以公开宣传	可以公开宣传
规模上限	无上限	无上限	有上限	开放式基金无上限；封闭式基金有上限	无规定

注：* 《信托公司集合资金信托计划管理办法》第六条规定的合格投资者，是指"符合下列条件之一，能够识别、判断和承担信托计划相应风险的人：（一）投资一个信托计划的最低金额不少于100万元人民币的自然人、法人或者依法成立的其他组织；（二）个人或家庭金融资产总计在其认购时超过100万元人民币，且能提供相关财产证明的自然人；（三）个人收入在最近三年内每年超过20万元人民币或者夫妻双方合计收入在最近三年内每年超过30万元人民币，且能提供相关收入证明的自然人。"

** 《证券公司客户资产管理业务试行办法》第二十六条规定的合格投资者，是指"具备相应风险识别能力和承担所投资集合资产管理计划风险能力且符合下列条件之一的单位和个人：（一）个人或者家庭金融资产合计不低于100万元人民币；（二）公司、企业等机构净资产不低于1000万元人民币。"

资料来源：国务院发展研究中心金融研究所：《2007中国金融理财报告》，根据新立法略有修正。何颖. 金融消费者刍议 [J]. 金融法苑, 2008 (2).

各级金融监管部门往往与被监管对象是上下级或者通过多年的业务往来形成利益共同体关系，如果监管措施过严、力度过大，那么，最后的结果只是政府各部门的利益之争。这样就导致了监管缺位、监管逃逸的现象大量存在，一定程度上压缩了监督功能的实现。所以，金融消费者发生纠纷后，只得转而走向诉讼道路。

2. 有案件、无处理依据，涉及金融消费者保护案件考验法官自由裁量权的行使。

前文已经说道，我国关于金融消费者保护的立法几乎为空白。虽然也存在银监会等部门制定的冠以《风险管理指引》、《风险提示通知》之类名称的相对具体的部门规章与规范性文件，但从法律规范的效力层级来看，这些都只属于部门规章，权威性不够，其效力远远低于法律法规。金融消费者与金融产品提供商之间倘若发生争议进入诉讼阶段，法院在适用法律时，对于部门规章仅是参照适用，而对于其他监管部门下发的规范性文件，更只是予以参考，一旦出现与上位法的规定不一致的情形时，就不得适用。

但是现实中存在的大量涉及金融消费者的案件，即便法院"两手空空"、没有详细的法律法规可供适用，这些案件都理应得到一个合法合理的处理结果。秩序需要维护、权益需要保护，无论最终在个案中选择的是侧重保护市场的自由与创新还是金融消费者的权益，都极大地考验着中国法官的尺度把握和价值选择的能力。

从实际审判的角度来看，法官在处理每一涉及金融消费者与金融服务提供者间权益争议的个案中，需要把握好以下 5 个关键点：

（1）投资者的能力与经验。在具体的案件审理中，当投资者以各种理由要求其他主体为其自己的投资行为（通常是失败的投资行为）负责时，法院有必要考察其在相同或类似产品上的投资能力和经验。如钟某诉南航权证创设一案①，法院审查发现其"曾进行的权证交易涉及证券市场发行的各种权证，是一名具有丰富实践经验和高风险投资偏好的权证投资者"；以及高某诉白云机场权证信息披露一案②，法院查知，其"自 2005 年 11 月起开始从事权证交易，对系争权证的交易始于 2006 年 2 月 20 日，并持续至 2006 年 12 月 15 日最后交易日"、"系争权证致损时间距其首次进行权证交易的时间已一年有余，应当认定高某对于权证交易的规则和风险已经有相当的认知能力和交易经验"。这些论述均表现出法院在审理案件的过程中对该关键点进行了必要的审查。

（2）金融产品、服务提供商信息披露和风险揭示的充分性。在具体的案件审理中，法院要考察相关人是否及时、准确、完整地披露了相关的信息，是否履行了交易风险提示义务。如胡某诉白云机场权证信息提示一案③，法院就详细审查了系争权证发行企业发布的公告，并认为"从披露的内容看，上述公告中有关专业性很强的权证'存续期间'、'交易期间'、'行权期间'和'终止上市'的时间，均用词准确，对本案所涉权证的最后交易日为 2006 年 12 月 15 日提示明确，并无混淆之意，应当能够对投资者已起到充分的提示作用。广东机场集团已经全面适当履行了系争权证交易的信息披露义务"。上述论述表现出对该关键点的审查对相关争议案件有着决定性影响。又譬如在出现违约的情况下，

---

① （2010）沪高民二（商）终字第 65 号。
② （2008）沪高民二（商）终字第 6 号。
③ （2007）黄民二（商）初字第 842 号。

如何认定 P2P 网贷平台的法律责任也涉及对该关键点的审查。大部分 P2P 网贷平台在投资人找上门后都宣称自己只是投资消息交流的平台、起中介作用，不承担任何担保责任，这就与不少投资者的认知出现了差距。此时，P2P 网贷平台对自己的中介身份有无明确说明、是否存在模糊、不完整表达造成投资者误解成了判断网贷平台是否承责的关键。

（3）相同市场环境的约束。金融市场公平交易的一个基本体现，是双方处在相同市场环境之下，即双方是在相同的产品信息、相同的交易制度规范、相同的市场行政和自律监管环境等外部条件下，凭借自己的主观判断和自身情况做出不同的交易决策。

这一点也是民商法基本原则——自愿、平等、公平原则在金融领域的体现。如果金融消费者在交易过程中受到了不合理的限制，那么金融交易行为双方的地位则处于不平等状态，金融消费者作出的投资选择也谈不上是出自其内心的真正想法，而一个在不公平的金融交易行为中，打破交易规则的一方也不应得到相应的法律保护。

（4）市场监管的正当性。现代金融市场主体中，除了交易参与者之外，还有监管者的身影，包括行政主管部门和行业自律监管者，在这里我们主要探讨的是行业自律监管者。行业监管者的监管行为，尤其是面向市场采取的、涉及不特定投资者、具有普遍约束力的监管行为，会对市场交易产生影响，包括直接或间接影响特定投资者的交易。由此，实践中经常出现投资者会将损失的产生归咎于行业监管者，继而追究行业监管者民事责任的情形。

在我国的具体司法实践中，法院应注重对"行业自律监管者是否存在主观过错"、"相关行业自律监管行为是否符合法律规定"、"行业自律监管者行为与投资者损失之间是否存在必然因果关系"等侵权行为要素进行考察行业自律监管行为的正当性，进而确定其履行自律监管职能、制定和执行自律业务规则是否需要承担民事责任。

（5）款项性质认定：投资款与借款。若民间资本的流入只是证券、理财产品等制度相对完善的资本市场，那么把握上述四个关键点基本可以解决实际审判中遇到的问题。不过在现实中，民间资本的持有者们基于其非专业的特性，往往也不会选择传统的金融投资渠道，而是选择直接向个人或民营企业借款或投入资金。此类民间投资方式因为制度不规范等原因，常常发生纠纷、诉至法院。可是，诉至法院后，由于保留证据的意识弱、流程不规范等原因，无论是原告还是被告都很难形成令人完全信服的证据链，加大了审理难度。投资款与借款的区别在于：投资款的资本增值来源于资金投向项目本身的发展，项目有利润则资金有回报，不存在"保底"的可能性，但也绝无上限；借款资金回报的来源只能是法定或双方约定的利息，却是有借必有还，有"底"有上限。现实审判过程中，当事人依据情况把资金或说成投资款或说成借款，法官只能依据积累的经验谨慎判断，如：银行转账凭证对款项性质的备注、《收条》的文字表述、银行流水单反映出来的一系列资金往来习惯等细微处可以表明双方对款项性质是否达成了一致。而无论是投资合同还是借贷合同，合同双方有无形成合意均是合同成立的要件。

在实际审判中，对上述 5 大关键点的审查有利于法官厘清事实、定纷止争。不过"巧妇难为无米之炊"，此类案件的处理不能一直依靠于每位法官的个人判断，这并不利于审判尺度的统一以及发挥司法的导向作用。鉴于民间借贷、民间投资的乱象，一些民间资本活跃的地区已尝试制订了地方法律法规进行规范，如 2014 年 3 月 1 日起正式实施的《温州市民间融资管理条例》及其《实施细则》，这不失为一个积极的尝试，也可以为以后此类全国性法律法规的制定提供经验和数据支持。

四、结语

强调金融消费者保护问题时，往往会进入一个误区：保护的意义只在于保护每一位金融消费者个体，而且在任何情况下，保护金融消费者都是最重要的价值取向。金融消费者保护问题从来不是某些个体的问题，在民间投资问题频出的背景下，本文针对金融消费者保护概念的谈论也并不只是传统意义上的弱者保护理论，而主要是基于行为金融学对投资者集体非理性行为加剧金融形势恶化的现实认识，从而提高整个金融市场的活力与抗危机能力。

金融消费者保护所需保护的权益也是其合法权益，而不是不问缘由的"利益保护"，不是无条件的、一律倾向性的保护弱者，也要均衡好金融商品、服务提供商与金融消费者之间的利益，维护整个市场的稳定发展。

民间投资者正常行使投资权利带来的投资收益或损失，有的属于金融消费者保护的内容，有的则是"买者自负"原则应承担的风险损失。因此，在具体的司法个案中，如何辨别金融消费者损失的性质、如何选择具体案件中应侧重的价值取向、如何把握效率与公平间的关系，都是对当前民商事领域法官的审判智慧的考验，只有把握争议问题的关键点、站在天平的中间，才能无愧于法官的职责。

参考文献

［1］叶建勋：《对我国金融消费者保护立法的框架性思考》，载《金融与经济》，2012（10）。

［2］杨东：《论金融服务统合法体系的构建——从投资者保护到金融消费者保护》，载《中国人民大学学报》，2013（3）。

［3］徐明、卢文道：《证券交易"买者自负"原则的司法适用及法制化初探》，载《证券法苑》，2011（4）。

［4］胡伟：《金融消费"买者自负"原则的检视与展望》，载《西南金融》，2013（5）。

［5］E. 博登海默［美］，邓正来，译：《法理学：法律哲学与法律方法》，北京，中国政法大学出版社，2004。

［6］何颖：《金融消费者刍议》，载《金融法苑》，2008（2）。

［7］宋成斌：《中国金融消费者保护法律制度的现状剖析及国际经验借鉴》，载《首都经济贸易大学学报》，2013（1）。

法制环境对我国上市公司融资约束的
缓解效应研究

陈　波　梁彤缨　苏　思①

一、引言

目前，我国正处于经济转型的重要发展阶段，相比欧美发达国家，我国金融体系不够完善，金融效率依然低下，企业融资困难、融资约束等问题普遍存在。党的十八大报告强调"深化金融体制改革，健全促进宏观经济稳定、支持实体经济发展的现代金融体系"，并明确提出"加快发展多层次资本市场"等具体改革要求。就在 2014 年 7 月 28 日，国务院总理李克强举办的新企业座谈会上，多位企业代表都提到了有关小微企业资金扶持、贷款融资难等问题②。一直以来，企业融资约束问题是社会各界关注的焦点问题。

在 20 世纪，以 MM 理论为基础的新古典投资理论认为，在完美资本市场的假定下，企业内外融资成本始终一致，企业的投资决策与其融资决策是不相关的（Modigliani，Miller，1958）。而随后学者们注意到，在实际中，完美且完全有效的资本市场几乎不存在，外部投资者和企业内部管理层存在信息不对称，进而造成了企业内部融资成本和外部融资成本的差异，企业的融资约束问题因此而来。因此，在不完善市场中，存在融资约束的企业更加倾向于内部融资（Myers，Majluf，1984），并呈现投资—现金流敏感现象（Fazzari 等，1988）。而后，国内外关于企业融资约束的研究层出不穷（Kaplan，Zingales，1997；Almei-

---

① 陈波，博士研究生，华南理工大学工商管理学院；梁彤缨，教授、博士生导师，就职于华南理工大学工商管理学院；苏思，就职于华南理工大学工财务处。本文选自第 14 次珠江金融论坛——"金融法制环境建设论坛"的应征论文。

② 《李克强座谈新注册企业：需要政府解决什么问题》，新浪网，2014 - 07 - 28。

da 等，2004；魏锋，刘星，2004；连玉君，程建，2007），同样不少学者的研究发现企业融资约束与企业股利政策（余亮，梁彤缨，2013）、金融发展（沈红波等，2010）、宏观经济（于蔚等，2012）等各种因素相关。

另外，我国不同区域之间资源禀赋、地理位置以及区域经济政策存在较大差异，虽然国家层面面临着大致相同的法制环境，但在不同区域的法制环境也呈现出较大不同（樊纲等，2012）。国外学者 Rajan，Zingales（1995）和 Booth 等（2001）已经注意到国家间制度环境的差异会影响公司的资本结构决策。同样 La Porta 等（1998）的研究表明法律体系以及法律执行力度是决定公司股权结构以及金融市场发展程度的重要因素。林勇等（2009）认为法治是公司外部治理环境，它对上市公司价值有正面的促进作用。因此，法制环境也是影响企业融资约束的重要因素（Lovei，2003；潘克勤，2011）。然而目前国内很少有文献深入研究法制环境与企业融资约束的关系，已有研究表明地区法制的完善对于信用市场发展具有促进作用（魏锋等，2012），而且我国地区法制环境对企业债务期限结构也会有影响（江伟，2010）。我国已经实施了一系列的相关政策措施改善法制环境，然而法制环境的改善是否会对企业融资约束一定的缓解作用呢？此外，地区法制环境又是否会对企业融资方式有影响呢？

有鉴于此，本文以樊纲等学者最新公布的法制相关指数作为评价区域法制环境的量化指标，采用我国 A 股上市公司为样本，结合 Logistic 回归等相关计量统计方法，分析我国法制环境对企业融资约束的影响作用。

二、理论分析与研究假设

（一）法制环境与企业融资约束

目前，企业融资约束的理论解释主要有委托代理理论和信息不对称理论。委托代理理论则认为企业是由构成企业的各种利益相关者（包括债权人、关商、客户、股东、管理层等）组成的共同组织，使这些利益相关主体之间缔结的一组契约的联结。各利益相关者之间（股东与债权人之间、股东与经理人之间等）由于信息不对称、契约的不完备等会存在代理冲突，企业为外部融资将付出不同程度的"溢酬"，致使企业外部融资成本高于内部融资成本。而信息不对称理论认为在不完美的资本市场，外部投资者是信息劣势方，而企业是信息优势的一方，企业会利用外部投资者掌握不到的信息为自身谋求最大利益，而此时就会出现资金获取前后的"逆向选择"和"道德风险"等问题，这就促使外部投资者为了保障自己的权益而提高资金成本，因此企业外部融资成本会高于企业内部融资成本。

较高的法制水平也意味着较强的法律执行力度，外部投资者可以通过司法程序维护权益，同样由于法律约束，企业谋求自身最大利益的行为在一定程度受到限制，已有研究结果表明法制环境通过保护投资者或者债权人的权利，对于缓解融资约束，促进金融体系发展具有重要作用（Laeven，Majnoni，2003；沈艺峰等，2005）。此外，随着法制水平的提高，企业债务违约所导致的事后合约执行成本也会逐渐降低（Qian，Strahan，2007）。林勇等（2009）也认为法治是一种公司外部治理环境，它对提供企业价值具有积极的作用。江伟（2010）研究表明在我国法制环境比较好的地区，金融发展水平的提高却有助于上市公司获得更多的长期债务融资。潘克勤（2011）的研究也表明民营上市公司所在地区法治进程指数越高，则其现金—现金流敏感性下降。因此本文提出假设1：法制环境具有缓解企业融资约束的效应，企业融资约束程度与地区法制水平负相关。

（二）法制环境与企业融资方式选择[①]

已有研究表明，对生产者合法权益的保护对企业成长具有促进作用（刘鑫，2013），且在省级宏观层面上，生产者合法权益保护、知识产权保护等相关法律保护都对经济增长有积极的作用（李春涛等，2010）。加强知识产权保护能够显著促进我国的技术创新（胡凯等，2012），知识产权保护强化的结果是使得我国竞争力强的本土企业获得更高利润（张杰，芦哲，2012）。

此外，根据生产理论，企业相当于单位生产系统，首先进行生产投入，再经过生产技术的处理，将投入转化为产出，最后将产出产品转化为利润。然后部分的利润作为内部融资进行再生产（见图1）。企业在生产系统的投入阶段，其必然会考虑到生产的风险、技术风险等，此时若生产者权益保护的法制保障会促使企业有效的生产投入。而后，到企业生产技术处理阶段，知识产权保护的法制保障可以保护企业的相关技术、专利等。然后，生产者权益保护的法制保障也促使企业产出的市场价值有效实现。因此本文提出假设2：法制环境可以保障企业获取更多的内部融资，具体而言，企业内部融资与生产者合法权益保护指数和知识产权保护指数正相关。

融资优序理论（Myers，Majluf，1984）认为各种融资方式的信息约束条件

---

① 法制环境涉及相关因素众多，考虑到与企业生产的相关性，本文主要讨论生产者合法权益保护和知识产权保护对企业融资的影响。

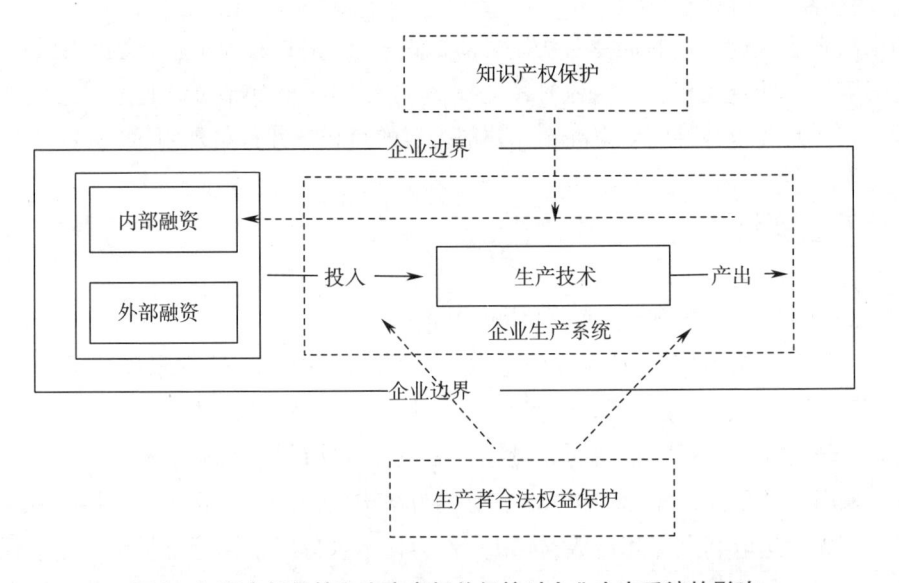

图1 知识产权保护和生产者权益保护对企业生产系统的影响

和向投资者传递的信号是不同，企业内外部融资成本存在差异，企业按照融资成本最小原则，首先选择无交易成本的内部融资；其次选择存在交易成本的外部融资，其中外部融资中，债务融资较股权融资相比，交易成本较低。因此企业融资方式的顺序为内部融资、债务融资、股权融资。法制环境的改善可以减少债权人的债务风险，从而使得企业更加容易获得外部融资，卢峰等（2004）的研究也发现加强法治有助于提高私人部门获得的银行信贷份额。然而，相比外部融资，无论企业是否存在融资约束，企业更加愿意选择成本更低的内部融资。尤其在我国，企业的债务融资基本上都是通过银行贷款，而且利率在我国并未实现市场化。江伟（2010）的研究发现，我国地区法制环境的改善并不能使上市公司获得更多的长期债务融资，地区法制环境和金融发展的水平越高，上市公司获得的长期债务融资越少，然而在法制环境比较好的地区，金融发展水平的提高却有助于上市公司获得更多的长期债务融资。因此本文提出假设3：法制环境并不会提高甚至减少企业的外部融资，具体而言，企业外部融资与生产者合法权益保护指数和知识产权保护指数负相关。

已有研究表明融资约束高的企业内外部融资成本差异较大，其更加依赖于内部融资，而融资约束低企业内外融资的成本差异相对较小。当法制环境得到改善时，融资约束低企业内外融资的成本差异并不会发生很大变化，相反融资约束高企业获取外部资金的成本依然较高，但由于法制环境的改善其内部资金变得更有保障，因此融资约束高企业会更多地选择内部融资。也就是说，融资约束高企业融资方式的选择对法制环境的改变更加敏感。因此本文提出假设4：与融资约束低企业相比，法制环境与融资约束高企业内部融资的正相关性更明显，且法制环境与融资约束高企业外部融资的负相关性也更加明显。

三、实证设计

（一）企业融资约束指数（FCI）测算

目前，度量融资约束的方法主要分为两大类：一是单变量融资约束指标（如股利支付率、公司规模、利息保障倍数等）；二是多变量融资约束指数，即由多个与融资约束程度相关的变量综合而成。本文借鉴 Lamont 等（2001）的方法，采用二元 Logistic 模型构建 KZ 指数的方法构建融资约束指数。具体做法如下：

首先，选取利息保障倍数（ICR）作为样本预分组指标，对每年的样本观察值按照利息保障倍数从大到小排序，分别选取前33%的观察值作为融资约束低组、后33%的观察值作为融资约束高组，其中融资约束低组取值为 $y = 0$，融资约束高组取值为 $y = 1$，并以这两组样本作为 Logistic 回归样本。

其次，综合考虑可以反映上市公司盈利能力、现金能力、发展能力等多方面因素的财务指标以及数据可获取性，本文采用净资产收益率（ROE）、资产负债率（LEV）、财务松弛（SLACK）、股利支付率（DIV）、经营活动产生的现金流（CF）5 个指标作为 Logistic 回归的解释变量。具体模型如下：

$$Logit(FCI) = k_0 + k_1 \times ROE + k_2 \times LEV + k_3 \times SLACK + k_4 \times DIV + k_5 \times CF + u$$

$$(1)$$

根据式（1）估计的系数 k 计算融资约束指数（FCI），

$$y = k_0 + k_1 \times ROE + k_2 \times LEV + k_3 \times SLACK + k_4 \times DIV + k_5 \times CF \quad (2)$$

则融资约束指数 FCI $= e^y / (1 + e^y)$。而根据融资约束指数的大小判断企业融资约束的高低，FCI 越大说明企业受融资约束程度越高，其中依据 FCI 的大小，前33%的企业作为融资约束高组，后33%的企业作为融资约束低组。

（二）法制环境影响企业融资约束和融资方式的回归模型

根据樊纲等学者（2012）最新公布的中国市场化指数，其中包括了各地区的法律制度环境指数。本文主要采用与企业密切相关的各省 2007—2009 年生产者合法权益保护指数（LIPI）和知识产权保护指数（IPPI），将其作为评价法制环境（LE）的量化指标。为了验证假设1，作如下回归：

$$FCI = k_0 + k_1 \times LE + u$$

$$(3)$$

为了验证法制环境（LE）对企业内部融资（INF）和外部融资（EXF）的影响，作如下回归：

$$INF = k_0 + k_1 \times LE + u \qquad (4)$$

$$EXF = k_0 + k_1 \times LE \qquad (5)$$

最后为了验证假设4，在分别以融资约束高组样本和融资约束低组作如式（4）和式（5）的回归。

（三）变量说明、样本及其数据来源

表1　　　　　　　　　　　　　变量说明

变量名称	变量符号	变量计算方法
利息保障倍数	ICR	息税前利润/利息费用
净资产收益率	ROE	净利润/净资产
资产负债率	LEV	负债总额/总资产
财务松弛	SLACK	（货币资金＋短期投资净额＋0.5存货净额＋0.7应收账款净额－短期借款）/总资产
股利支付率	DIV	每股现金股利/每股收益额
经营活动产生的现金流	CF	经营活动产生的现金流/总资产
融资约束指数	FCI	见上文式（2）
企业内部融资	INF	息税折旧摊销前利润/总资产（韩剑，严兵，2013）
企业外部融资	EXF	利息费用/总资产（韩剑，严兵，2013）
生产者合法权益保护指数	LIPI	参考樊纲等（2012）中国市场化指数报告
知识产权保护指数	IPPI	参考樊纲等（2012）中国市场化指数报告

本文按如下步骤筛选样本：选取2007—2009年我国所有A股上市公司作为样本；剔除金融业和保险业公司；剔除ST/PT类公司；剔除样本区间内总资产成长率或销售成长率大于100%的公司；剔除资产负债率大于100%的公司；剔除相关变量数据缺失的样本。最后得到969家上市公司，3年的非平衡面板数据，共2437个样本观察点。上市公司的数据主要来源于国泰安（GTA）数据库和聚源（ILDATA）数据库，部分数据来自上市公司年报。法制环境数据来源于樊纲等（2012）中国市场化指数报告。

四、实证结果分析

（一）企业融资约束指数测算结果

为了测算企业融资约束指数，首先采用利息保障倍数作为预判指标，而后采用净资产收益率（ROE）、资产负债率（LEV）、财务松弛（SLACK）、股利支付率（DIV）、经营活动产生的现金流（CF）5 个指标作如式（1）的 Logistic 回归，如表 2 所示，Nagelkerke R2 的统计量为 0.629，说明模型拟合程度较好，解释变量能反映被解释变量变动情况的 62.9%，即 ROE、LEV、SLACK、DIV、CF 构造的融资约束指数能够较好的反映企业的融资约束情况。

表 2   Logistic 回归分析结果

变量	回归系数	标准差	Wald 统计量	显著性
k_0	1.427	0.314	20.650	0.000
ROE	−6.126	0.609	101.135	0.000
LEV	2.716	0.451	36.328	0.000
SLACK	−3.410	0.411	68.901	0.000
DIV	−1.587	0.815	3.791	0.052
CF	−15.487	1.344	132.843	0.000
Nagelkerke R^2 = 0.629				

而在显著性方面，ROE、LEV、SLACK、CF 的 Wald 统计量对应 P 值都在 0.01 的显著性水平下通过检验，DIV 的 Wald 统计量对应 P 值则在 0.1 的显著性水平下通过检验，说明所有变量的回归系数均有统计意义。在系数符号方面，表 2 的结果说明，企业受融资约束指数与企业盈利能力、财务松弛、股利支付能力、经营活动产生的现金流负相关，与企业资产负债率正相关。这也克服了单因素指标衡量企业融资约束的主观性。

运用错判矩阵，检验融资约束指数预测模型（见表 3），融资约束低组的 813 个样本观测点中，有 669 个正确地预测，144 个被错判，判别正确率为 82.3%，融资约束高组的 813 个样本观测点中，有 690 个正确地预测，123 个被错判，判别正确率为 84.9%。模型总体的判别正确率为 83.6%，由此说明，以上预测模型是比较理想的融资约束指数模型。

表 3   Logistic 模型错判矩阵

	融资约束低组	融资约束高组	正确率（%）
融资约束低组	669	144	82.3
融资约束高组	123	690	84.9
总体判别正确率（%）	—	—	83.6

（二）法制环境影响企业融资约束和融资方式的回归结果

为了验证法制环境对企业融资约束及融资方式的作用，进行如式（3）、式

（4）和式（5）的回归。如表4所示：当因变量为融资约束指数 FC1 时，生产者合法权益保护（LIPI）和知识产权保护（IPPI）的系数分别为 −0.027 和 −0.003，且都在 0.01 的水平上通过检验，说明法制环境具有缓解企业融资约束的效应，企业融资约束程度与地区法制水平负相关，即假设 1 得到验证；当因变量为企业内部融资（INF）时，LIPI 和 IPPI 的系数分别为 0.062 和 0.008，且都在 0.01 的水平上通过检验，说明生产者合法权益保护和知识产权保护具有提高企业内部融资的效应，也就是说法制环境可以保障企业获取更多的内部融资，即假设 2 得到验证；当因变量为企业外部融资（EXF）时，LIPI 和 IPPI 的系数分别为 −0.092 和 −0.007，且都是在 0.01 水平上通过检验，说明生产者合法权益保护和知识产权保护与企业外部融资负相关，即法制环境并没有提高甚至减少企业的外部融资，假设 3 得到验证。

表4　　　　　总体样本检验法制环境对企业融资约束及融资方式的影响

	因变量：FC1	因变量：INF	因变量：EXF		因变量：FC1	因变量：INF	因变量：EXF
k_0	0.658 (29.662) ***	−0.352 (−5.188) ***	0.523 (7.773) ***	k_0	0.582 (54.277) ***	−0.178 (−5.414) ***	0.169 (5.122) ***
LIPI	−0.027 (−7.318) ***	0.062 (5.433) ***	−0.092 (−8.14) ***	IPPI	−0.003 (−9.336) ***	0.008 (6.83) ***	−0.007 (−6.461) ***

注：括号内为 t 值，*、**、***分别代表 0.1、0.05、0.01 水平上显著。

表5　　　　　样本分组检验法制环境对企业融资约束及融资方式的影响

融资约束高组							
	因变量：FC1	因变量：INF	因变量：EXF		因变量：FC1	因变量：INF	因变量：EXF
k_0	0.902 (99.394) ***	−0.288 (−2.712) ***	0.504 (4.801) ***	$k0$	0.886 (201.502) ***	−0.097 (−1.884) *	0.137 (2.665) ***
LIPI	−0.005 (−3.223) ***	0.054 (2.872) ***	−0.095 (−5.084) ***	IPPI	−0.001 (−3.605) ***	0.005 (2.565) *	−0.007 (−3.627) ***
融资约束低组							
	因变量：FC1	因变量：INF	因变量：EXF		因变量：FC1	因变量：INF	因变量：EXF
k_0	0.118 (9.452) ***	0.053 (0.381)	0.273 (1.978) **	k_0	0.115 (19.818) ***	−0.013 (−0.201)	0.114 (1.771) *
LIPI	−0.002 (−0.776)	−0.009 (−0.394)	−0.046 (−2.044) **	IPPI	−0.001 (−1.294)	0.001 (0.24)	−0.004 (−2.113) **

注：括号内为 t 值，*、**、***分别代表 0.1、0.05、0.01 水平上显著。

为了验证假设4，分别把总体样本中融资约束指数排在前33%的作为融资约束高组，融资约束指数排在后33%的作为融资约束低组，验证在不同的分组样本中法制环境对企业融资约束及融资方式的影响存在差异。如表5所示，在融资约束程度方面即因变量为FCI时，融资约束高组中LIPI和IPPI的系数分别为－0.005和－0.001，都在0.01水平上显著，融资约束低组中LIPI和IPPI的系数分别为－0.002和－0.001，相比之下，融资约束高组的LIPI和IPPI系数大小和显著性都强于融资约束低组，说明在法制环境缓解企业的融资约束程度，而且这一效应在高融资约束的企业中更加明显。在企业内部融资方面即因变量为INF时，融资约束高组中LIPI和IPPI的系数分别为0.054和0.005，在0.01和0.1水平上显著，而融资约束低组中LIPI和IPPI的系数分别为－0.009和0.001，皆不显著，同样在融资约束高组中LIPI和IPPI正相关性和显著性都强于低组，说明与融资约束低企业相比，法制环境与融资约束高企业内部融资的正相关性更明显。在企业外部融资方面即因变量为EXF时，也表现出类似的效应，法制环境系数的大小和显著性方面融资约束高组强于融资约束低组，说明与融资约束低企业相比，法制环境与融资约束高企业外部融资的负相关性更明显，由此假设4得到验证。

五、结论

依法治国是我国的重大国策，但以往国内学者很少深入研究法制环境和企业融资约束的关系。鉴于此，本文选取我国969家A股上市公司2007—2009年3年的非平衡面板数据，首先采用Logistic回归测算出企业的融资约束指数，其次以樊纲等学者公布的2007—2009年地区生产者合法权益保护指数和知识产权保护指数作为法制环境的评价指标，实证检验了法制环境对企业融资约束及融资方式的影响，得出以下结论：法制环境具有缓解企业融资约束的效应，企业融资约束程度与地区法制水平负相关；法制环境可以保障企业获取更多的内部融资，具体而言，企业内部融资与生产者合法权益保护指数和知识产权保护指数正相关；法制环境并不会提高甚至减少企业的外部融资，具体而言，企业外部融资与生产者合法权益保护指数和知识产权保护指数负相关；融资约束高企业融资方式的选择对法制环境的改变更加敏感，与融资约束低企业相比，法制环境与融资约束高企业内部融资的正相关性更明显，且法制环境与融资约束高企业外部融资的负相关性也更加明显。

本研究可能存在以下不足：由于樊纲等学者公布的法制相关指数目前只到2009年，因此本文的样本数据也只选用了2007—2009年的数据；此外融资约束的衡量方法众多，如随机前沿方法等，本文的结论推广到其他方法测算融资约束指数是否成立还需进一步的研究。

参考文献

［1］邓翔、向书坚、唐毅：《中国上市公司融资约束的行业特征分析——基于641家上市企业的Logistic回归分析》，载《宏观经济研究》，2014（1）。

［2］樊纲、王小鲁、朱恒鹏：《中国市场化指数——各地区市场化相对进程2011年报告》，经济科学出版社，2012。

［3］韩剑、严兵：《中国企业为什么缺乏创造性破坏——基于融资约束的解释》，载《南开管理评论》，2013（4）。

［4］胡凯、吴清、胡毓敏：《知识产权保护的技术创新效应——基于技术交易市场视角和省级面板数据的实证分析》，载《财经研究》，2012（8）。

［5］江伟：《法制环境、金融发展与企业长期债务融资》，载《证券市场导报》，2010（3）。

［6］李春涛、薛奕、张璇：《法律保护对中国经济增长的影响：分省面板数据的证据》，载《制度经济学研究》，2010（3）。

［7］连玉君、程建：《投资—现金流敏感性：融资约束还是代理成本?》，载《财经研究》，2007（2）。

［8］林勇、连洪泉、谢军：《外部治理环境与公司内部治理结构效应比较》，载《中国工业经济》，2009（1）。

［9］刘鑫：《外部环境与企业成长性》，安徽工业大学硕士论文，2013。

［10］卢峰、姚洋：《金融压抑下的法治金融发展和经济增长》，载《中国社会科学》，2004（1）。

［11］潘克勤：《法制环境及金融发展、企业的金融机构背景与融资约束——中国民营上市公司的经验证据》，载《经济经纬》，2011（1）。

［12］沈红波、寇宏、张川：《金融发展、融资约束与企业投资的实证研究》，载《中国工业经济》，2010（6）。

［13］沈艺峰、肖珉、黄娟娟：《中小投资者法律保护与公司资本权益成本》，载《经济研究》，2005（6）。

［14］魏锋、刘星：《融资约束、不确定性对公司投资行为的影响》，载

《经济科学》，2004（2）。

［15］魏锋、饶伟、梁超：《法制环境对商业信用的非对称性影响》，载《金融论坛》，2012（10）。

［16］于蔚、金祥荣、钱彦敏：《宏观冲击、融资约束与公司资本结构动态调整》，载《世界经济》，2012（3）。

［17］余亮、梁彤缨：《股利政策的治理效应——基于融资约束与代理成本权衡的视角》，载《软科学》，2013（2）。

［18］张杰、芦哲：《知识产权保护、研发投入与企业利润》，载《中国人民大学学报》，2012（5）。

［19］Almeida H, Campello M, and Weisbach S："The Cash Flow Sensitivity of Cash", *Journal of Finance*, 2004（59）.

［20］Booth L, Aivazian V, Demirguc–Kunt A, and Maksimovic V："Capital Structures in Developing Countries", *Journal of Finance*, 2001（56）.

［21］Fazzari S, Hubbard G and Petersen B："Financing Constraints and Corporate Investment", Brookings Papers on Economic Activity, 1988（1）.

［22］Kaplan S and Zingales L："Do investment–cash flow sensitivities provide useful measures of financial constraints", *Quarterly Journal of Economics*, 1997（112）.

［23］La Porta R, Lopez–De–Silanesf, Shleifera and Vishnyr："Law and finance", *Journal of Political Economy*, 1998（106）.

［24］Laeven L and Majnoni G, "Loan Loss Provisioning and Economic Slowdownspp. Too Much, Too Late?", *Journal of Financial Intermediation*, 2003（12）.

［25］Lamont O, Polk C and Saa–Requejo J, "Financial constraints and stock returns", *Review of financial studies*, 2001（14）.

［26］Lovei, "Financial development and financing constraints", The Review of Financial Studies, 2003（16）.

［27］Modigliani F and Miller M H, "The cost of capital, corporation finance and the theory of investment", *The American Economic Review*, 1958.

［28］Myers S and Majluf N, "Corporate Financing and Investment Decisions When Firms Have Information that Investors do not Have", *Journal of Financial Economics*, 1984（13）.

［29］ Qian J and Strahan P，"How Laws and Institutions Shape Financial Contractspp"，The Case of Bank Loans. *Journal of Finance*, 2007（62）．

［30］ Rajan R and Zingales L，"What Do We Really Know About Capital Structure? Some Evidence from International Data"，*Journal of Finance*, 1995（50）．

试论金融法治的价值取向

——以保护金融消费者选择权为视角

符思宪[①]

选择权是消费者享有的重要权利。1962 年 3 月 15 日，时任美国总统肯尼迪发表《关于保护消费者利益的总统特别国情咨文》，首次明确消费者享有选择权——能够从以合理价格提供、质量保证的产品或服务中自由选择的权利[②]。我国《消费者权益保护法》第九条也规定消费者享有自主选择权[③]。

金融消费者是消费者概念在金融领域的延伸，《消费者权益保护法》规定的权利同样适用于金融消费者，消费者在购买金融商品或接受金融服务时理应享有受法律保护的选择权。考察我国目前的金融消费环境，消费者处于相对弱势地位，金融消费的形式、内容、价格等主要由金融机构决定，消费者的自主选择权实际上受到诸多限制。

一、对金融消费者选择权的界定

(一) 金融消费者的内涵

在我国，尚未有法律文件对金融消费者的内涵予以明确的界定。实践中，

---

① 符思宪，硕士，就职于兴业银行广州分行法律与合规部。本文选自第 14 次珠江金融论坛——"金融法制环境建设论坛"的应征论文。

② The right to choose – To be able to select from a range of products and services, offered at competitive prices with an assurance of satisfactory quality. This is one of the four original consumer rights as set out by US President JF Kennedy, 15 March 1962.

③ 《消费者权益保护法》第九条规定："消费者享有自主选择商品或者服务的权利。消费者有权自主选择提供商品或者服务的经营者，自主选择商品品种或者服务方式，自主决定购买或者不购买任何一种商品、接受或者不接受任何一项服务。消费者在自主选择商品或者服务时，有权进行比较、鉴别和挑选。"

金融监管中"消费者"和"投资者"并列使用。自银监会2006年12月颁布《商业银行金融创新指引》中首次使用"金融消费者"概念①后，银行业与保险业监管机构已在其通知文件中广泛使用"消费者"一词②，而证监会仍使用的是"投资者"称谓③。而且，对金融消费者是否包含证券市场的投资者、是否只限于自然人等问题学者们也莫衷一是。正如博登海默所说："概念乃是解决法律问题所必需和必不可少的工具，没有限定严格的专门概念，我们便不能清楚地和理性地思考法律问题。"④ 因此，明确金融消费者的内涵是探讨如何保护金融消费者选择权问题的第一步。

首先，从主体角度来看，尽管学界普遍认为消费者是指为生活需要购买、使用商品或接受服务的"自然人"，不包括组织体，但应注意的是，消费者的概念是紧紧围绕着消费者与生产者、经营者相比较的弱势地位而提出的，即消费行为是与营业行为相对应存在的。所谓"营业"就意味着能够反复继续地获得利益，其中包括了专门性和营利性⑤。相应地，消费者的概念就应以非专门性、非营利性为构成要件。因此，为了明确营业与消费者概念的联系，消费者就可被定义为"那些实施了和营业没有直接关联目的的行为的人"⑥，而不是简单地以是否是自然人属性对消费者进行区分，以满足现实需求。

具体在金融领域，笔者认为金融消费者应不限于自然人，还应包括非专门从事金融活动的组织体，如主营制造业的中小企业、农村的农业合作社等。相对于金融机构而言，不具备金融专业知识的组织与普通自然人一样，在购买金融商品或接受金融服务时，面对法律技术和金融技术高度抽象、晦涩难懂的合同条款，也存在获取信息不足的情形，处于选择的被动地位。因此，将金融消

① 《商业银行金融创新指引》第四条规定："金融创新是商业银行以客户为中心，以市场为导向，不断提高自主创新能力和风险管理能力，有效提升核心竞争力，更好地满足金融消费者和投资者日益增长的需求，实现可持续发展战略的重要组成部分。"

② 2012年2月10日中国银监会、中国人民银行、国家发展改革委联合发布《关于〈商业银行服务价格管理办法（征求意见稿）〉公开征求意见的通知》，银监会网站，2012 – 02 – 16。2012年2月9日中国保监会发布保监发〔2012〕9号《关于做好保险消费者权益保护工作的通知》，保监会网站，2012 – 02 – 16。

③ 中国证监会于2011年底正式成立"投资者保护局"，负责证券期货市场投资者保护工作的统筹规划、组织指导、监督检查、考核评估。敖晓波：《证监会成立投资者保护局》，人民网，2011 – 02 – 16。

④ E. 博登海默［美］，邓正来，译：《法理学——法律哲学与法律方法》，北京，中国政法大学出版社，2004。

⑤ 董文军：《平等视野中的消费者权利解读》，载《法制与社会发展》，2007（2）。

⑥ 大村敦志［日］：《消费者法》，东京，有斐阁，1998；转引自董文军：《平等视野中的消费者权利解读》，载《法制与社会发展》，2007（2）。

费者的主体扩大到非专门从事金融活动的组织体，符合保护弱势群体的经济法理念。对此，国外立法已经有所体现。2001年4月实施的《日本金融贩卖法》中规定，本法保护的对象为资讯弱势之一方当事人，即在金融商品交易之际，相对于金融机构的专业知识，无论是自然人或法人，基本上都属于资讯弱势一方当事人。因此，该法适用的对象不仅是自然人，也包括不具备金融专业知识的法人。

其次，从行为角度来看，仅以购买金融商品具有盈利性而否定其消费性，进而否定对投资者实施消费者保护的看法是不合理的。消费者进行金融投资是通过购买股票、债券等金融商品以期在未来获得一定收益从而存储并增加自身消费能力，等到需要时再将其转换为现金用于消费，投资行为仍然是对金融机构提供的金融商品和金融服务的一种消费，是一种发展型消费。① 而且，随着金融混业经营趋势的加深和金融商品的不断创新，不少金融商品和服务难以归入传统的银行、保险、证券等简单清晰的种类之下，传统的将投资者严格区分存款人、保险相对人的做法越来越脱离于实践。因此，应将证券市场上的投资者纳入金融消费者范畴之内。无论是美国2009年的《消费者金融保护局法》还是英国的《金融服务与市场法》，抑或日本的《金融商品交易法》，一般都是统一把个人投资者当做消费者来对待，享受法律的倾斜保护。②

综上，借鉴欧盟将消费者界定为"在他的贸易、职业或商业经营以外目的而行为的自然人"③，笔者认为，金融消费者是指出于非贸易、非职业、非商业经营目的购买、使用金融商品④或服务的社会成员，包括自然人和不具备金融专业知识的组织体（包括公司、合伙组织、合作社等）。

（二）金融消费者选择权的内涵

"自主选择权作为一种消费权，是指消费者根据自己的主观意愿，在法律规定的范围内所享有的自由选择商品或者服务，实现其消费利益的一种手段，它由主观自愿权和客观自由权两种具体权利构成。"⑤ 金融消费者选择权是消费者

---

① 中国人民银行成都分行法律事务处课题组：《金融消费者概念之反思——基于一元化视角构建我国消费者金融权益保护制度》，载《西南金融》，2011（7）。

② 胡婷婷：《金融消费者外延之惑的求解》，成都，西南政法大学，2011。

③ A physical person acting for purposes which are outside his trade, professional of business. 参见王雄飞：《欧盟金融消费者保护的立法及启示》，载《上海金融》，2009（11）。

④ 金融商品是商品的一种，是指具有记载金钱交易内容或本身具有金钱价值的商品，涵盖了股票、债券、投资基金、银行存款、财产保险及人身保险、信托、集合投资计划以及各种金融衍生商品等。详见郭丹：《金融服务法研究：金融消费者保护的视角》，北京，法律出版社，2010。

⑤ 王兴运：《"自主选择权"探析》，载《理论导论》，2005（4）。

自主选择权在金融领域的延伸和细化，以客观上能否购买金融商品或接受服务为前提，以是否购买、如何购买、向谁购买为主要内容。也即客观自由权是进行选择的前提条件，只有在金融消费者能便利地接近金融机构提供的商品或服务时，其享有的主观自愿权才有实际意义。同时，金融消费者的选择权也要建立在知情权的基础上，获取真实、准确、完整的金融信息是正确行使自主选择权的必要条件。

具体来讲，金融消费者选择权是指金融消费者在能获得并充分理解金融服务者提供的金融商品或金融服务的前提下，根据其知识、经验，结合自身对金融商品或服务的实际需求和金融机构的实际情况，自主决定是否购买金融商品或服务，是否购买某一个或某一些金融商品或服务，是否购买某一家金融机构提供的金融商品或服务，包括金融机构在内的任何单位或个人都无权强制或代替金融消费者作出选择。同时，选择权也意味着当消费者对当前已选的银行或其他金融服务提供者如证券公司、保险公司等厌烦时，法律应保障消费者有以较小的成本转换金融机构的自由。如果金融消费者普遍感到很难另选服务提供者或者成本高、不值得转换，这就意味着其享有的选择权受到很大的抑制。

金融消费者行使选择权应在法律规定的范围内，也要尊重金融机构合法的经营自由权，如金融机构可以为一些高风险的金融商品设定准入门槛，或对不同的金融商品设定不同的费率等。而且，收益与风险总是相伴相随，金融消费者一旦按照自身意愿选择后，排除欺诈、市场操纵等违规情形，消费者应承担其选择后的全部风险。亦即选择自愿，风险自负。

二、保护金融消费者选择权的理论基础

消费者权利作为消费者从事消费活动时所享有的权利，其产生恰好反映了人类在这一特定场景下维护自身生存的努力。尽管人们习惯上将消费者称为弱势群体，但"人人都是消费者"意味着消费者并非独立的社会群体和阶层，工人、农民、学生、公务员等都可以消费者的角色出现，因此，消费者权利属于一种人人在特定情形下皆可享有的权利。企业、合伙组织、农业合作社等组织体是自然人为了更好地生存和发展而形成的共同体，是自然人能力的延伸，其应享有与自然人一样受保护的消费者权利。

"消费者权利的基本性质是生存权、发展权和其他基本人权，是包含财产权、人身权等多种民事经济权利在内的综合权利，它强调国家对作为弱者的消

费者提供积极扶助和帮助的责任。"① 在市场经济下，关注消费者的人权，关注消费者的身体健康、生命安全和发展，保护消费者免受势力强大企业的肆意侵害，是维护人尊严的必然要求。这也是对国家提出的命题——国家必须完善制度、采取措施以保障消费者的生存权和发展权。通过公共权力给予消费者特别的支持和保护，以期实现消费者和经营者实质上的平等。而在笔者看来，保护金融消费者的选择权则是这一切的前提，也是金融法治的核心价值取向。

与基本营养、基本住房、基本教育、基本保健的消费等基本消费一样，金融消费同样是现代社会每个人生存、发展所必需的。个人购置房产、教育、医疗、养老等诸多生活需求都会涉及存款、股票、保险等各种金融商品的购买和使用。个人可以通过选择个人贷款等适当的金融商品来增加当期可支配收入，可以通过存款或购买股票、债券等金融商品来储存或者增加消费能力。

另一方面，金融商品的信息性、专业性、复杂性、风险性等特征，使得金融消费比普通的消费更具有特殊性，其在交易过程中的信息不对称体现得更为突出。某种程度上来说，"金融消费实际上是在进行着信息的交易。"② 金融机构提供的商品具有天然的技术性与专业性，而金融消费者却在越来越高端的金融商品和服务前显得十分茫然。这种差距的存在加剧了信息不对称程度，进而导致金融消费者选择的非理性。而且"缺乏对于金融商品客观判断的金融消费者，在金融服务者利用自己强大的势力对其进行的宣传攻势下，已经被判断替代而失去了决策的基本能力。"③ 从这个意义上来说，维护金融消费者的选择权更显其必要性。

三、影响选择权行使的因素

(一) 金融排除现象严重

金融排除 (financial exclusion) 是指部分人群"以适当的形式获取所需金融服务的能力缺失，源自进入、条件、价格、营销以及自我排斥方面的问题"④。在我国，金融排除主要发生在农村居民、城市贫困人群、中小企业、微型企业

---

① 管斌：《论消费者权利的人权维度——兼评〈《中华人民共和国消费者权益保护法》的相关规定〉》，载《法商研究》，2008 (5)。
② 郭丹：《金融服务法研究：金融消费者保护的视角》，北京，法律出版社，2010。
③ 同上。
④ Sinclair S. P.："Financial Exclusion：An Introductory Survey"，Edinburgh：Heriot Watt University，2001，转引自龚剑玲、高善生：《金融服务创新——关注金融排除人群》，载《经济问题》，2009 (2)。

这些群体身上，由于受金融机构网点设置、市场营销、价格费用等社会经济因素的影响，他们缺乏足够的途径或方式接近金融机构，在利用金融商品或者金融服务方面存在诸多的困难和障碍。

以农村居民为例，目前，我国的金融资源城乡分布差距巨大，相对贫困的农村地区一直以来基本上是各家追求最大利润的股份制商业银行和非银行金融机构的遗忘角落。据统计，截至 2007 年末，全国有 2868 个乡（镇）没有任何金融机构，约占全国乡镇总数的 7%[①]。尽管近年来金融业在扩大服务覆盖面、加大薄弱领域支持方面有了长足的进步，但农村金融发展仍相对滞后，截至 2011 年底，全国金融机构空白乡镇仍有 1696 个[②]，这些地方的居民明显处于被现代金融放逐的境地。同时，农村金融结构不平衡，主要以银行类信贷为主，保险、证券等的发展相对滞后，针对农业科技、土地整理、农产品开发、水利设施、农产品营销等方面的金融商品和服务基本处于空白。农村居民同样有金融需求，他们同样迫切需要借助金融机构来更好地实现将较低的收入在储蓄与消费之间合理分配，将储蓄通过有效的投资渠道实现增值，通过必要的信用和借款实现跨时消费从而获得较高且持续的消费水平。而针对这些金融需求，很明显现有的农村金融供给无法满足。

（二）市场垄断

根据国际消费者联会（Consumers International，CI）的调查分析，阻碍金融消费者更换金融机构的原因之一是消费者普遍感到"他们（指金融机构，笔者注）都一样"。这种认知往往是正确的——在被几个大的金融机构主导的金融市场上消费者的确缺乏真正的选择权。[③]

在中国同样存在上述情形，以银行业为例，国有大型商业银行主导市场，占市场份额的 70% ~ 80%，金融资源的占有、分配高度集中，金融消费者此时只能被"绑架"，并无另外的选择[④]。尽管市场上有股份制银行、地方商业银行

---

① 中国人民银行农村金融服务研究小组：《中国农村金融服务报告2008》，北京，中国金融出版社，2008。

② 银监会：金融机构空白乡镇网点覆盖取得重大突破［EB］. 中国政府门户网，2012 – 02 – 19。

③ 《CI：Campaigning for a 'real choice' in financial services》，Consumers，International ，2012 – 02 – 21，p. 2.

④ 郭田勇教授认为，中国银行业的垄断是"相对性垄断"：首先，我国的银行市场准入并没有完全放开，准入门槛非常高；其次，几大国有银行在市场上占的比例非常高，达到70%、80%，而且几大国有银行在调整银行收费价格的时候，相互之间一沟通，消费者只能是被"绑架"，因为这几大国有银行占有的市场范围太大了。详见刘静. 中国银行业暴利超过烟草石油，专家称相对性垄断［EB］. 每日财经网，2012 – 02 – 21。

等，但后者在银行网点设置等零售服务方面实际上无法与国有银行抗衡，市场占有份额小。长期以来，民营金融缺位，金融业对外开放程度不高，事实上已形成了市场垄断局面，这就容易造成金融服务供给不足和资金价格过高，导致银行对消费者的强势地位及银行的创新和服务不足，提供的商品、服务及收取的价格各金融机构间并无太大差异。缺乏竞争的结果是即使消费者能接近或获取金融商品或服务，实质上也丧失了自主选择的权利，因为"他们都一样"。

保险市场上同样如此。中国的保险市场结构是寡头垄断，垄断程度极高，寡头之间也存在激烈的竞争。[①] 保险市场的恶性竞争，如竞相降低保费以争夺消费者而不是借助技术、制度创新吸引消费者等导致产品同构现象严重，使保险公司偿付困难，公司经营陷入困境，保费大量流失；而且，长期以往，消费者也会因为享受不到多样化的保险产品和全方位的服务而权利受损。

（三）缺乏可比信息

影响金融消费者的选择权的另一个重要因素是缺乏清晰的可比较信息。尽管近年来，经过立法机关和金融监管机构的努力，信息披露已经成为金融机构一项普遍的义务。但是，一般的信息披露实际上以金融、法律等专业技术标准为限，所披露内容一般是商业银行、上市公司、保险机构等的运营信息，理解这些信息需要专业知识和较高的理解能力的辅助，一般的金融消费者，由于时间、精力或者知识结构的限制，对这些信息的理解是有限的。

知情是选择的前提。当金融商品与服务越来越趋向专业化、技术化、复杂化，金融消费者也越来越难理解相关信息的确切含义，也就越来越难以明确地清楚自己的选择对象、越难理解自身的权利和义务，独立自主地选择也就成为一件难事。例如，在保险消费中，消费者在购买重大疾病保险时，常常无法确切理解合同中的现金价值、保费、保险金额、相关的医学术语等，无法对几个保险公司提供的类似产品进行比较。金融商品的复杂性不能成为其信息不透明的借口，为了市场的健全发展，金融机构应公平对待消费者，有义务向消费者提供其需要的信息，并且用清晰、通俗、无误导的方式向消费者传达信息。

四、保障金融消费者选择权的制度构建

金融消费虽然是法律上平等主体的自主消费行为，但现实中金融机构与金

---

① 谭谟晓：《中国保险市场的垄断和竞争状况研究》，载《广东财经职业学院学报》，2008（3）。

融消费者实力相差悬殊，双方间信息严重不对称，店大欺客现象常有发生，金融消费者的选择权沦为一句空话。因此，必须从法律制度层面保障每一个有金融需求的社会成员有便利的途径接近和获取金融商品和服务，合理规范金融市场结构，维护金融市场的适度竞争环境，规范金融机构经营行为，以保障金融消费者选择权利的实现。

（一）大力发展社区银行、互联网金融等普惠型金融，扩大金融商品和服务的可得性

金融消费已是社会成员生存和发展之必需，国家应针对被金融机构所排斥的农村居民、城市贫困人群、中小企业、微型企业的金融需求，大力发展社区银行、互联网金融等普惠型金融，鼓励金融机构为社会各个阶层和群体提供金融服务，而不是仅限于特殊的阶层或群体。以"余额宝"、"掌柜钱包"[①] 为首的互联网金融理财产品之所以能够发展如此迅猛，就在于它降低了理财产品的准入门槛，挖掘出了一批中小金融消费者的投资需求，扩大了金融商品和服务的可得性。除此之外，还可以采取以下措施来扩大金融服务覆盖面，提高金融商品和服务的可得性：

第一，成立全国性市场调查机构，针对前述被排除人群，深入细致地调查其金融需求，分析其被金融机构排斥的原因，以便量体裁衣。

第二，法律应允许乃至鼓励多种形式的提供单一或多元服务项目的民间金融服务提供者的存在，鼓励其向农村居民、城市贫困人群、中小企业、微型企业输送金融商品或服务，监管机构则根据其组织形式和业务范围的不同施行不同的监管方法，引导其健康发展。

第三，在监管考核上，可适当考虑给予普惠型金融机构或者普惠型金融产品或服务予以一定的政策优惠，调整不良考核指标，适当提高相应业务的风险容忍度。

第四，可以借鉴国际做法，立法规定金融机构对所在社区人群的基本金融服务义务，满足居民基本的支付结算需求、信用需求和金融资产运用需求等。以美国为例，早在 20 世纪 70 年代，美国就已颁布旨在使更多低收入人群受益于金融服务体系的社区再投资法案（community reinvestment，1977），强制银行将社区存款再投资于该社区，将对低收入人群的储蓄和投资业务情况作为评级银行的重要指标。

---

① "余额宝"和"掌柜钱包"都是目前市场上比较活跃的互联网金融理财产品，前者属于互联网系的典型代表，后者是银行系的典型代表。

（二）完善金融业的反垄断制度，培育适度竞争的金融市场

非市场竞争形成的金融垄断是低效率的，也是对金融消费者不利的。以银行业为例，四大国有银行在行政权力的保护下形成垄断，大量贷款给国有企业和地方政府，而小微企业和广大农村居民难以享有金融资源的使用权，最需要钱的实体行业反而得不到资金，这就表明金融资源的配置是低效率的。① "金融领域充分、有效的竞争的好处是效率的加强，给最终的消费者提供更好的产品，更重大的创新，更低廉的价格，更强的国际竞争力。更激烈的竞争使得有效率的金融机构能进入市场，发展壮大，取代没效率的金融机构。在金融领域适当的竞争是应该鼓励的、促进的、受保护的。"② 《联合国保护消费者准则》第19条也要求各国政府"应鼓励公平和有效的竞争，以便能有最多种类价格、最相宜的产品和服务供消费者选择"。

在政策上，可结合不同地区的经济发展状况，适当降低民间资本进入金融领域的门槛，规范审批机关的自由裁量权，引入新的竞争者，打破原有垄断格局。从这个角度看，我国目前关于民营银行的试点，无疑是十分明智的。另一方面，可要求金融机构提高收费透明度，取消妨碍客户自由转换账户的规定，更进一步保护客户的选择权。"在零售层面，当客户能较容易地转换服务提供者时，金融机构间的竞争会被加强。"③ 适度竞争又使市场上有更多新产品、好产品可供金融消费者选择，这种良性循环将大大改善金融消费者的消费环境。

（三）强化金融机构的通俗披露信息义务

独立的选择建立在获取并理解信息的基础上。鉴于金融市场严重的信息不对称问题，笔者认为，一方面，法律应强化金融机构通俗地、全面准确地、迅速及时地披露金融消费者公平交易所需的有关金融商品和服务的信息之义务。"通俗"意味着金融机构应尽可能用朴实的、非技术性的语言准确地描述金融商品和服务，使得消费者易于理解和比较。可参考澳大利亚2012年1月生效的《抵押贷款的关键事实表》（key fact sheets for mortgages），该规则要求所有的抵押贷款提供者要向消费者提供标准化的一页信息表，着重指出借款期、支付的频率、利率、贷款到期时应支付的所有费用总和。这种做法把有关金融服务的

---

① 当然，这里面有业务风险高、业务模式粗放、相关制度配合不到位和金融监管导向等多方面的原因。在我国，一方面信用体系比较缺失，另一方面中小企业大多没有实质资产，在贷款发生风险后，中小企业主通过"跑路"来逃避债务的情况很普遍。

② "Competition and financial market: key findings", OECD, 2009, p. 8.

③ 同上。

关键事实以简明扼要的方式提供给消费者，使后者能清楚地认识到一旦选择该抵押贷款需承担的义务。"准确"则是说金融消费者获取的应当是不虚假、不含糊、不片面地正确反映其金融商品质量的信息，否则金融机构的行为可能构成欺诈消费者。

　　另一方面，有必要完善金融消费者金融知识教育体系，提高消费者自主正确选择的意识和能力。消费选择是一项主动行为，其有效实施的前提是消费者具备较好的知识储备，能认识和理解越来越复杂的金融商品和服务。监管部门、金融机构、行业协会、社会媒体、消费者组织及公众都应积极参与、建设金融知识教育平台，厘清各方职责，提高消费者对金融商品和服务的理性判断能力。从长远角度看，可将消费者金融知识普及纳入到公民基础教育范畴中。

保险合同纠纷的非诉讼解决机制研究

汪演元[①]

　　根据是否通过诉讼程序来划分，保险合同纠纷的解决机制分为诉讼解决机制和非诉讼解决机制。诉讼解决机制是由特定的国家机关，在纠纷双方主体的参与下，以国家公权力解决社会纠纷的一种机制；非诉讼解决机制（alternative dispute resolution，ADR），原指 20 世纪逐步发展起来的各种诉讼外纠纷解决方式，现已引申为世界各国目前普遍存在、诉讼制度以外，不经过正式审判程序而解决纠纷的程序或机制的总称。通常而言，ADR 机制包括裁断型和调停型两类：前者有仲裁、裁定；后者有调停、斡旋等多种形态。在我国通过非诉讼机制来解决保险合同纠纷契合文化传统中的厌诉传统、以和为贵、稳定为先等理念；同时，从法经济学的时间、成本、效能三个角度分析比较，非诉讼解决机制也具备制度优势。因此，加强和推广消费者维权部门和保险监管机构投诉、保险行业协会和专业调解机构调解、金融仲裁机构仲裁等保险合同纠纷的非诉讼解决方式，对于保护保险消费者合法利益、推动保险业科学健康发展、维护社会和谐稳定都具有重要的现实意义。

一、ADR 机制与中国传统文化的契合点

（一）厌诉理念

　　中国传统社会具有厌恶诉讼而倾向调解的特征，是民众对法律所持的一种习惯性心理。在民众看来，法律是维持社会秩序和治疗社会"亚健康状态"而不得不付出的代价，在中国传统文化中表述为"刑为盛世所不能废，亦为盛世所不尚"，并以终生不与法律打交道为幸。社会民众对诉讼畏而远之并倾向于接

---

　　①　汪演元，硕士，西南政法大学法社会学与法人类学研究中心兼职研究员，就职于中国保监会广东监管局。本文选自第 14 次珠江金融论坛——"金融法制环境建设论坛"的应征论文，题目有修改。

受调解的直接原因有以下三个方面：

1. 在儒学思想家看来，"无讼"不仅是个人的美德，还是衡量一个地方民风淳朴的标志。"因此，在古代中国人看来，道德高尚者不会'滋讼'，风俗淳朴善良之地不会有讼；只有当世风日下，道德堕落之时，人们才会争才争利、相讼于庭"（于语和，2000）。在民众的传统观念中，"打官司"是一件不体面的事情，或者只有很严重的问题才会涉及"打官司"，因此他们会尽量回避诉诸司法途径，不到最后关头，绝不通过诉讼来解决争端。

2. 在中国古代行政机关与司法机关合二为一，行政支配司法，司法成为行政附庸，使中国人自古在心中就产生了一种观念：行政权力优于司法权力，这种权力排位的传统观念在某种程度上导致了现代社会行政权力的优位性，并进而产生一种不信任司法机构的心理顽疾。

3. 在保险消费者看来，"没钱"、"没有证据"、"不懂法律、不懂程序"都是他们不去法院解决问题的重要原因。一些民众对法院和诉讼的个体认知导致了他们对司法的不信任态度，他们或出于对法院解决问题方式的不理解，或出于对个别法院处理问题公正性的质疑而对诉讼产生一种心理上的排斥。

（二）以和为贵

费孝通在《乡土中国》一书中对中国的社会结构有过精准的描述："我们的格局不是一捆一捆扎清楚的柴，而是好像把一块石头丢在水面上所发展的一圈圈推出去的波纹，每个人都是他社会影响所推出去的圈子的中心"。在这样一个差序格局的熟人社会中，以和为贵成为了人际交往的基本原则。《论语》中有"道之以德，齐之以礼，有耻且格"、"礼之用，和为贵"。可以说，"以和为贵"的传统文化渊源于中国儒家思想传统文化，其内涵是在人类历史的发展过程中，在特殊的自然环境、经济模式、政治结构、意识形态等条件的作用下，所形成的文化习惯和文化积淀。这种文化积淀已深深地融进中华民族的思想意识和行为规范之中，渗透到社会政治、经济、文化生活的各个领域，成为影响社会历史发展，支配人们思想行为和日常生活的强大力量。在保险合同这一民事法律行为的发生过程中，我们可以发现诸多"以和为贵"的文化因子：

1. 销售过程中的"人情保单"。现在的寿险营销体制多采用个人营销模式，营销员在展业的过程中，出于销售策略的考虑，多数是向熟人推销产品，对方更多可能是因为拉不下面子、出于人情考虑而购买保单，即"人情保单"。

2. 客户服务中的"人身属性"。在保险合同后续的客户服务中，消费者遇到问题时，下意识地找卖给自己保险产品的营销员而非保险公司，保险合同具有了超越商业属性的人身专属性。

3. 理赔过程中的"面子问题"。在保险合同的理赔过程中，很多消费者觉得如果和保险公司对簿公堂，在面子上和卖给自己产品的营销员过不去，甚至意味着对对方人格能力的否定。

（三）稳定为先

改革发展，稳定为先。保持社会稳定，是顺利实现经济社会发展目标的必要前提，也是确保人民群众安居乐业的基本条件。"利莫大于治，害莫大于乱"，没有稳定一切都无从谈起。保险业本身就具有"社会稳定器"的功能。一个广受益、较完善的保险业对于促进改革、发展经济、稳定社会、造福民众、构建和谐有着不可替代的地位和作用。目前各级地方政府都承担着养老、医疗、社会管理等各方面需求，保险业作为市场化的风险转移机制、社会互助机制，它的发展有助于促进以政府为中心的社会管理模式向不同组织机构分工配合的现代社会管理模式转变；有助于推动以血缘关系为基础的传统风险转移机制，向市场化的现代风险转移机制转变；有助于加快现代化社会保障体系的建设进程，提高整个社会对变革的总体承受能力，发挥"社会稳定器"作用。

二、ADR 机制的法经济学分析

亚当·斯密在《国富论》中指出：经济人就是以完全追求物质利益为目的而进行经济活动的主体，从事社会经济活动的个人，在进行自身行为方式的选择时，往往要进行成本与收益的比较，从而采取收益率最大化的行为。当保险合同纠纷出现时，合同双方当事人面临的选择集合中，成本支出和所得收益是重要的因素，相对于诉讼而言，非诉讼所具有的费用低廉、省时省力、参与度强以及风险较小的特点，正符合当事人的利益要求。纠纷双方的当事人，最终选择能使其利益最大化和成本最小化的方式解决纠纷，是基于以上假定的结果（周晓唯、胡强，2006）。正如日本法学家棚濑孝雄所说："无论审判能够怎样完美地实现正义，如果付出的代价过于昂贵，则人们往往只能放弃通过审判来实现正义的希望"。

（一）投入成本分析

保险消费者在维护自身合法权利之前，必然会对维权的投入成本进行一番比较分析。诉讼作为一种公权力的纠纷解决方式，其所需费用包括：一是案件受理费①。人民法院决定受理当事人提出的诉讼后，依法向当事人收取的费用。二是其他诉讼费用。人民法院除了向当事人收取案件受理费外，还应收取在审理案件及处理其他事项时实际支出的费用。主要包括：（1）勘验费、鉴定费、公告费、翻译费。（2）证人、鉴定人、翻译人员在人民法院决定开庭日期出庭的交通费、住宿费、生活费和误工补贴费。（3）采用诉讼保全措施的申请费和实际支出的费用。（4）执行判决、裁定或者调解协议所实际支出的费用。（5）人民法院认为应当由当事人负担的其他诉讼费用。

与诉讼机制相比较，非诉讼的费用及其成本的负担，通常根据其形式、性质和功能差异采取不同的原则和做法。一般具有社会公益性质的非诉讼程序或非营利性组织免收或收取少量手续费，对于民间的非诉讼纠纷解决程序，多为地方性的，因此当事人及调解人员的差旅费、报酬等也比较低，相比之下，非诉讼就有比诉讼更低的支出。因此，诉讼作为权利救济的最后一道防线，作为一种公共服务，其投入之高、费用之杂、程序之多，让许多亟须救济的保险合同消费者难以招架。反而，非诉讼纠纷解决方式此时以其投入成本具有了天然的非格式化的制度优势。

（二）机会成本分析

机会成本是为了这种使用所牺牲的其他使用能够带来的益处。通过对相同的经济资源在不同的生产用途中所得到的不同收入的比较，将使得经济资源从所得收入相对低的生产用途上，转移到所得收入相对高的生产用途上，否则就是一种浪费。一方面，在诉讼解决机制与非诉讼解决机制之间如果选择前者的话，基于国家公权力的权威性，保险合同双方便不再有可能转而寻求非诉讼的解决方式，已经付出的机会成本成为实际发生成本；但另一方面，如果选择非诉讼解决方式的话，则可以避免机会成本转化为实际发生成本的潜在不足，非诉讼纠纷解决方式因有意识自治性与非强制性，比如纠纷双方可以在选择投诉和调解之后，还可以根据情况到法院进行诉讼解决，故纠纷之初选择非诉讼解决方式可以赋予双方当事人更多的选择机会，使得机会成本最少程度地转变成为实际发生的投入成本。

---

① 案件受理费可分为：（1）非财产案件受理费，如离婚、侵犯公民肖像权、名誉权等因人身关系或非财产关系提起的诉讼时，人民法院依法向当事人收取的费用。（2）财产案件受理费。如债务、经济合同纠纷等因财产权益争议提起诉讼时，人民法院依法向当事人收取的费用。

三、完善我国的 ADR 机制

近年来，随着我国社会保障体制的逐步完善，商业保险参与民生建设、医疗改革、应急管理、社会管理等社会领域逐渐增多。同时，由于保险法律法规尚未完善、保险合同条款合理性有待提高、保险公司日常经营亟须规范、销售误导、理赔难等原因，近年来保险合同纠纷日益增多，在极个别地区甚至演变为社会热点问题，对保险业的持续、快速、健康发展增添了不确定因素，也给社会和谐稳定带来一定压力。因此，寻求合理、多层次的保险合同纠纷解决机制也就成为当务之急。

根据《中华人民共和国消费者权益保护法》第三十九条规定："消费者和经营者发生消费者权益争议，可以通过下列途径解决：（一）与经营者协商和解；（二）请求消费者协会或者依法成立的其他调解组织调解；（三）向有关行政部门投诉；（四）根据与经营者达成的仲裁协议提请仲裁机构仲裁；（五）向人民法院提起诉讼。"基于以上法律规定，我国保险合同纠纷的非诉讼解决机制经过近年来的探索和实践，取得了化解矛盾、解决纠纷、促进发展的良好社会效果。因此，我国保险业监管部门应该在消费者维权部门投诉、保险行业协会调解、保险监管机构信访、专业仲裁机构仲裁等 ADR 方式上继续推进。

（一）消费者维权部门投诉

消费者协会作为广大消费者的权利维护组织，是具有半官方性质的群众性社会团体。消费者协会依据《消费者权益保护法》第三十七条的规定，拥有就有关消费者合法权益的问题，向有关行政部门反映、查询，提出建议；受理消费者的投诉，并对投诉事项进行调查、调解；投诉事项涉及商品和服务质量问题的，可以提请鉴定部门鉴定，鉴定部门应当告知鉴定结论；就损害消费者合法权益的行为，支持受损害的消费者提起诉讼等多项职能。根据中国消费者协会发布的《二〇一二年全国消协组织受理投诉情况分析报告》，2012 年金融保险投诉 3669 件，占投诉总量的 0.7%，较 2011 年占比增加 0.1%①。

消费者协会作为依法成立的对商品和服务进行社会监督的保护消费者合法权益的社会团体，其在解决保险合同纠纷时具有以下优势：一是启动方式简单，拨打全国投诉热线 12315 即可；二是无须收取费用；三是发挥维权的沟通功能。

---

① 资料来源：二〇一二年全国消协组织受理投诉情况分析报告，中国消费者协会网站，2013 - 02 - 19。

消费者协会接受投诉后，即向被投诉单位或主管部门发出转办单，并附上投诉信，要求按有关法律、法规、政策，在一定期限内答复，一般情况下在正式立案后的十五日内处理完毕。超期未办的，再次催促或采取其他办法，直到办结为止。对内容复杂、争议较大的投诉，消协将直接或会同有关部门共同处理。需要做鉴定的，将提请有关法定鉴定部门鉴定并出具书面鉴定结论。鉴定所需的费用一般由鉴定结论的责任方承担。对涉及面广、危及广大消费者权益的，或者损害消费者权益情节严重又久拖不决的重要投诉，将向政府或有关部门及时反映，同时通过大众传播媒介予以揭露、批评，并配合有关职能部门进行查处。

（二）保险行业协会调解

中国保险行业协会作为经中国保险监督管理委员会审查同意并在民政部登记注册的中国保险业的全国性自律组织，其基本职责之一便是消费者维权，包括参与决策论证，提出有利行业发展的建议；开展调查研究，反映行业呼声；加强与监管机关和政府部门沟通，维护会员和消费者合法权益。目前中国保险行业协会开通了"中国保险行业协会在线投诉系统"，使得保险消费者的投诉维权更为方便快捷。特别需要指出的是，2005年5月中国保监会确定在上海、安徽、山东等地开展保险合同纠纷行业内解决机制试点工作。2007年7月，中国保监会发布《关于推进保险合同纠纷快速处理机制试点工作的指导意见》，该意见立足于发挥行业协会的自律作用，通过在保险行业协会成立调解处理机构来维护保险消费者合法权益。被保险人在理赔过程中与参与处理机制的保险公司发生保险合同纠纷时，可以向调解处理机构提出调解处理申请。

（三）保险监管机构信访

根据《中国保险监督管理委员会信访工作办法》第二十条规定，反映保险合同纠纷、投保纠纷、营销和售后服务纠纷以及其他因保险经营行为引起的民事纠纷的，中国保监会及其派出机构不予受理，但应当转由保险公司、保险资产管理公司或者保险中介机构处理。但在实践中，一方面，由于《保险法》赋予的保险监督管理机构维护保险市场秩序，保护投保人、被保险人和受益人的合法权益的职责；另一方面，由于保险合同纠纷与保险公司其他违法违规行为经常互为联系，故保险监督机构依托其行业监管平台，在保险合同纠纷解决的问题上，更多承担了一种行政调解的功能。

（四）专业仲裁机构仲裁

仲裁作为解决民事争议的方式之一，一般是当事人根据他们之间订立的仲裁协议，自愿将其争议提交由非官方身份的仲裁员组成的仲裁庭进行裁判，并受该裁判约束的一种制度。仲裁裁决具有意识自治之上的准司法性，是终局性的，对双方都有约束力，双方必须执行。仲裁协议有两种形式：一种是在争议发生之前订立的，它通常作为合同中的一项仲裁条款出现；另一种是在争议之后订立的，它是把已经发生的争议提交给仲裁的协议。这两种形式的仲裁协议，其法律效力是相同的。采用仲裁方式解决保险合同纠纷对保险公司和消费者来说都是不错的选择。首先，仲裁具有保密性。我国《仲裁法》规定，仲裁不公开进行。在一般情况下，与案件无关的人在未得到所有仲裁当事人和仲裁庭的允许之前，不得参与仲裁审理程序，也不允许无关人员旁听和新闻媒体采访。其次，仲裁具有快捷性和经济性，仲裁程序一般可以在仲裁庭组成后 3 个月内作出仲裁裁决，适用简易程序的可以在两个月内作出裁决。最后，仲裁实行一裁终局制，仲裁裁决或者调解书一旦作出，即为终局裁决，不能就同一纠纷再向任何仲裁机构申请仲裁或者向人民法院起诉。我国的民事诉讼实行"两审终审制"，多级的诉讼必然增大当事人在时间和金钱上的投入，仲裁为一级终裁一级收费，花费的时间比诉讼要少得多。发挥仲裁机制在解决保险合同纠纷中的重要意义，检查和清理本机构的合同文本，保证保险合同可让当事人选择仲裁条款，进一步发挥仲裁在解决保险合同纠纷中的积极作用。

参考文献

［1］宋冰、程序：《正义与现代化》，北京，中国政法大学出版社，1998。

［2］范愉：《非诉讼程序教程》，北京，中国人民大学出版社，2002。

［3］费孝通：《乡土中国》，北京，北京大学出版社，1998。

［4］亚当·斯密［英］，郭大力、王亚楠，译：《国民财富的性质和原因的研究》，北京，商务印书馆，1972。

［5］棚獭孝雄［日］，王亚新，译：《纠纷的解决与审判制度》，北京，中国政法大学出版社，1994。

［6］于语和：《试论"无讼"法律传统产生的历史根源和消极影响》，载《法学家》，2000（1）。

［7］周晓唯、胡强：《非诉讼纠纷解决方式的法经济学分析》，载《制度经济学研究》，2006（3）。

试论普惠金融视角下 P2P 网贷征信制度的构建与完善

苏本茂[①]

早在 2011 年 5 月全国工商联公布的《我国中小企业发展调查报告》显示，我国中小企业有 1100 多万户，占全国实有企业的 99% 以上，创造的价值占国民生产总值的 60%，但中小企业向正规的金融机构融资存在困难，60% 以上的融资来源于包括 P2P 网贷在内的民间借贷资本[②]。资金是市场经济大厦的基础，也是维持企业生存与发展的血液。伴随着中小企业与民营经济的发展与壮大，P2P 网贷施展的空间越来越广阔，发挥的作用也越来越大，其不仅是企业扩大再生产的关键资金来源，更是普通公民生产生活的重要依赖，同时也是发展普惠金融的必然走向。然而，由于金融改革的滞后，P2P 网贷征信制度的不完善，加大了企业与个人的融资风险，因此，在分析总结现阶段 P2P 网贷征信制度不足的前提下，有必要为其构建一套完善框架与体系，从而最大限度发挥 P2P 网贷的作用。

一、普惠金融与 P2P 网贷的关系

（一）P2P 网贷的界定与特征

我国现有法律对 P2P 网贷没有明确的界定，而是散见于相关的部门规范性文件中。P2P 网贷滥觞于英国，指的是个人对个人的借贷，又称 P2P 网络贷款，是个人通过网络平台相互借贷，即由具有资质的网站作为中介平台，借款人在平台发放借款标，投资者进行竞标向借款人放贷的行为。得益于我国金融创新

---

① 苏本茂，广东省中山市人民检察院检察员、检协办副主任。本文选自第 14 次珠江金融论坛——"金融法制环境建设论坛"的应征论文，内容有修改。

② 全国工商联：《我国中小企业发展调查报告》，载《全国工商联通报》，2011（6）。

与网络的发展，近年来我国 P2P 网贷行业发展迅猛，根据《中国互联网金融报告（2014）》的数据显示，截至 2014 年 6 月，P2P 网贷平台数量达到 1263 家，半年成交金额接近千亿元人民币，接近 2013 年全年成交额。P2P 网贷作为互联网金融产业里最重要力量，长期处于无准入门槛、无行业标准、无监管机构的"三无"状态，较之银行等正规金融行业，其特征主要表现在以下几方面：

1. 运行成本的低廉性。P2P 网贷的生命力来自交易成本优势。一个完全成熟的金融市场，其交易成本是相当低廉的。但是我国的信用体系尚不完善，为中小企业的违约、欺诈甚至是逃债创造了条件，增加了缔约的不确定性。这就加重了监管的负担，使监管费用剧增。虽然我国正规金融机构的贷款利率并不高，但加上各种监管费用，综合成本并不低，其交易成本远高于 P2P 网贷。

2. 操作中的灵活性。正规金融机构对于借贷双方的要求明显要比民间金融来得苛刻，这意味着会有更多的中间消耗。P2P 网贷通过网络经营，交易方式灵活，包括借贷方借贷金额、利息、还款期限和方式、投资方理财时间的长短及金融高低的变化可根据不同客户的需要选择，比正规金融机构更灵活、高效。这一点正好可以满足个人与中小企业资金需求"短、频、急"的特点。

3. 高收益高风险性。P2P 网贷利率高，风险也大。P2P 网贷的借款者，由于缺乏有效的担保和抵押而不被正规金融机构接纳，因此其愿意承担更高的利率以获得贷款，因此 P2P 网贷利率要远高于银行等正规金融机构的利率。另外，正是缺乏担保与抵押，造成融资平台负担过重，当网站坏账率过高时，轻者导致网贷平台关闭跑路，重者甚至影响我国金融市场的整体稳定。

4. 规模发展的不确定性。P2P 网贷的规模具有弹性，与经济冷热直接有关。在经济平稳发展时期，P2P 网贷趋于平稳，利率相对合理。经济转热时，P2P 网贷日趋活跃，利率逐渐提高。经济过热时，民间投资活跃，P2P 网贷利率迅速提高。此时，由于 P2P 网贷与银行贷款之间存在巨大的利差，银行资金会通过各种渠道流入 P2P 网贷市场，使其规模极速膨胀，这是 P2P 网贷危机发生前的极度疯狂时期。

5. 高覆盖性与低门槛性。P2P 网贷较之传统的民间借贷已经摆脱了熟人束缚，其针对不特定的主体，借贷范围不断扩大，覆盖面广。同时，P2P 网贷针对的主要是个体商户和中小企业需要资金周转，对于投资方门槛较低。

（二）P2P 网贷对于发展普惠金融的价值

所谓普惠金融，就是能够有效、全方位地为社会所有阶层和群体提供服务的金融体系，主要任务就是让列于正规金融体系之外的农户、贫困人群及小微企业，能及时有效地获取价格合理、便捷安全的金融服务。一般认为，建立普惠金融体系的传统路径是"小额信贷—微型金融—普惠金融"，并且我国正处于巩固和完善小额信贷的阶段，需要有效地将小额信贷阶段推进到微型金融阶段，以实现金融的普惠。① 而 P2P 网贷的交易对象包括两个方面，一是资金借款方，即 P2P 贷款客户，二是资金出借方，即 P2P 理财客户。通过 P2P 小额借贷交易，出借人实现财产收益增值，借款方获得周转资金。从借款方来讲，P2P 借贷对象是有小额资金需求的个人，用途通常包括个人教育、消费、应对突发事项、小企业主资金周转等方面，资金需求额从几千元到数十万元不等。为了防范借贷风险，一笔借款资金通常会在 P2P 公司协助下，分散给很多不同的出借款，以防止单一借款人违约带来本金的重大损失。从出借方来讲，P2P 借贷资金出借方基本覆盖两个类型的人群，一种是投资本金较为充裕的资深投资者，一种是投资本金数额较小的理财"小白"。前者投资 P2P 网贷看中的多为 P2P 网贷理财接近 20% 的高昂的收益和网络借贷新颖的交易模式。而后者选择 P2P 网贷理财多因传统理财形式无法参与。P2P 网贷凭借门槛低、操作便捷的特点轻松俘获这批理财者的"芳心"。长期压抑下来的金融愿望得到释放，使普通人也能通过理财达到改善自我、提升生活品质的目的。因此，不管是从借款方还是从出借方来讲，P2P 网贷服务的都是银行等传统金融机构服务无法覆盖的有资金需求的人士，这与普惠金融宣扬的"有效地、全方位地为社会所有阶层提供金融服务的"理念不谋而合。其诞生契合了金融创新的方向，其发展满足了社会大众共同需求，P2P 网贷也就毫无疑问地成为我国普惠金融的重要组成部分。

二、构建与完善 P2P 网贷征信制度的必要性与重要性

在大力发展普惠金融的背景之下，P2P 网贷发展的势头日益强劲，特别是在个体和私营经济发达的地区，P2P 网贷非常活跃。主要是因为：一方面，商业银行贷款的重点是国企和政府项目，中小企业贷款困难，只能求助于民间金融资本；另一方面，在通胀压力下，老百姓手中的闲钱缺乏有效保值增值渠道。两方面的需求共同促进 P2P 网贷市场的发育壮大。但由于 P2P 网贷天然的高风险性，如浙江、广东等地前几近年接连发生 P2P 网贷信用危机，出现了许多 P2P

---

① 焦瑾璞：《建设中国普惠金融体系》，210 页，北京，中国金融出版社，2009。

网贷倒闭"跑路"等事件，对民间金融发展和社会稳定造成了较大冲击。[①] 因此，为保障 P2P 网贷的安全性，构建与完善 P2P 网贷征信制度就显得尤为重要与必要性。

（一）我国 P2P 网贷征信制度存在的缺陷

征信最基本的功能是了解、调查、验证他人的信用，让赊账、信贷活动中的收信方能够比较充分地了解信用申请人的真实资信状况和到期还款能力。我国自 2004 年开始构建征信体系，现阶段主要有中国人民银行下辖的征信中心负责企业和个人信息收集、平台构建等工作，然后这一官方征信机构主要还是服务于商业银行贷款、信用卡发放等业务，个人用户基本与之无缘，P2P 网贷平台还无法纳入到官方的征信体系中。由于 P2P 网贷属于互联网金融的范畴，其本质是互联网、云计算、大数据和移动支付等技术在金融领域的运用，但并未改变金融的本质，征信能力和信用评估能力决定了 P2P 和众筹等融资平台的成败。总的来讲，我国的 P2P 网贷征信制度极不完善。具体体现以下两个方面：

一是民间征信机构发展式微。2013 年 3 月实施的《征信业管理条例》对规范我国征信业的发展，解决因信息不对称而导致的中小企业融资难等问题都具有重要意义，但该条例更多的是宏观层面上的管理规则。该条例虽然从某种意义上来看表明我国将采取官营与民营并行的方式发展征信业，但征信机构采取的是严格的核准主义，因此民间设立征信机构门槛较高，条件太高，成本太大，实际上也导致民间征信机构发展缓慢。

二是 P2P 网贷平台未能实现与官方的征信系统信息共享。根据央行的相关规定，小贷公司、融资性担保公司暂时不能向央行直接查询客户信用数据，仍需借助人民银行柜台查询，此举意在保护信息安全。因此，对于 P2P 网贷而言，由于没有解决民营征信机构与官营征信机构的数据共享，也就不能有效解决信息不对称问题。由于民营征信机构收集信息困难，P2P 网贷的相关问题与风险就会大量存在。由于个人信息的采集、查询都需要征得本人的同意，而人民银行征信所采集的个人信息主要服务于银行等正规金融机构，这就限制了征信信用信息采集的广泛性，也决定了民营征信机构在采集个人信息方面作为的有限性。因此，对于 P2P 网贷而言，由于没有解决民营征信机构与官营征信机构的数据共享，也就不能有效解决信息不对称问题，由于民营征信机构收集信息困难，P2P 网贷的相关问题与风险就会大量存在。

---

① 陈俊岭、王文嫣：《P2P 网贷乱象频现　加强疏导规范刻不容缓》，载《中国证券报》，2014 – 09 – 28。

三是 P2P 网贷平台自建征信系统成本过高且困难重重。能够拥有一套属于自己的征信系统相信是不少网贷平台梦寐以求的，那样不但能够凸显自身的专业能力，同时也能有效降低平台用于风险控制工作上的管理成本，但是，由平台建立自有的系统面临着这样几个问题。第一，数据分析的角度、项目如何确定。目前网贷行业中 9 成以上的平台，都没有专业的人员在从事该项工作，且成效如何无法预计。第二，数据不足。很多平台成立的时间不长，就这么短的存续时间来讲，根本没有办法积累起庞大的数据源，而要从外部获取更是不可能的事情。同时，对于个人信息的采集都需要征得本人的同意，P2P 网贷平台要采集个人信息难度不小。第三，任何一套系统建立起来以后，其有效性是必须经过市场检验的，尤其是必须经过一次比较大的经济震荡期的检验，才能证明你这套系统在什么条件下能够保持多低的坏账率，这个时间没有五年到十年是根本无法做到的，而大部分 P2P 网贷平台无法实现这点。

（二）完善我国 P2P 网贷征信制度的重要性

当前，我国 P2P 网贷规模不断膨胀，在民间金融体系中的地位日益增强。但是，我国官方尚未建立 P2P 网贷监管机制，难以准确掌握 P2P 网贷的确切规模和潜在风险。同时，民营的征信机构发展不足，也无法掌握 P2P 网贷的规模及保障 P2P 网贷的安全，因此，完善我国 P2P 网贷征信制度具有十分重要的现实意义，已经刻不容缓。

1. 有利于强化对 P2P 网贷的监测与对风险的防范。目前，人民银行主要通过选取不同特点的样本企业、个体工商户和自然人，按季度进行监测，以获取 P2P 网贷数据。但在监测过程中，受监测数据不全面、样本代表性不强等因素制约，监测数据质量难以得到有效保证。而将 P2P 网贷纳入征信系统，可以通过法律手段，全面监测 P2P 网贷发展情况。同时，民营的征信机构与人民银行等官方的征信机构进行合作，对信息进行共享，可以更全面地掌握 P2P 网贷的情况，更好地防范 P2P 网贷的风险。

2. 有助于规范 P2P 网贷行为。P2P 网贷覆盖面广、规范性差，极易因运作不规范而引发民事、经济纠纷甚至诉讼案件。如果 P2P 网贷的情况能够纳入到完备的征信系统来监控，就可以打击以借贷为名的各种违法行为，更好地保护合法的借贷。

3. 活跃民间融资并促进经济良性发展。一般来讲，在银行利率下调、资本市场持续低迷的情况下，投资者都渴望通过 P2P 网贷实现资本保值和升值。但其中有些人由于缺乏对借贷对象的全面了解，不敢贷出资金。将 P2P 网贷纳入征信系统，有利于增强放贷人的放贷积极性，从而促进了资本的流动，活跃了民间资本市场，也客观上促进了经济的发展。

三、国外 P2P 网贷征信制度之考察

市场经济是信用经济，各国概莫能外。信用是 P2P 网贷的根基与核心，凡市场经济体制较为健全的国家，均十分重视 P2P 网贷征信制度的构建。纵观西方发达国家的 P2P 网贷征信模式大体有以美国为代表的市场化模式即私营模式；以德国、法国等欧盟国家为代表中央信贷登记模式，即公用信用体系模式；以日本为代表的会员制征信模式，即混合模式。

（一）美国 P2P 网贷征信制度评述

作为世界最发达的经济体，美国的社会信用体系的发展史与其国家历史等长，经过 200 多年的发展，形成了由征信系统、征信机构、信用需求主体、信用监管以及信用保障与支持等环节共同构成的体系。在构成美国社会信用体系各个环节中，最为核心的是征信体系，包括企业征信系统与个人征信系统，用于依法获取企业以及个人的信用信息并进行评级，是企业与个人参与信用交易的重要依据，P2P 网贷作为交易的一种也就自然纳入征信系统来监管，而从事 P2P 业务的平台公司并不需要对借款人进行征信调查，而是依据借款人的授权从 Experian、TransUnion 和 Equifax 这样的知名征信机构购买相关数据。[①] 就征信体系模式来看，美国征信业以商业性征信公司为主体，征信服务机构都是独立于政府之外的民营征信机构，是按照现代企业制度方式建立，并依据市场化原则运作的征信服务主体，由民间资本投资建立和经营。总之，"美国模式"是典型的市场主导型，保障信息自由流通是美国征信立法的基本价值取向之一，美国依靠市场化构建的社会信用体系可以充分发挥源于市场和服务市场的特性，有利于提高效率和行业水平，但是，依靠私营的方式构建信用体系也面临诸多弊端，如因资金缺乏发展缓慢，征信机构因追逐盈利而出现盲目发展与不正当竞争等。

（二）欧盟国家民间借贷征信制度评述

欧盟国家的征信业中央信贷登记模式，一部分是由各国中央银行管理，主要采集一定金额以上的银行信贷信息，目的是为中央银行监管和商业银行开展

---

① 范南、艾红德：《市场经济中个人信用问题研究》，57 页，北京，经济科学出版社，2004。

信贷业务服务；另一部分由市场化的征信机构组成，一般从事个人征信业务。欧盟国家对于征信的立法最初是源于对数据、个人隐私的保护，因此与美国相比，欧盟国家具有较严格的个人数据保护法律。欧盟国家的政府主导型征信模式与美国的市场化模式的差别体现在：信用信息服务机构是被作为中央银行的一个部门建立，而不是由私人部门发起设立；银行需要依法向信用信息局提供相关信用信息；中央银行承担主要的监管职能。对于征信数据的收集、使用的条件，欧盟较美国的规定更为严格；对于征信数据收集和使用范围的限定，欧盟国家规定相对严格，美国相对宽松；对于征信数据中敏感数据的规定，欧盟有明确的规定，而美国则没有相关的规定；对于征信数据的准确性方面，美国的要求更现实些，规定编制消费者报告必须遵照合理程序，尽可能确保相关个人信息的准确性，欧盟国家则要求"确保准确"，规定较严格。因此，德国、法国、英国等欧洲国家的征信系统一方面重视征信的普遍性，另一方面也保护所获信息的隐私，因而获得的信息具有全面、真实的特性，但由于垄断而缺乏效率与活力。①

（三）日本 P2P 网贷征信制度评述

日本的 P2P 网贷征信体系采用的是会员制征信模式，建立信用信息中心，为协会会员提供个人和企业的信用信息互换平台，通过内部信用信息共享机制实现征集和使用信用信息的目的。在会员制模式下，会员向协会信息中心义务地提供由会员自身掌握的个人或者企业的信用信息，同时协会信用信息中心也仅限于向协会会员提供信用信息查询服务。这种协会信用信息中心不以盈利为目的，只收取成本费用，日本的信用信息机构大体上可划分为银行体系、消费信贷体系和销售信用体系三类，分别对应银行业协会、信贷业协会和信用产业协会。这些协会的会员包括银行、信用卡公司、保证公司、其他金融机构、商业公司以及零售店等。三大行业协会的信用信息服务基本能够满足会员对个人信用信息征集考察的需求。总之，日本的个人征信体现对于在 P2P 网贷中提高个人借贷审查质量、防范多重负债的风险等方面具有积极作用，但由于其机构过多，信息采集范围有限等因素，所采取的信息存在不完全、不准确等弊端。②

因此，就 P2P 网贷而言，上述三种征信模式效率最高的是美国的私营模式，但其弊端是容易放大风险。德法等国家的公用信用体系模式因为官方的背景，

---

① 熊学萍：《美欧征信的制度框架和我国个人征信制度的选择》，载《华中农业大学学报（社会科学版）》，2011（3）。

② 王博、何丽君：《国外个人征信体现比较及启示》，载《征信》，2011（2）。

往往需要大力的财政开支来支撑。以日本为代表的混合模式可以充分发挥中介机构和商业组织各自的特征，但因其覆盖面小，所采集的信息存在不完全、不正确等不现象。

四、完善我国 P2P 网贷征信制度的路径与建议

我国 P2P 网贷制度必须立足于有中国特色的市场经济，顺应市场准入、运行、退出的逻辑制度进行构建，其中构建机制完善、运行高效的征信制度不可或缺。我国现阶段并不是没有征信制度，只不过这一体系主要服务各大商业银行，用于大中型企业贷款，个人申请信用卡与放贷等功能。这也意味着普通公民是难以从这些渠道获得他人的信用信息，这就无法解决借贷关系中的信息不对称问题。因此，要防范 P2P 网贷的风险，就要坚持契约信用，而契约信用要在市场经济下良性运行，就要完善个人征信制度。

（一）加大个人信用信息数据库建设

全国统一的个人信用信息基础数据库早于 2006 年 1 月正式运行。这一数据库目前收录的情况在近年虽没有有关数据公开，但早在 2006 年 1 月中国人民银行就宣布已收录的自然人数已达到 3.4 亿人，其中有信贷记录的人数约为 3500 万人。到 2005 年底，收录个人信贷余额 2.2 万亿元，约占全国个人消费信贷余额的 97.5%。[①] 但是由于该数据库主要是为各大商业银行服务，对 P2P 网贷意义不大。另外，众多以信用为基础的市场交易领域以及有关诚信记录登载部门的信息化水平普遍较低，大量宝贵的个人信用交易资料得不到电子化记录和保存，数据征集难度大、效率低；信用交易涉及面广，关联部门多，数据存放比较分散，而国内征信相关部门的数据采集系统独立运行多，网络互联少，使得数据征集效率差，征信成本居高不下。还有，由于国内各征信机构的数据征集基本上是采于本地、用于本地，相互间没有建立必要的数据共享和交换机制，这势必导致大量异地信用行为得不到有效地归集和汇总。因此，在这种数据基础不完备条件下产生的资信评价报告，其准确性和可信度不高，各征信机构基本上以满足自身需求为原则，对征信客体要素有着不同的理解和要求，数据采集"各自为政"，这难免导致个人资信评估中需要的一些关键要素在采集过程中被遗漏或疏忽，数据的完整性和有效性缺乏必要的保障。因此，必须加大对个人

---

① 3.4 亿个人信息全国联网，新浪网，2006 – 01 – 17。

信用信息数据库的建设，使个人的信用信息尽量丰富全面，尽量客观准确。同时，还有加强各征信机构的相互合作，努力做到全国联网，共享数据，并简化查询程序，最大限度地满足公民与企业的需求。

（二）实现与央行征信系统的信息共享

如果网贷平台能够接入央行征信系统，实现与央行征信系统的信息共享，其实效将更为凸显。一是平台初期的征信成本将大幅下降，工作效率将大幅提高。为了投资人负责，平台必须对每一个借款主体进行线下的资信审核。实践证明，这其中的大部分企业都是不符合平台的审慎标准的，但在这个过程中，平台却不得不为之付出高昂的征信成本。二是数据流的反哺。从定义上说，凡是不能在传统金融领域内完成的融资，都属于民间借贷的范畴，同一借款人在不同的信用评价系统中的信用等级有可能是完全不同的。一个在银行内记录非常优秀的借款人，未必在民间就一定也很有信誉。如果能将网贷平台的借款数据向征信系统进行输送，对于同一借款个人的信用数据就能起到完善和补充的作用。三是促进借款人信用维护意识的提高。当借款人明白自己在民间的借贷行为也将成为个人信用报告中一个重要组成部分时，相信没有人还会故意拖欠还款，这对于提高全社会公民的信用意识就有正面的促进作用。

（三）构建多元化模式的征信机构

征信机构是指依法设立的、独立于信用交易双方的第三方机构，专门从事收集、整理、加工和分析企业或个人信用信息资料工作，出具信用报告，提供多样化征信服务，帮助客户判断和控制信用风险等。可以这样说，征信机构是P2P网贷征信活动的主体，如果没有征信机构，那么P2P网贷征信制度也就成为无源之水，无本之木。就征信机构的分类，按所有权性质的不同，可分为公共征信机构、私营征信机构和混合型征信机构；按信息主体的不同，可分为个人征信机构、企业征信机构、信用评价机构以及其他信用信息服务机构。目前国际上征信系统的建设和运行越来越呈现出多元化趋势特别是市场化运行的特点，很难说某个征信机构是公共征信机构还是私营征信机构（或纯商业性机构）。机构的性质不只是两个极端，即便是由政府出资举办的事业或投资的机构，很多也是在不同程度上进行市场化运作的。就我国现阶段而言，一个完善的全国性的企业征信系统，属于公共产品，应当由政府来做。目前中国人民银行已经有了较好的征信系统，我国现有的负责企业和个人信用信息收集的机构为直属于中国人民银行的中国人民银行征信中心。征信中心的成立和相关职能的完善从一定程度上填补了我国征信业的空白。但是，作为官办的事业单位，加之征信运行体制的不完善，征信中心在市场经济所发挥的作用还十分有限。而对于信息不对称尤为突出的 P2P 网贷领域，征信中心几乎不能发挥其功能。当然，随着我国金融体制改革的深入推进，这一系统必然会逐步对全社会开放。然而，在现有 P2P 网贷问题突出的态势下，只是被动等待政府征信工作的完善无疑不利于风险的控制。因此，有必要加大对设立私营征信机构的支持力度，尽量放宽准入门槛，同时探索建立混合制的征信机构，以建立多元化征信机构模式。从国外的经验来看，有政府主导的公共征信体现能够保障一定的权威性与征信标准的统一性，但其缺点是需要大力的财政开支做支撑，且查询手续较为烦琐，而私营征信机构在效率与技术的采用上或有较大的优势，但也存在标准的不统一及为逐利而恶性竞争的不足。因此，要充分发挥这两种征信机构的优点，扬长避短，使其共同发展，互为补充。近年来，我国也对多元化征信机构的建设予以了重视，如央行 2013 年 12 月指出，未来五年，我国要培育品牌征信机构，提高征信市场总体水平。对一批实力较强、规模较大的征信机构给予扶持指导，帮助其进一步做大做强，推动其成为全国性和区域性的征信龙头企业，并在国际市场上具有一定的影响力。积极扶持征信机构的多元化发展，鼓励国内中小型征信机构重组并购，形成合理的市场结构，提高征信市场的整体水平。

（四）完善 P2P 网贷信用评级制度

完善企业和个人的征信评价制度，有助于提高搭建民间投资与融资交易平台的信用环境。现代市场经济需要客观与专业的信用评价，在征信体系较为完善的国家和地区，还有专门对企业或个人其他信息进行评估的信用评估机构，对企业与个人的信用等级的评定也较为规范与完善。目前，我国在征信项目建设中，人们更多地考虑了如何进行个人资信数据采集，而忽视了数据价值的有效发挥和利用，尤其是对如何建立一个先进的、评价结果更准确的数据分析模型缺乏足够的重视。在国内评价系统的设计上，商业智能技术（如数据仓库技术、数据挖掘技术、在线分析技术等）的应用程度和深度还远远不够，已建立的模型大多较为粗糙，分析结果相对粗放和简单，准确性和适用价值难以保障，据此得出的信用等级公信力也不高。另外，由于没有一个专业的权威评价机构，模型的先进性和可行性得不到必要的认证，评价结果较难得到社会公认。因此，P2P 网贷领域，在建立个人信用信息数据库的基础上，应加强对信用评估机构的建设，尽快完善信用评级制度，并提升信用等级评定的公信力。

参考文献

［1］中国人民银行办公厅：《金融政策法规文件选编》，北京，中国金融出版社，2009。

［2］玛格里特·米勒［美］著，王晓蕾等，译：《征信体系和国际经济》，北京，中国金融出版社，2004。

［3］李俊丽：《中国个人征信体系的构建与应用研究》，北京，中国社会科学出版社，2010。

［4］冯兴元等：《民间金融风险研究》，北京，中国社会科学出版社，2013。

集体土地抵押流转的法律规制探析

付发理①

农村集体用地抵押流转对改善地方金融生态具有重要现实意义。党的十八届三中全会提出，建立城乡统一的建设用地市场，实现农村集体经营性建设用地与国有土地同等入市、同地同权；赋予农民更多的财产权利，推进城乡要素平等交换。2012 年经国务院批准并由中国人民银行等 8 部门共同印发的《广东省建设珠江三角洲金融改革创新综合试验区总体方案》也提出"将在国家明确试点范围、条件及抵押登记、期限和抵押权实现等具体政策的基础上，研究推进农村宅基地使用权和土地承包抵押权抵押贷款试点工作"。农村集体土地抵押融资，不仅是推进城乡要素平等，增加农民财产性收益的重要方面，也是扩大中小企业抵押资产范围，增强贷款吸纳能力，改进金融生态环境的重要抓手。谁在这一方面取得进展，谁将赢得改革先机，极大地促进地方经济发展。珠三角城镇化发展程度高，人地分离现象普遍，集体用地和国有土地价值差异巨大，集体用地市场化需求强烈。广东综合金融体制改革和广州区域金融中心建设，都应该在集体土地流转抵押方面取得新的突破。

一、农村集体用地抵押流转的金融生态意义

党的十七届三中全会在《中共中央关于推进农村改革发展若干重大问题的决议》（以下简称《决议》）中指出，鼓励农民以转包、出租、互换、转让、股份合作等形式流转土地承包经营权，发展多种形式的规模经营。《决定》提出：建立城乡统一的建设用地市场，新赋予农民对土地承包经营权抵押、担保权能等财产权利。允许农村集体土地经营权和集体建设用地抵押，对于促进信贷资

---

① 付发理，硕士，中国光大银行广州分行人力资源部副总经理，高级经济师，侧重研究银行风险管理与法律。本文选自第 14 次珠江金融论坛——"金融法制环境建设论坛"的应征论文，内容有修改。

金向农村流动，增加中小企业的融资能力，改善城乡金融生态环境，促进农村经济发展有着深远的历史意义。

第一，农村集体土地抵押融资可激活农村金融市场。据国土资源部测算，我国农村集体建设用地约为2.46亿亩，即便不包括农民承包的林地、草地等，农村集体承包耕地至少达15亿亩。建立城乡统一的建设用地市场后，仅承包耕地一项，可抵押财产价值1.3万亿元；农村建设用地价值更是高达130多万亿元。土地是农民最重要的资产，允许农村集体用地抵押融资，可以优化担保体系并缓释信贷风险，增强信用意识，提高履约率，必将唤起沉睡的巨量资本，给农村及相关产业带来无穷的想象力。目前，定向降准、降息后，信贷资金还难以进入以中小企业为主的县域以下经济实体，就是因为金融机构对信贷风险的担忧。

第二，有利于合理配置土地资源。允许农民以土地承包经营权进行抵押融资，使农村土地流转加速，有助于土地向种田能手集中，促进农业规模化经营，使农村土地和劳动力两大生产要素得到更为合理的配置，也有助于农业产业结构的调整，提高农业生产力水平。珠三角城镇化水平高，人地分离现象非常普遍，进城农民土地闲置情况较多，急需建立土地抵押流转市场。对于许多经营不善的企业来讲，建设用地的流转更有利于盘活企业的闲置土地，使企业起死回生。因为进入流转的企业用地多属于经营不善、效益不佳的企业，若不允许建设用地的流转，企业土地也往往成为闲置土地。如果允许流转，企业可以通过以地入股、联营等办法走出困境，同时也提高了土地的利用效率。

第三，有利于形成市场化的土地流转定价机制。农村信贷机构参与土地承包经营权抵押市场后，有利于建立市场定价机制，并受监管机构监督，由市场中的第三方评估机构对土地作出价格评估。如果土地流转定价大幅低于评估价格，农民将选择抵押而非流转，最终形成价格倒逼机制，提高土地流转价格的公平性。

第四，有利于增加农民收入。土地作为最重要的生产资料，其流通性是生产资料市场流动性的最主要体现，市场越发达，土地的流通性就会越强。目前，大多数进城务工农民至今未能融入城市生活，未能享受社会保障，这些人口在劳动能力衰退后仍然要回到农村，他们未来的生活保障依然是土地。在农民的整体收入中，来自财产权利的收入不足3%，这和农民拥有的巨量财产其实是不相适应的。在农民集体土地所有权的前提下，通过土地抵押融资创业经营，获得稳定的经济收入，将极大地改善农村面貌和农民的生活状况。

第五，有利于降低融资成本，发展中小企业。中小企业大多位于县域，使用集体土地。集体用地抵押融资，可以拓宽农村融资渠道、丰富抵押品，促进主流金融机构进入农村金融市场，增加信贷供给，挤出高利贷融资渠道，从整体上降低融资成本，促进实体经济发展。

从家庭联产承包责任制建立以来，我国土地流转经历了从严格限制到适当放宽到鼓励健全三个阶段。集体用地流转抵押作为改革价值趋向，党的十七届三中全会、十八届三中全会及《珠三角综合金融体制改革方案》都已经明确。省内个别地区也对集体土地抵押做了有益的尝试。但是，目前主流金融机构对集体用地抵押流转都还没有纳入信贷可抵押制度范围内，以致集体用地担保功能大多是通过担保机构间接实现的。其主要障碍在于以下几方面：

第一，集体土地抵押存在法律障碍。《担保法》第三十四条第三项、第三十七条第二项的规定表明：耕地、宅基地、自留山等集体所有的土地使用权，除了抵押人依法承包并经发包方同意抵押的"四荒"地的土地使用权可以抵押外，其他均不可抵押。《物权法》第一百八十四条中规定，耕地、宅基地等集体所有的土地使用权不得抵押。同时，《农村土地承包法》第四十四条和第四十九条规定，只有不宜采取家庭承包方式的荒山、荒沟、荒丘、荒滩等农村土地，才能通过招标、拍卖、公开协商等形式，以转入、出租、入股、抵押等方式流转。法律的障碍，限制了以土地承包经营权进行抵押或者抵偿债务的有效性，导致土地经营权抵押担保合同在法律上属于无效合同。

第二，抵押土地承包经营权变现困难。由于农村种植业风险很大，现行土地小块经营，土地承包经营权登记制度不完备，土地流转市场发育迟缓，加之在土地流转、管理过程中，土地所有人与承包人的利益及法律关系复杂，在很大程度上影响土地承包经营权的管理、定价。一旦债务人不能还债，抵押权人将无法满足自身债权清偿的需要，使抵押权人贷款风险增大。另外，农地承包经营权是基于农民的社员身份从集体组织手中获得的，以无偿获得的土地向银行获得贷款，受承包使用期限的变动，变现价值的风险大。

第三，集体用地产权不明晰。农民所拥有的土地使用权也即承包经营权本身存在产权残缺，集中表现为农民缺乏对土地的处分权，土地承包经营权的处置受到法律的严格限制。在土地集体所有制这个大前提下，农民的土地权利不稳定，随时有被调整的风险，土地的内部成员分配制及其福利性，决定了土地承包经营权天然的不完整和不稳定，银行也无法接受这种权利主体极不确定的抵押物。农民土地产权不稳定导致较高的交易成本并且使抵押权得不到应有的保护，加大了放款金融机构的风险，这是农地经营承包权不能成为有效抵押品的重要原因。

因此，只有集体用地使用权的流转得到国家法律制度的正式承认，并有完善的规则体系指引，才会消除银行的顾虑，从而扩展农业融资渠道，推动规模农业发展。

二、农村集体土地抵押的法规价值趋向

我国土地分为农村集体土地和城市国有土地，农村集体土地又分为农用地、建设用地、未利用地，而建设用地又分为经营性和非经营性两类，经营性建设用地主要是乡镇企业用地，非经营性建设用地主要指宅基地。抵押是保障债权的重要手段，其保障债权的能力在于抵押标的必须具有可变现的财产性价值。集体用地使用权的市场化流转是实现财产及收益变现的前提。因此，抵押的实现离不开流转政策的分析。目前，从我国集体用地抵押的法理规制看，土地承包经营权、宅基地和农村建设用地抵押流转都呈现不同的法律性质。

（一）农村土地承包经营权抵押法规价值趋向

农村承包土地经营权是指农民通过承包获得集体土地种植、经营的权利。土地承包经营权的抵押是指土地承包经营权人将自己的土地承包经营权设定抵押担保，当债权已届清偿期或者双方约定的抵押权实现时，抵押权人有权就土地承包经营权优先受偿。根据物权法精神，土地承包经营权是一项财产收益权。1995 年颁布的《担保法》明确否认农村集体土地承包经营权可以用作抵押，但第三十四条第（五）项规定，"抵押人依法承包并经发包方同意抵押的荒山、荒沟、荒丘、荒滩等荒地的土地使用权"可以抵押。这是从维护农民利益的角度出发的，因为将土地承包经营权抵押后，抵押人也就是土地承包经营权人可能遭遇某种风险而到期不能还本付息，此时就会导致土地承包经营权的转移，在这种情况下，势必会危及土地承包经营权人的生存。

随着我国农业和农村经济的发展，传统农业向现代农业的转型，农村劳动力开始向第二、第三产业和城镇转移，人地分离现象普遍，承包土地转让可抵押有现实需求。由于大量农村劳动力流动到城镇，致农村劳动力严重不足，闲置耕地的数量越来越多。一些农民投资创业经营也需要资金。一方面，土地承包经营权在农民所拥有的全部财产中占据较大的比例，农民手中有土地承包经营权，却难以筹措资金，以土地抵押融资或增加财产的需求日益强烈。另一方面，由于不能形成规模经济，中国农业生产效率较低，因此土地收益增长率不

高，相对集中土地，规模化经营的需求也在不断增长，尤其是珠三角区域。农村生产要素不能畅通流动，成为制约农村金融发展的沉疴痼疾。土地承包经营权设定抵押无疑能保障债权得以实现，又能使农民筹借到资金，从而缓解农民借款难的矛盾，促进农业资源合理配制。转移进城的农民也不再以承包土地来生存。因此，农村土地承包经营权流转具有明显的现实意义，从我国立法实践看，也是逐步顺应集体用地承包经营权可抵押流转的社会需求的。

2002 年通过的《农村土地承包法》对土地承包经营权流转的原则、程序、方式等问题都作了比较概括性的规定，该法是一部以保障农民利益为主的重要法律，该法的出台，标志着我国农村土地承包经营权流转制度得到确认，与以往相关法律规定所不同的是，除转让外，其他流转方式已经不需要发包方的同意。2005 年由农业部颁布实施的《农村土地承包经营权流转管理办法》又对流转主体、流转方式、流转合同以及流转管理作了进一步详细的规定，为土地承包经营权流转提供了更为充实的法律依据。《农村土地承包法》和《农村土地承包经营权流转管理办法》对我国构建比较完整的农村土地承包经营权流转制度具有积极作用。《担保法》第三十四条规定，抵押权标的既有不动产也有不动产物权，以及其他可依法用于抵押的财产。作为不动产收益权，承包土地转让也有财产变现价值，完全符合担保物品的法定条件。自此，以土地承包经营权等土地权利设定抵押为我国担保法律制度所认可，这为以不动产他物权设定抵押提供了法律依据。所以，从现行法律规制看，对农村集体土地承包经营权抵押流转法律是支持的，只不过需要坚持农地农用原则、经发包方同意或其他方式取得及集体决定原则。但在实践中尚未推开主要问题在于：

1. 承包土地所有权模糊。土地承包经营权抵押在法律上虽然可行，但是由于集体土地所有权行使的代表是模糊的，导致集体土地所有权主体的缺位，表现为农村集体土地所有权和使用权的流转过多地受到政府的限制。《中华人民共和国宪法》第十条规定："农村和城市郊区的土地，除由法律规定属于国家所有的以外，属于集体所有；宅基地和自留地、自留山，也属于集体所有。"可见，农村土地归集体所有，但这个"集体"是指什么？由谁代表行使权利，宪法本身没有具体规定。《土地管理法》第十条规定："农民集体所有的土地依法属于村农民集体所有的，由村集体经济组织或者村民委员会经营、管理；已经分别属于村内两个以上农村集体经济组织的农民集体所有的，由村内各该农村集体经济组织或者村民小组经营、管理；已经属于乡（镇）农民集体所有的，由乡（镇）农村集体经济组织经营、管理。"在实践中，实际掌握经营权的村干部变相把持了本应属于所有村民的资产，并可以通过利益输送等隐蔽方式甚至明目张胆的方式化公为私，造成贪腐现象的时有发生。

2. 对土地承包经营权流转的限制过于严格。无论从流转用途、流转主体，还是流转方式，现行法律对土地承包经营权的流转都进行了较为严格的限制。规定土地承包经营权流转主体一般为同一集体经济组织内部成员等。《土地管理法》对于农村承包经营者之间承包土地调整和土地由集体经济组织成员之外的单位或个人承包，设定了较为严格的程序，即必须经过村民会议 2/3 以上成员或者 2/3 以上村民代表的同意，并报乡镇人民政府批准。这些限制性规定不利于土地承包经营权的自由流转，也不利于对集体土地抵押权的实现和价值体现。

3. 其他障碍。有学者认为，我国农村社会保障制度环境尚未完全建立，使得农民只能牢牢依附于土地，农民只能将土地作为自己的生活保障以化解失业与疾病等风险。这些认识带有一定普遍性，在这些认识下农村土地承包经营权抵押流转难以推进。

土地收益的制度，对于依附于土地的农民来说，土地流转势必对其生活造成根本性的影响。土地承包经营权作为一项以收益为主要目的的他物权，获取最大收益是法律设定这项物权的基础之一，在土地承包经营权流转后，完全可以通过以货币形式体现的土地收益合理分配增加农民的收入，因此，土地承包经营权的流转不仅不会损害权利人的利益，还能够通过规模经营使权利人获得更大的收益。

4. 流转市场发展滞后。由于缺乏统一规范的交易市场，从而造成流转程序的不规范性，主要表现为：签订流转合同的主体不符合法律的规定；流转任意性大，流转过程以农户自行流转为主，极少履行批准、备案、登记等法律手续。

土地承包经营权抵押是农业生产规模化经营和农业信贷发展的内在要求，对于其中的风险可以通过深入分析交易结构、归纳风险根源，以及科学的制度设计，加以有效控制。

（二）宅基地抵押的法规价值趋向

宅基地是由集体划拨给农民建造住房的集体用地，宅基地取得后一般可以继续使用，没有使用期限的限制。《土地管理法》第六十二条对农民的宅基地使用权坚持"一户一宅"的原则，虽然允许农村村民出卖、出租房屋，但是在出卖、出租之后不允许再另行申请宅基地。《物权法》第一百五十四条则表明宅基地因自然灾害等原因灭失后村民可以重新分得宅基地。所以，宅基地政策体现了国家对农民生活的社会保障性、福利性。宅基地与耕地是农村最主要的土地用途，因二者之间存在此消彼长的关系，为了保护耕地，宅基地不能无限制地扩张，在保证农民住房用地的条件下，宅基地应当尽量少占用耕地。为此，《土地管理法》对宅基地抵押流转基本采取了否定的态度。《担保法》对宅基地抵押也是禁止的。

在《土地管理法》中，农村村民在出租、出卖住房后，再申请宅基地的，不予批准。从这条规定看，法律对出卖房屋并未完全禁止，但由于在宅基地上所建房屋不属于商品住房，故不能在市场上出售，出售也无处登记使产权变更不会产生法律效力。即现行立法虽未禁止宅基地使用权的流转，但禁止宅基地使用权的单独流转，这正如法律规定宅基地使用权不得抵押却没有限制农民住宅所有权抵押一样，当住宅所有权设定的抵押实现抵押权时，也必然导致宅基地使用权的转让，法律的规定旨在禁止宅基地使用权的流转。

从宅基地的属性看，一方面，宅基地多数为农民家庭世世代代居住和繁衍的地方，相比经营性建设用地（使用权为村民共有），其产权边界较为清晰、村民的产权观念也较为强烈；另一方面，宅基地测量、登记资料残缺和丢失的情况很少，而且"世代居住"是对产权归属最好的注解，上市流转的争议也较少。特别是珠三角区域，人地分离矛盾突出，宅基地保障功能弱化，城乡土地价值差异巨大，建设用地需求旺盛。因此，无论从现实需要还是土地资源的充分利用角度来讲，都有允许宅基地使用权进行流转的必要。宅基地实现流转，有利于打破城乡二元结构，加速"人的城镇化"改善农村居民居住水平和生活品质；另一方面，宅基地实现流转，增加城市建设用地，也增加土地收益总额，对地方政府的长期收益也是有利的。宅基地抵押及可流转入市，农民可以获得货币补偿，使其具有进入商品房市场的能力。可以说宅基地流转是农村居民分享城市化带来的福利和增加土地资产收入的重要途径，并不会对农民的安身立命形成威胁。由于客观上宅基地使用权供给与需求的存在，现实中宅基地使用权流转的现象大量存在。法律对于宅基地使用权流转的限制或者禁止的规定，不但会造成土地资源的浪费，而且会损害农民的利益，阻碍农村经济的发展。主要问题在于，现行的《物权法》和《担保法》明确规定，宅基地使用权不得抵押。

无论是宅基地使用权的转让还是宅基地使用权的抵押，农村宅基地使用权的自由流转是大势所趋。要实现农村宅基地流转需要相关配套措施的建立与完善。首先，需要扫清立法上的障碍；其次，根据各地农村的实际情况，对宅基地进行合理有效的规划；最后，建立规范、有序的宅基地使用权流转市场。

（三）农村集体建设用地抵押的法规价值趋向

农村集体建设用地是农村用于举办乡镇企业、公益事业的集体所有土地。

1982 年《中华人民共和国宪法》中规定："任何组织或者个人不得侵占、买卖、出租或者以其他形式非法转让土地"。由此可见，国家最初对集体用地是严格禁止转让买卖的，当然也包括集体建设用地。但随着我国经济的飞速发展和城市化进程的加快，从数量上对集体建设用地提出了更多的要求，以适应乡镇企业的发展和小城镇的建设。另外，传统征地供应模式存在种种弊端，农民直接实现土地资产价值的要求增强。征地是将农村集体土地转为国有土地的唯一途径，由于目前的征地补偿仍按产值补偿，对农民和村集体而言，过低的征地补偿实现不了土地的转用价值，因而实践中农民或者村集体往往采取自行流转的方式。同时征地过程的烦琐，也不利于实现土地使用者的利益最大化。对于土地使用者来讲，面对征地时间长，成本高的现实情况，他们更愿意直接从集体手中获得土地。所以，制定和完善集体建设用地流转的法律规范，已成为提高农村土地利用效率、促进农村经济发展的迫切需要。

1988 年《宪法修正案》将上述条款修改为："任何组织或者个人不得侵占、买卖或者以其他形式非法转让土地，土地使用权可以依照法律的规定转让"。这一立法的变革确认了土地流转的合法性，为以后的立法明确、细化土地流转规范奠定了基础。《土地管理法》《农业法》中都有关于"土地使用权可以依法转让的规定"，这里的土地使用权无疑是包含集体建设用地使用权的。《担保法》第三十六条第三款："乡（镇）、村企业的土地使用权不得单独抵押。以乡（镇）、村企业的厂房等建筑物抵押的，其占用范围内的土地使用权同时抵押。"

党的十七届三中全会通过的《中共中央关于推进农村改革发展若干重大问题的决定》对我国农村集体建设用地使用权流转的制度安排提出了若干政策性要求。该《决定》"建立城乡统一的建设用地市场"，"集体建设用地与国有土地享有平等权益"的表述不仅是对集体建设用地使用权流转制度改革的最大支持，也进一步明确了集体建设用地流转的相关立法完善的重点与方向。

目前的主要问题在于：第一，与耕地一样，农村经营性建设用地的权属是模糊的。第二，没有登记公示机制。第三，缺乏评估体系。

总之，我国农村集体建设用地使用权抵押流转面临立法限制和滞后，土地产权不明，流转机制不完善，收益分配不合理，土地流转价格低廉，缺乏配套服务机制等困境。

三、农村集体土地流转抵押的法律规制建议

土地流转法律制度的变迁不是一种偶然现象，它既是制度变革内在需求的

体现，更与我国经济的发展以及经济制度的变迁密切相关，反过来土地法律制度的具体设计又会严重影响土地资源的利用和经济的发展。二者之间相互影响，相互制约又相互促进。为规范农村集体土地抵押流转，改善农村金融生态环境，我们建议如下。

（一）加强法律创新，解决土地抵押流转中的法律障碍

在当前的法律制度中，我国对土地流转的限制已经大大减少，但为消除集体土地抵押流转的最后法律障碍，还必须从国家层面和地方立法入手，加强法律创新，解决土地抵押流转的法律障碍。

1. 修改与集体土地抵押法律价值趋向不统一的规定。加快民事立法，以系统、完整的农村集体土地使用权流转体系代替行政法规、规章来规范集体土地抵押流转制度。建议修改《土地管理法》与《担保法》中的相关规定不允许集体建设用地使用权直接流转的内容，为集体建设用地使用权流转提供上位法依据，在法律上明确集体建设用地使用权流转的合法地位。对《担保法》《物权法》《土地管理法》等法规禁止宅基地抵押、农村承包土地使用权用于转让的条款进行修改，允许农村土地使用权在承包期限内，在保证农业用途的前提下抵押。在用途管制的框架内，通过建设用地"增减挂钩"、农业产业化等模式来实现宅基地的合法流转。

2. 清理与土地流转不一致的地方立法。目前我国对集体建设用地使用权流转的规定主要表现为各地的地方性法规和地方政府规章，这些法规规章为了各自地方利益的需要，一些内容与法律规定是相冲突的，而且由于各地存在差异，也不利于统一市场的建立。广东省应该根据自身的特点和需要制定具体的土地流转管理办法，清理与土地抵押流转法律价值趋向不一致的规定。

3. 建立土地评估机构和制度。为使土地使用权流转适应市场经济的发展要求，必须大力发展与完善各类中介服务组织，促进流转高效、公开、公正地进行。集体建设用地地价的合理确定是一个关系集体建设用地使用权流转制度全局的问题。建议地方政府出面成立土地使用权评估机构，对集体建设用地和承包土地经营权建立评估体系。为集体建设用地市场的建立和发展提供地价标准和宏观指导，为集体建设用地使用权流转实现公平交易奠定基础。根据国家法规和地域特征、耕地肥力等与土地经营有关的多种因素，对需要流转的土地确定相应的土地基准价格、浮动价格和土地增长价值率，制定有关土地流转的交易置换法则，规范流转行为。由政府牵头成立农村土地流转信贷服务中心等类似管理机构，规范土地抵押贷款行为，建立健全农村土地评估、登记、抵押贷

款管理办法和配套措施，对抵押土地进行评估和登记。

（二）培育健全的农地流转市场

在我国农村土地属于集体所有的特殊国情下，土地产权残缺和法律障碍使得土地抵押贷款业务的开展面临着诸多障碍，发展初期需要依靠政府的力量进行组织推动，明确土地产权，实现土地资本化，推进这一工作的顺利进行。最终将农村集体建设用地市场与城市国有土地市场实行统一管理，按照"两种产权、同一市场、统一管理"的原则，形成统一的土地市场，为土地抵押贷款业务的开展创造良好的外部环境。

1. 做好集体用地登记确权工作。土地登记是指国家土地登记机关依当事人申请或者依据职权，按照法定程序将土地的所有权、使用权以及土地权利变更的情况记载于土地登记簿上的行为。土地承包经营权和抵押权均为不动产他物权。根据物权法原理，物权的创设、变动应予以公示，未办理登记的不得对抗第三人。政府部门应规定抵押登记机构及操作细则；尽快出台完善土地承包经营权登记和承包经营权证书制度，由登记机关将土地承包经营权、集体土地所有权、集体建设用地使用权等进行统一发证、登记，确认其权利，明确承包期限。以登记的方式公示，提高公信力，为农地抵押制度和价值评估奠定产权基础。

2. 规范土地流转程序。土地流转的过程涉及土地估价、谈判、流转合同的签订以及土地流转后的变更登记，违约救济等一系列问题，必须具备一定的条件，并遵循一定的程序，如果发现土地流转不符合相关规定，可以采取事后追惩制来处理。所以，建议通过地方立法的形式，规范土地抵押流转程序，使农村土地承包经营权获得真正意义上的流转和抵押。土地流转应当遵循民法的基本原则，尊重当事人的意思自治，在流转中保证双方当事人的平等关系、实现等价有偿。未经法定程序，群众自治组织和各级政府都无权限制当事人进行土地流转或强制当事人进行土地流转。在不改变土地所有权性质、不转移农村土地占有和农业用途的条件下，就可依法取得的土地承包经营权作为抵押担保向银行申请贷款。

3. 培育农地流转的主体。采取多种措施扶持专业大户、家庭农场、农业专业合作社等规模经营主体的发展。有规模的承包经营权抵押才具有违约后市场化处置的意义，小规模的抵押不具经济性，反而不能降低交易成本，或者说因为交易成本（签约、谈判、监督履约等）过高而难以实现。在农村具备条件的地方依照集体经济组织成员的意愿实现所有权与经营权的合理分离，农民享有土地的所有权，将经营权交由有实力、有技术的企业进行经营，做到地尽其利，农民通过土地利益的分配获得生活保障，做到地利共享，既有利于保障交易双方当事人的利益，又有利于促进集体建设用地市场的健康发展。

4. 完善农村集体土地抵押流转市场。市场经济的建立与完善要求一个发达的土地流转市场，不进行市场交换，农民的财产权利就不能实现价值，也没有增值的空间，这是农村贫穷落后的根源。在保证耕地性质不变、所有权归属不变、健全农村保障制度的趋势不变的前提下，完善土地使用权流转市场，规范土地流转行为，为集体土地抵押提供良好前提和基础。

（三）规范集体用地转让收益分配制度

流转收益分配是集体用地使用权流转的关键问题，它涉及国家、集体、农民个人及土地使用者多方的利益。过去由于土地承包三十年不变，土地征收款往往归承包人，对于集体土地转让收入法律也没有统一规定，村集体和农民分配比例各地做法不一。有些集体建设用地转让主要为村干部掌握，成为腐败的温床。究其原因，主要是在集体所有制下，集体和个人、个人和个人之间的权利义务不清晰。集体成员的变动及身份确认也是矛盾的焦点之一。所以，集体土地转让、抵押，只有在明晰集体和个人之间的权利界限，兼顾各方利益前提下对集体用地使用权流转收益进行分配，集体用地使用权流转才会顺利进行。为此，建议有必要对集体经济组织进行改组，无论是股份制还是合作制，必须明晰权利。在明晰权利义务的基础上以地方法规形式明确集体用地收益分配制度。

（四）金融机构需要探索集体用地抵押融资的新模式

金融机构要根据集体用地的特点，积极探索抵押融资的新模式。探索如"公司＋农村土地承包经营权抵押"、"财政担保＋农村土地承包经营权抵押"、"保单＋农村土地经营权抵押"等信贷模式。金融机构在贷款管理办法中也可以规定借款人应以一定比例的土地经营权质押或具备两套以上房屋的借款人才可以申请贷款等。

参考文献

［1］孟勤国等：《中国农村土地流转问题研究》，北京，法律出版社，2009。

［2］丁关良、童日晖：《农村土地承包经营权流转制度立法研究》，北京，中国农业出版社，2009。

［3］宋志红：《集体建设用地使用权流转法律制度研究》，北京，中国人民

大学出版社，2009。

　　［4］胡康生：《中华人民共和国物权法释义》，北京，法律出版社，2007。

　　［5］李石山、汪安亚、唐义虎著：《物权法原理》，北京，北京大学出版社，2008。

　　［6］温世扬、廖焕国：《物权法通论》，北京，人民法院出版社，2005。

　　［7］胡吕银：《土地承包经营权的物权法分析》，上海，复旦大学出版社，2004。

　　［8］房邵坤：《物权法用益物权编》，北京，中国人民大学出版社，2007。

　　［9］刘俊：《中国土地法理论研究》，北京，法律出版社，2006。

　　［10］刘允洲：《制度创新之路——农村集体建设用地流转管理实践与理论》，北京，人民日报出版社，2001。

　　［11］屈茂辉：《用益物权制度研究》，北京，中国方正出版社，2005。

　　［12］彭慧蓉、钟涨宝：《论土地社会保障职能及对农地流转的负面影响》，载《经济师》，2005（3）。

　　［13］左平良、余光辉：《农村土地承包经营权自由转让的许可与限制》，载《学术论坛》，2003（4）。

　　［14］宋刚：《论土地承包权——以我国〈农村土地承包经营法〉为中心展开》，载《法学》，2002（12）。

　　［15］廖荣兴：《论农村土地承包经营权流转的法律原则与方式》，载《农业考古》，2009（3）。

　　［16］王兆国：《关于〈中华人民共和国物权法（草案）〉的说明》，转引自张璐：《农村土地流转的法律理性与制度选择》，中国人大网，2007－03－08。

　　［17］罗大钧：《农村家庭土地承包经营权流转中的法律关系辨析——以对《中华人民共和国农村土地承包法》的分析为视角》，载《河南省政法管理干部学院学报》，2006（6）。

　　［18］徐凤真：《我国农村集体土地流转状况与法律规制研究——以山东省济南市为例》，载《湖南公安高等专科学校学报》，2007（3）。

　　［19］张立纳、史学岗、王金利：《论农村集体土地使用权流转的法律问题》，载《滨州职业学院学报》，2008（8）。

　　［20］田野、王波：《论完善农村集体土地流转法律制度的原则》，载《商场现代化》，2007（3）。

　　［21］杨杨：《农村土地流转法律要素简析》，载《法制与社会》，2009

（5）。

［22］钱海玲：《农村集体土地使用权规范化流转与法律制度之完善》，载《法律适用》，2005（4）。

［23］崔健远：《土地承包经营权的修改意见》，载《浙江社会科学》，2005（6）。

［24］胡昌银：《土地承包经营权流转的法律问题新探》，载《甘肃政法学院学报》，2004（1）。

［25］姜德鑫：《试论农村土地承包经营权流转法律制度的完善》，载《新疆财经大学学报》，2009（1）。

［26］樊德玲：《新农村建设中土地流转问题的法律思考》，载《农业考古》，2009（3）。

［27］刘国胜、王国章：《农村土地承包纠纷案件有关法律适用问题研究》，河北省高级人民法院研究室。

［28］张璐：《农村土地流转的法律理性与制度选择》，载《法学》，2008（12）。

［29］郭明瑞：《关于宅基地使用权的立法建议》，载《法学论坛》，2007（1）。

［30］曾新明、侯泽福：《农村集体土地使用权流转之法律研究》，载《农村经济》，2006（10）。

［31］丁华：《我国宅基地使用权流转制度的重构》，安徽，安徽大学，2007。

区域金融中心法制环境建设的
理论模式及启示

蔡美玲[①]

当前已有的国际金融监管体系的缺陷是非常明显的，并没有对全球宏观金融环境给予很好的监督，从而导致近年来金融危机频繁爆发，2007 年由美国次贷危机引发的全球性金融危机更是引发全球恐慌。作为最大的发展中国家，中国经济结构发展的不协调严重影响了发展的可持续性，为此非常有必要在国际经济金融法制变革中提高自己的发言权。我们可从建立区域金融中心的监管体系来考察，但如何有效建立行之有效的金融监管体系并予以相应完善，确保全球金融局势稳定发展，一个重要的举措便是从法制角度来推进金融中心建设。遗憾的是，目前国内缺乏世界级的金融中心，金融环境法制建设也并不完善，为此，有必要借鉴国外相对成熟的区域金融中心法制环境建设理论，并在结合中国实践的基础上寻找合理应对方案。

一、区域金融中心法制环境建设的基础理论

国际上关于区域金融中心法制环境建设的基础理论与运作模式主要有四个：规则竞争理论（regulatory competition theories）、功能理论（functional theories）、网络理论（network theories）和支配理论（dominance theories）。不同理论具有不同的功能价值，并从不同的作用主体和应用范围上指导着区域金融中心的法制环境建设。

（一）规则竞争理论

规则是主体为了更好地适应和利用环境，基于利益和道德意识而制定的约

---

① 蔡美玲，硕士研究生，主要研究方向：人力资源管理、金融管理。本文选自第 14 次珠江金融论坛——"金融法制环境建设论坛"的应征论文。

束或鼓励行为的程序和制度。在日新月异的生存环境中，这些程序和制度也在不断发生变迁，这种变迁的结果形成了两种对立的观点。一种观点认为，一些不适应新生物的规则必然会被剔除，而一些有利于社会发展的规则却不断受到鼓励和推崇，因而最后保留的总会是一些积极的规则；与之相反的一种观点是，一些学者认为社会经济主体都是利益的追逐者，他们的一切生产活动都是以利益为中心，利益诱发经济主体做出一些外部不经济行为，并在不同主体之间蔓延，由此最终形成的将是最低效的规则。

规则竞争理论将达尔文的适者生存理论应用于金融监管的规则制度当中，认为规则之间也存在一种相互促进和相互竞争的机制，基于丛林法则，这一机制的最终结果将使得市场形成一套统一的规则体系，但最终的规则体系是否必然对投资者有利，还取决于多方因素。因此，目前国际上关于规则竞争理论的指导价值还存在一些争议，其最终结论也被划成两个完全对立的派系。

（二）功能理论

功能理论是从价值与功能视角来考察国际金融监管体系的经济效率问题，一般认为能够实现帕累托最优的金融监管体系具有最佳的功能，但如何确定哪种金融监管体系具有最佳经济效率则存在一定的技术性，常见的方案是通过实践结果优劣性来比较不同金融监管方法的好坏。

功能理论将金融监管视角定位于全球视野，认为国际间的公法对于金融监管的作用极其重要，国际合作是促进区域金融中心最高效率的有效手段，通过国际公法约束行政主体的政策合作机制可以降低各国的交易与合作成本，多边合作关系要强于单边规则策略。此外，在单边规则与多边金融活动的双重压力下，国际间的密切合作可以有效解决信息不对称和集体行为等多边问题。

（三）网络理论

区域金融中心法制环境建设的好坏，在很大程度上取决于不同国家与政府的协作程度与信息共享水平，协作越紧密，资源共享越充分，金融监管力度越强，效果也越佳。不同的国内外组织、协调与沟通官员，以及法官和相关领域专家之间的交流形成一种类似于网状的交往集，因而这种理论也称为网络理论，交流越频繁，网状结构越复杂，网络理论包含的指导内容也就越丰富。国际间不同主体在交流时形成了一道道信息网，通过信息网相互传输和收集信息，并基于利益最大化原则来实现各国政策的一致性。

（四）支配理论

支配理论充分考虑了金融市场参与者的国际地位，而综合实力的不同则直接决定着参与国在金融监管市场中的话语权与支配地位。现存的国际金融体系中，不同国别的综合竞争力存在差异性，具有比较优势的国家在国际金融改革与发展潮流中的话语权要大于具有比较劣势的国家，因而这些强国会基于自身的利益而制定与控制一些排他利己的国际政策，也即比较优势国家支配着国际金融政策体系的走势，而其他弱小国家则只能适应。

二、区域金融中心法制环境建设基础理论的比较

区域金融中心法制环境建设的基础理论是基于不同背景提出来的，其关注视角、处理方式、应对方案和利益分配等方面都存在显著性的差异，明晰这些不同模式在理论和实践上的差异性，对于其应用研究具有重要的价值和意义。

（一）关注视角不同

规则竞争理论注重市场机制的作用，并且允许不同国别之间的金融监管法律机制具有差异性；功能理论关注政府在其间的作用，强调要公平公正地实施国际金融监管，必须在所有国家当中实施一套共有的法律制度；网络理论强调参与国际事务主体的关系，认为存在明显差异的个体基于共同原则和信念，促进了不同国别政策间的趋同；支配理论则强调不同国别国际地位差异性的重要性，但为了有效、合理支配区域金融中心的法制环境建设，也需要一套公开公正，在国际金融界存在普适性的基础制度。

（二）处理方式存在差异

基于规则竞争可能产生的最终监管体系的差异性，规则竞争理论对最优区域金融中心的最优监管体系和最劣监管体系分别提出了不同的方案处理要求，可以说是一种双向保险操作，能够同时应对冰火两重天的金融法制环境。

功能理论论证的不同金融监管体系的经济效率决定了丛林法则的最终结果，因而也直接影响到规则竞争理论的状态，它通过分析为什么可以进行以及为什么要进行国际间合作，来处理国际金融合作与金融监管效率的关系，因而这种处理模式更符合理论金融监管逻辑。

人是经济社会的主体，其在金融法制与监管当中存在较大的主观性与随意性，因此，首先，如果以人为研究焦点的网络理论认为，由人所组成的跨国金融监管网络体系具有更强的监管责任感，那么该体系应该为谁服务，出现风险时应该向谁负责；其次，应该按照什么标准来处理跨国金融监管网络体系的利益分配问题；再次，既定政策如何在金融集聚区域的成员国内部得以推广。如

果这些问题都能得以有效解决，那么网络理论必然成为一种可以实现金融监管多元化处理的科学方案。

支配理论处理的问题包括两个方面，其一是从比较国际金融体系的优劣性和公平性视角转为在研究现状的基础上如何实现变革，其二是对比国际金融监管体系中不同国别的综合国力问题，这种对比主要表现在国际金融市场上的话语权高低国家之间、对金融监管有影响能力的国内市场参与者之间，此外还可综合处理金融监管法制环境的完善与否，以及拥有国际金融中心的区域在金融监管方面的功能问题。

（三）应对方案不同

规则竞争理论认为应该在市场竞争机制下，针对产生的最优监管体系和最劣监管体系，分别制定与之对应的政策性建议。对于区域金融中心形成的最优监管体系，可以通过制定私有化的国际金融监管法律，给予当事人最大选择权利，从而实现资本市场参与人充分选择法律的自由；对于区域金融中心的最劣监管体系，则可以设立国际通用的金融监管标准，为所有当事人选择特有法律设立最低门槛。

功能理论由于强调政府在国际合作间的作用，并认为实施共有法律体系是必不可少的，这就意味着不同国别制定的金融监管法律法规在其他国家应该具有一定的适用性，从另一方面来说，即是一国的法律环境能够容纳他国的金融监管法规。因此，要实现良好的功能合作机制，各国可以采取宽容、退步的方式，制定本国的最低金融法制环境监管标准，或者实施一定的金融监管等效原则。

网络理论认为人是社会最重要的主体，人与人之间的交流决定着社会进步的速度，人与人之间形成的非正式组织也会在未来的某个时间内形成对正式组织的替代，这一替代过程便成为国际金融监管体系的变革动力。因此，网络理论非常重视人的作用，鼓励各政府行政部门要加强信息化建设，通过网络组织的形式提高信息交流能力，从而促进金融监管效率的外部化。

支配理论认为针对性的建议应该同时从国别和国家利益视角展开。对于不同国家，可以通过多种方式加强自身的综合实力建设，提高其国际形象和国际地位；对于国家利益，则应该加强国际金融中心的建设、健全金融法制环境、提高市场参与者的频率和活力等。

（四）利益分配不同

规则竞争理论侧重于从国际金融监管的市场出发，来协调监管不同国家之间的金融体系，然而经济实践、人文环境、自然优势、特色产业以及国情国力等方面的差异决定了不同国家对于不同市场环境的喜爱，而不同市场环境下的收益规模与效率也参差不齐，这就必然使得不同主体的利益分配机制也是不一致的。

功能理论对于一国政府在金融监管中的利益分配问题给予了很多关注，但不同国家如何处理全球化背景下的自身利益问题仍存在较大困难，同时功能理论也面临一些单边规则下的中央集权与地方或部门利益的协调监管问题，这些都给功能理论的进一步完善提出了难题。

网络理论的发挥是建立在国际协调官员、国内行政管理人员、金融市场监管者、执法人员以及法制专家等不同主体相互沟通与协调的基础之上的，不同主体在网络组织中扮演的角色并不一致，在网络架构中承担的责任与享有的收益也各不相同，因而如何有效分配来自国内外的既得利益，解决不同主体间的利益冲突问题，必须被网络理论应用者提上议程。

支配理论重点探讨国际金融监管体系当中参与国的话语权问题，在具有集聚效应的区域金融中心，话语分量较大的国家往往具有信息优势，从而制定出对自身利益最大化的监管方案；而在具有分散效应的金融区域，经济金融实力较弱的国家则可以构建符合自身实际特征的金融监管体系，在维护自身金融体系稳健的同时促进经济的稳步发展，从而提高国际金融监管竞争力。由此，在金融集聚中心，需要重点探讨如何平衡金融强国与金融弱国之间的利益冲突问题，而在金融分散区域，则需特别注意协调不同金融弱国之间的利益分配。

三、区域金融中心法制环境建设理论对我国的启示

巴塞尔银行监管委员会、国际证监会组织、主权财富基金机构等已有的国际金融监管组织在国际经济金融发展潮流中起到了重要的作用，然而其不足也是非常明显的，尤其是近年来频繁爆发的金融危机屡次敲响了改革和完善国际金融监管体系的钟声，而从当前中国经济发展实践以及对世界经济发展所做的贡献来看，中国建立自己的区域金融监管模式的实力是有的，也是非常必要的。事实上，我国目前已经建立了一套以央行监管为主，通过自我约束、行业自律和社会监督为辅的四位一体金融监管模式，已经初现成效，但还可以通过建立区域性金融中心的方式予以进一步完善。现在的问题是，如何建立好这一金融

中心，必须给予深入探讨。本文认为，在总结已有国际金融中心实践的同时，基于国际金融中心法制环境建设理论的指导，结合中国具体实际情况执行有针对性的法制方案应成为重点关注的对象。

（一）建立多方协调的金融监管机制

金融中心的建立有利于快速便捷地集中相关人力资本和物质财富，吸引外资和技术涌入，从而提高经济生产效率，其在金融市场中的作用和地位更决定了其可以促进经济发展的重要模式。但如何巩固金融中心地基，维护金融市场稳健，法治保障是根本，而如何提高区域金融中心的法治水平，则需在很大程度上取决于多方协调与配合。这是因为金融市场包含了金融投资者、交易者、监管者、执法者等在内的多方主体，充斥着纷繁复杂的金融市场信息。

具体来说，政府行政人员应该发挥中间力量，在倡导有法律体系保障的金融环境下，积极鼓励市场主体从事金融活动，并全面开展金融法律宣传活动，深入打击金融犯罪行为；金融投资者和参与者应该熟悉金融市场运作规律，恪守职业操守，在金融法律法规的约束下，从事金融投资与交易；执法机关应该及时对金融市场进行监测，提高对金融违法情况的处罚力度，真正做到金融市场有法可依、有法必依、执法必严、违法必究。此外，如果国际金融组织可以规章立法，鼓励具有基础和实力的国家或地区建立区域性的金融中心，并指导建设法制环境，则金融中心监管效果将更佳。

（二）设法提升国际形象与地位

具有金融主导能力的国家在国际金融市场上往往具有更为显著的话语权，这是支配理论给我们的启示。因此，能否提高一国的综合实力，进而提高一国在金融监管体系中的话语权，在很大程度上取决于该国是否在国际上具有较好的形象与较高的地位。努力提高中国的国际形象和地位，事关中国金融促进经济发展速度与步伐，也是区域金融中心法制环境建设理论模式指导下的经验总结。

如何提升中国在金融法制环境建设中的国际形象和地位，我们认为可以从以下三个方面入手。首先，积极参与国际组织和权威机构对区域金融中心法制环境建设的探讨与组织实践，通过南南合作与南北对话方式学习和借鉴已有成功模式，并向已开展良好实践的国家寻求经验和技术援助。其次，进一步将区域金融中心法制环境建设提上更高议程，全面普及金融法制环境建设的重要性，让全体大众充分认识到金融法制环境对促进经济发展的贡献，举全国之大力，倾全城之巨物，让金融法制观念深入民心。最后，提高违法监测力度，改善执法惩罚强度，不给投机分子可乘之机，将金融违法行为制止于摇篮之中，偶有侥幸逃离违法初期惩罚，也必在下一次金融违法事件中给予更为严重的打击和信用差评，对于信用良好以及举报属实者，实行不定形式的奖励，从而真正做到让投机分子不能违法、不敢违法、不想违法。

（三）建立充分竞争的市场环境

按照经济学的一般解释，充分竞争的市场才具有最佳的效率机制，市场信息实现完全对称，资源实现最优配置，此时的法律规则体系也发挥最高效率，不仅可以及时发现金融市场中的违法行为，而且还能对任何偏离法律条文的行为进行严格约束和制裁，可见充分竞争的金融市场环境对于区域金融中心的建立是非常重要的。

当前，我国金融法制环境并不是很理想，金融监管体系总难以及时发现形式多样的金融漏洞，一些行政管理人员也难以抵挡糖衣炮弹的袭击，常常为了眼前利益不惜铤而走险，2014 年夏季发生的中国银行广东某分行的洗黑钱事件，便是有力的佐证。如何建立充分竞争的金融市场环境成为我国金融法制环境建设的重要议题。当务之急，一是要改变部分金融企业的垄断或寡头的局面，让金融法律的触角可以无所后顾地触及每一个企业，金融处罚的对象可以面向任何投资者；二是降低市场进入门槛，鼓励小微企业进入金融市场进行投融资活动，同时积极协调相关利率和汇率政策，为外资涌入国内金融市场继而打破国有金融企业的霸主地位提供便利；三是建立市场信息共享平台，用于信息的相互交流，并通过建立赏罚分明制度，鼓励及时发布具有权威可靠、价值量大、新型有效的金融市场信息，严厉打击虚假信息的散布行为，从而方便所有市场参与者及时获取相关信息。

参考文献

［1］陈岱松、罗羽琪、何单：《论上海国际金融中心法治建设——新中国60 周年之际的回顾与展望》，载《上海市社会科学界第七届学术年会论文集》，2009。

［2］陈洁菡：《中国法律环境与金融发展：国际比较》，载《法学研究》，2010（3）。

［3］孙南申、彭岳：《国际金融中心法制环境建设的政策与法律措施——以中国金融安全保障为视角》，载《复旦学报（社会科学版）》，2012（2）。

［4］屠光绍：《加强市场诚信法治环境建设，推动上海国际金融中心发展》，

载《证券法苑》，2013。

　　［5］屠光绍：《努力营造上海国际金融中心建设的法制环境》，载《上海人大》，2009（6）。

　　［6］吴弘、俞高平、张悦怡：《金融中心加速建设法治环境日趋完善——上海国际金融中心法治环境建设 2009 年年报（下）》，载《上海金融报》，2010 - 04 - 20。

　　［7］杨金志、邬晶晶：《上海：国际金融中心法治环境建设全面展开》，新华网，2012（10）。

　　［8］Andrew T. Guzman：" Introduction – International Regulatory Harmonization", *Chicago Journal of International Law*, 2002（3）。

　　［9］David Andrew Singer：" Capital Rules: The Domestic Politics of International Regulatory Harmonization", *International Organization*, 2004（58）。

　　［10］Pierre – Huues Verdier：" Transnational Regulatory Networks and Their Limits", *The Yale Journal of International Law*, 2009（34）。

　　［11］Stavors Gadinis：" The Politics of Competition in International Financial Regulation", *Harvard International Law Journal*, 2008（49）。

　　［12］Stephen J. Choi & Andrew T. Guzman：" National Laws, International Money: Regulation in a Global Market", *Fordham Law Review*, 1997。

电子商务争议解决机制之网上仲裁

钟　瑜　高明光[①]

一、电子商务的发展现状

2014 年 1 月，中国互联网络信息中心公布了《第 33 次中国互联网络发展状况统计报告》。根据该报告，2013 年，中国网络购物用户规模达到 3.02 亿，使用率达到 48.9%，相比 2012 年增长了 6 个百分点。根据《2012 年（上）中国电子商务市场数据监测报告》，截至 2012 年 6 月，国内电子商务企业已达 38780 家，同比增长 8%；这个数据与 2008 年的 10540 家相比，增长了近 3 倍。该中心预计，到 2013 年，中国电子商务企业规模将增长到 40250 家。[②] 网络的普及以及人们生活习惯的改变，导致电子商务迅猛发展。而随着互联网技术的不断进步、手机的普及以及手机网络的改进，电子商务的发展态势，必然是不会停滞的。

相应的，有人的地方，就会有利益，牵扯到利益的行为，总不可避免地会有纠纷。随着电子商务的发展和普及，大量的线上交易必然会产生各种各样的纠纷。根据全国消协组织受理投诉情况统计，2014 年上半年共受理消费者投诉 327564 件，解决 303541 件，投诉解决率 92.7%，为消费者挽回经济损失 67704 万元。其中，因经营者有欺诈行为得到加倍赔偿的投诉 2805 件，加倍赔偿金额

[①] 钟瑜，国信信扬律师事务所高级合伙人、专职律师，广东省律师协会证券法律专业委员会副主任，广东省法学会金融法学研究会理事；高明光，国信信扬律师事务所律师助理。本文选自第 14 次珠江金融论坛——"金融法制环境建设论坛"的应征论文。本文已发表在《法治论坛》（季刊）2014 年第 4 期，有修改。

[②] 刘玉龙：《论我国网上购物仲裁机制》，载《湖北警官学院学报》，2013。

558 万元。① 全国消协组织受理投诉的情况，仅仅是电子商务纠纷的冰山一角。以深圳为例，根据深圳市电子商务统计调查，2013 年第三季度，深圳市、区两级消委会受理的消费者投诉比 2012 年第三季度增长了 52.20%，其中互联网类投诉同比大幅度增长 344.55%，位列各分项投诉首位，占投诉总量的 36.5%。②

二、电子商务争议的解决方式

线上交易爆炸式发展的今天，相应的法律配套设施并没有跟上发展的脚步，这是由法律滞后性的特点决定的，尤其在面对互联网时，法律的滞后性更凸显其无可奈何。无论是对交易本身的规定还是对交易所产生的纠纷解决机制的规定，都不能令人满意。随着 2013 年 3 月 15 日开始实施《网络交易管理办法》和新的《消费者权益保护法》的颁布，对于网络交易行为执法者的要求，更加迫切了。

传统的网络交易所产生的纠纷，消费者要么通过直接和经营者协商解决问题，要么通过投诉寻求消费者协会或者交易平台帮助以解决纠纷，或者通过诉讼解决纠纷。

向消费者协会投诉，是消费者维护权益的方式之一，也是解决消费者与经营者间纠纷的方式之一，但是消费者协会的本质是保护消费者合法权益的社会组织，从公平性而言，由消费者协会解决消费者与经营者的纠纷，并不能完全体现法律的公平性。同时，消费者协会并非专业裁判机构，在面对事实清楚，法律关系明确的纠纷时，可以依据其影响力有力维护消费者的合法权益，但是互联网世界亦真亦假，加之电子商务拥有庞大的主体基数，消费者协会无论是专业能力或者是人力、精力都不能完全专注于网络金融纠纷中。

正如前文所述，通过消费者协会或者交易平台解决纠纷，不具有完全的公平，而消费者和经营者直接协商，则不具有稳定性、公正性，大多数也仅仅依靠双方的道德良知，没有长期稳定的保障。至于通过诉讼解决纠纷，就目前的现实状况而言，成本太高。其成本并不在诉讼费用的成本，而是完成诉讼所需要的附属动作所花费的成本，例如公证、律师费用，这对于电子商务尤其是目前电子商务在我国表现形式主要是网络购物，而网络购物普遍是小额交易的现

① 二○一四年上半年全国消协组织受理投诉情况分析［EB］. 中国消费者协会官网，2014 - 08 - 05。

② 2013 年双十一网络购物投诉统计分析，深圳市消费者委员会，2013 - 03 - 04。

实情况而言（根据中国互联网络信息中心公布的《2008 年中国网络购物调查研究报告》显示，在 2008 年上半年北京、上海、广州三地半年人均网购金额分别为 1098 元、1107 元、856 元，由此推断人均单笔交易金额会更加低），是难以接受的风险，而且网络四通八达，消费者和经营者相隔万里的情况比比皆是，有鉴于此，通过诉讼解决网络交易的纠纷，并不合理。而根据国外在线争议解决机制（ODR）的经验并结合我国实际现状，发展网上仲裁是一个合理的趋势。

三、网上仲裁及其发展障碍和建议

网上仲裁来源于英文 on line arbitration 或者 cyber arbitration。联合国国际贸易法委员会（Uncitral）前秘书长赫尔曼先生（Gerold Herrmann）将网上仲裁（cyber arbitration）称之为 cybitration，并因此主张对该词汇拥有版权。[①] 相较于自行协商，网上仲裁通过其第三方的地位解决纠纷，更加客观、公正；相较于消费者通过交易平台和消费者协会解决纠纷，网上仲裁更加公平，也更具有公信力；相较于诉讼和网下仲裁，网上仲裁则更加便捷、节约成本和灵活，也正是互联网金融繁荣发展的原因之一。

根据现行有效的《仲裁法》的规定，并没有禁止仲裁机构对网络纠纷进行仲裁，这意味着通过网络进行仲裁没有法律障碍，而根据仲裁的性质，只需要当事人双方事前或者事后约定选择仲裁解决纠纷即可。

虽然网上仲裁没有法律障碍，但也没有明确的法律对网上仲裁作出约定，网上仲裁尚缺少明确的法律依据。当前网上仲裁面临着不少问题，包括网上仲裁机构的设立、当事人对网上仲裁及仲裁机构的选择、网上仲裁依据的证据证明力、网上仲裁程序的进行、网上仲裁裁定的约束力和执行等，这些问题如果不能通过立法规范、明确，则网上仲裁难以有效、稳定地发展。

（一）网上仲裁机构的设立

笔者认为，网上仲裁机构可以是已有的合法设立并被承认的仲裁机构，也可以设立网上自营仲裁服务机构。

1. 已有的合法仲裁机构可以作为网上仲裁机构。目前有部分已有的合法设立并被承认的仲裁机构已经开始涉及或探索网上仲裁。如中国国际经济贸易委员会在 2009 年 5 月 1 日就开始实施《中国国际经济贸易委员会网上仲裁规则》，

---

① 许玲：《浅析网上仲裁的法律问题及完善》，载《贵州师范学院学报》，2010（7）。

该规则适用于解决电子商务争议，也可适用于解决当事人约定适用该规则的其他经济贸易争议。但是该规则出台的本身，并非用于解决我国目前大量出现的电子商务，而只是为网上大宗交易或者是网下交易提供仲裁便利而产生的，这一点从其仲裁费用最低不少于 4000 元就可以推测。而更早之前，广州仲裁委员会于 2007 年已颁布并实施了《广州仲裁委员会公用事业收费纠纷网上仲裁规则》，并于 2010 年 2 月 4 日在网上公布了网上仲裁平台建设的招标通知，不幸的是，基础网络改造及网上仲裁系统软件平台开发项目（一期）招标因投标人不到三家而以失败告终。① 但广州仲裁委员会探索网上仲裁的脚步并未因此停止，笔者近日获悉，广州仲裁委员会即将投入使用在线仲裁系统，且其在线仲裁系统还能在信用卡、电子商务、贵金属交易等大量使用电子数据的领域发挥不可比拟的优势。

2. 设立网上自营仲裁服务机构作为网上仲裁机构。考虑到网络金融的普及，在未来乃至当前产生纠纷或者是潜在纠纷的数量如此庞大，无论是出于防患于未然或者是用于应对当前已然面临的困境，仅仅依靠已有的合法设立并被承认的仲裁机构应对这些网络金融纠纷，即使是通过打包处理，也不见得能够及时有效地处理妥当，即便这些仲裁机构具有更加专业、出色的仲裁技能。面对存在大量潜在纠纷的电子商务市场，理应发展一批自营仲裁服务机构，但鉴于临时仲裁不被我国法律认可，那么对于当事人而言，是否会在双方本身就存在纠纷的情况下，愿意相信对方会根据仲裁结果去执行呢？答案不言而喻。对于这些自营仲裁机构或者对于这些意图设立自营仲裁机构的人员而言，如果明知自己的裁判是不会得到承认和执行的，是否还会秉持裁判者、秩序维护者的心态去处理当事人的纠纷呢？显然是做不到的。因此，有必要赋予网上自营仲裁服务机构法律地位，允许进行临时仲裁，不仅要承认临时仲裁合法性，同时要承认临时仲裁裁决的合法性以及应当赋予临时仲裁裁决执行力。当然，这些自营仲裁服务机构的设立，首先应当有准入准则，但在门槛的设置上，也应该适当地降低，保持这些自营仲裁服务机构的灵活性。

（二）当事人对网上仲裁及仲裁机构的选择

目前理论学界对于通过电子数据达成合意选择网上仲裁，是否属于《仲裁法》上规定的选择仲裁的"书面协议"，部分学者仍持有否定态度。实际上，《合同法》就规定了书面形式包含了数据电文。而选择仲裁的合意，本身就是合

---

① 许玲：《浅析网上仲裁的法律问题及完善》，载《贵州师范学院学报》，2010（7）。

同行为。并且，2006 年 9 月 8 日实施的《最高人民法院关于适用〈中华人民共和国仲裁法〉若干问题的解释》已明确《仲裁法》第十六条规定的其他书面形式包括数据电文。网上仲裁协议不应当因为协议形式的改变而否认其内容的有效性，所以，应当认为通过包括电子邮件在内的各种网上件交换方式订立的仲裁协议都是符合"书面形式"的，这也符合当前世界的立法方向。①

而实践中，大多数电子商务交易主体并非同时在线交易的，例如卖方先进入交易平台，摆好商品，买家再进入交易平台自行选择商品，那么双方如何达成合意选择网上仲裁机构？如何选择仲裁员呢？

实际上，电子商务交易涉及的数据电文形式合同，基本都是格式合同。一般情况下，电子商务交易主体在进入交易平台时就会做出是否同意合同内容的选择，那么在这个阶段，就可以让交易主体做出选择。具体到细节，可以让双方各自选择一定数量的仲裁机构，并且同意，双方所选重叠时，随机从中选取仲裁机构，如不重叠，则直接随机选取仲裁机构。当然，这种操作的前提是程序的安全性和所有仲裁机构的独立性和公正性。至于仲裁方式和仲裁员的选择，实际可以参照一般仲裁的做法，只要将仲裁员的名单在已确定的仲裁机构网站上公布即可。

当然，电子商务交易主体有权选择或者不选择网上仲裁，但从交易平台的角度看，对于卖家，交易平台可以在准入制度上推动卖家选择网上仲裁。

（三）网上仲裁电子证据的取得及其证明力

因为网络金融纠纷是建立在网络的基础上的，仲裁所依据的证据材料，除了大部分的交易标的外，都是以电子数据的形式存在的。虽然 2012 年修正的《民事诉讼法》将电子数据列为证据的形式之一，但电子数据自身的高科技性、无形性、形式复合性、易破坏性的特点，② 决定了实践中对于电子证据的采信，无论是法院还是仲裁，都是持谨慎态度的。

而在对电子证据的取得方式上，有学者对电子证据的收集罗列了六种方法：包括查封电子设备、在不改变电子数据的前提下进行备份、收集电子设备和系统软件资料、技术鉴定（勘验）、诉讼保全和公证保全。③ 如果按照传统方式对电子证据进行收集，例如公证，其公证费用就可能超过了争议标的价值，这无疑会增加纠纷解决成本。

---

① 许玲：《浅析网上仲裁的法律问题及完善》，载《贵州师范学院学报》，2010（7）。
② 钟晓东：《论在线仲裁的证据规则》，载《仲裁研究》，2008（2）。
③ 同上。

　　然而，目前我国网络交易实际上很多是发生在第三方交易平台上的，作为交易平台，是相对独立于消费者和经营者的，因此，可以考虑通过直接从第三方交易平台上采取电子数据。但是并非所有交易都是通过交易平台进行的，因此，从长远来看，为保证网上仲裁程序的顺利进行，降低网上仲裁的成本，无疑需要建立独立的第三方电子数据储存平台。至于储存平台，应当是消费者和经营者的合意选择。从实际操作的角度看，如果是通过第三方交易平台进行交易的，消费者和经营者在进入第三方交易平台注册账号时就应当和交易平台约定或者由交易平台明确说明电子数据存在于何处。正常而言，数据储存平台应该是可选择的。

　　但上述电子证据储存平台的搭建，甚至不搭建平台而仅仅是储存在交易平台中，如何保障这些电子数据的安全性，如何保障这些平台的独立性、合法性，都需要立法者结合电子技术人员，通过立法来规范这些程序的有序、稳定、安全。

（四）网上仲裁程序的进行

　　据我们所知，网络时代的显著特征之一就是快，便捷。那么在进行网上仲裁时，理所当然地不可能完全按照一般仲裁的程序，例如举证质证、例如公证鉴定、例如聘请律师等，我们不排除在标的比较大、法律关系比较复杂的情况下，进行上述行为能够更好地维护、实现当事人的合法权益。但在电子商务世界中，绝大部分的交易金额并不大，事实并不复杂；甚至可以说大量的电子商务都是小额交易。对于个体争议标的小的电子商务尤其是网络购物，可以通过打包处理的办法解决纠纷，这样不仅能提升仲裁机构建设网上仲裁平台的动力，实际上也节约了时间成本。又或者，引入目前在许多省市由仲裁委员会设立的快速解决小额消费争议的消费仲裁中心的模式。如上海仲裁委员会的小额消费争议仲裁中心，一两个月就可以对消费争议作出最终裁决，且收费低廉，每件案件收费最高不超过 800 元，争议金额在 1000 元以下的案件每件仅收 100 元。[1]

　　鉴于上述情况的并存，网上仲裁可以借鉴民事诉讼的普通程序和简易程序以及一般仲裁中对于仲裁方式和仲裁员的选择。

　　细言之，网上仲裁程序的进行方式，应当制定一套通用的标准，在标准以下的，直接适用简易程序，标准以上的，则适用普通程序。

　　所谓普通程序，则应当先由当事人选择仲裁方式，其仲裁方式与《仲裁法》

---

① 刘玉龙：《论我国网上购物仲裁机制》，载《湖北警官学院学报》，2013（4）。

规定一致，只涉及是由三名仲裁员还是独任仲裁员的选择，但是都应当进行开庭审理，即利用网络即时通讯工具进行在线仲裁。网上开庭与常规仲裁庭审一样，是仲裁庭与当事人双方共同进行的一项重要的仲裁活动，包括当事人双方的仲裁请求与答辩、证据的出示与质证、仲裁庭询问和调查、双方辩论、庭审调解、最后陈述等环节。① 但是就目前而言，虽然网络即时通讯工具比较发达，但仍存在技术上的限制，例如网络速度并不均衡。

而简易程序，即对标的金额较小的（2000 元以下）或双方同意适用简易程序的案件适用独任仲裁员的方式，对案件直接进行仲裁，不需要开庭审理。而开庭所需要的证据，则直接从第三方储存平台中提取。因此，就目前而言，应当着重于建设简易程序，包括其适用标准，具体进行程序以及其配套设施如前面论及的第三方数据储存平台。关于简易程序的适用，笔者认为，在交易选择仲裁条款前应当由当事人明确同意"如发生争议，同意由某仲裁机构按照简易程序进行网上仲裁"。

当然，为应对无论是网络时代的要求或者是当事人的要求，仲裁裁决的程序都应该快捷。因此，适用简易程序或者是普通程序，应当量化标准并由当事人事先做出明示同意，而不再由仲裁机构决定适用哪种程序。

（五）网上仲裁的效力和执行力

1. 网上仲裁裁决理论上的效力和执行力。网上仲裁的裁决如果没有约束力和执行力，而仅仅依靠仲裁机构本身的权威性，使得当事人凭其诚信等自身因素去执行，则裁决的执行效果无法保障。当然，我们也可以建立一套适用于网络的机制，例如个人信用信息的公开，但是如果仲裁机构本身没有公信力或者没有法律地位，那么仲裁机构本身就极容易被人攻击，更遑论强制执行裁决了。

2. 网上仲裁裁决的实际履行。裁决之后，在一方当事人不积极履行仲裁裁决的情况下，另一方当事人该如何申请执行仲裁裁决，则是裁决执行力的另一个实践意义的问题。

如前所述，电子商务的交易金额普遍不会很高，甚至很低，在这种情况下，要考虑的不仅是执行的成本，也包括执行的方式，或者说执行方式能否创新将会直接影响执行的成本，也直接影响网上仲裁能否发展。

其实执行难一直都是诉讼、仲裁老大难的问题，从其实质分析，归根结底仍然是信息不透明。在实践中，向法院申请强制执行，是需要当事人提供对方

---

① 陈忠谦：《网络时代的仲裁发展》，载《仲裁研究》，2008（1）。

财产线索的，而信息的不透明，则使得胜诉方的权益极难得到实现。

2013年7月，最高人民法院出台了《关于公布失信被执行人名单信息的若干规定》，对失信被执行人在行政审批、融资信贷、市场准入、资质认定等方面进行惩戒，同时对其乘坐飞机、列车软卧等交通工具以及在星级以上宾馆、酒店、夜总会、高尔夫球场等场所高消费进行限制。该规定的出台，能够很好地限制失信赖账行为，这不禁让我们联想，如果网上仲裁的裁决也能适用该规定，那无疑会极大地促进网上仲裁裁决的执行力。但是，在实际履行中，对于不被执行的仲裁裁决，当事人要向法院申请强制执行，那么执行法院如何确定？我们认为，应当是被执行人所在地法院管辖，这能够节省时间、空间、人力成本。至于执行费用，无疑应当由试图"赖账"的被执行人承担。

四、结束语

综上所述，电子商务早已步入飞速发展的状态，由此将会产生诸多问题和新生事物，面对这个瞬息万变的互联网世界，法律如果不能跟上脚步，那么秩序就无法得到保障。建立、普及网上仲裁，理论上存在诸多可能性，但尚欠更多实践。但是如果立法者在面对已经讨论多年的基础上，仍对这一已不新鲜的事物无动于衷，仍保持法律一贯的滞后性，由此不仅会导致秩序的混乱，更会妨碍互联网金融的发展。

完善我国证券纠纷多元化
解决机制的新探索

——深圳证券期货纠纷调解中心的尝试和努力[①]

陈　彬[②]

随着我国金融业的迅速发展，金融纠纷也开始增长。如何快捷、有效地解决这些纠纷，直接关系到我国金融领域的稳定以及我国经济的健康发展。近年来，我国司法和行政机关也大力推进仲裁、调解等非诉讼纠纷解决机制的运用以及诉讼与非诉讼机制之间的衔接。2012 年，针对金融争议，最高人民法院于2 月 10 日发布了《关于人民法院为防范化解金融风险和推进金融改革发展提供司法保障的指导意见》，要求人民法院为化解金融纠纷的创新性和前沿性，必须大力开展调查研究，发挥司法建议功能，延伸能动司法效果，构建专业审判机制，拓展金融解纷资源，不断提高金融审判水平。2014 年 5 月 9 日，国务院印发了《关于进一步促进资本市场健康发展的若干意见》（以下简称"国九条"）。"国九条"明确指出，为保护投资者特别是中小投资者合法权益，应健全多元化纠纷解决和投资者损害赔偿救济机制。

由于证券市场的专业性，容易产生专业壁垒。在此背景下，面对形形色色的损害中小投资者利益的行为以及由此导致的证券纠纷，如何探索和构建证券市场低成本、高效率地解决证券纠纷的机制，是监管者和从业人员必须解决的重要问题。我们认为，除了通过诉讼或行政的方式来解决证券纠纷外，采用仲裁的方式来解决证券纠纷是一条有效的途径。

---

① 本文仅代表作者个人观点，并不反映作者所服务机构的意见。
② 陈彬，法学博士、博士后，深圳证券交易所综合研究所研究员，高级经济师。本文选自第 14 次珠江金融论坛——"金融法制环境建设论坛"的应征论文。

一、境外市场已广泛建立金融专业仲裁和调解制度，美国还发展出成熟的证券仲裁和调解制度

（一）多数市场建立泛金融领域的专业调解/仲裁制度

1. 英国金融专业调解制度。英国金融业在1999年以前实行分业管理，各金融行业自发设立了不同的调查专员服务机构。1999年，英国金融监管局（Financial Services Authority，FSA）将原来多个机构提供的投诉处理服务和调查员服务整合成一个解决各种金融纠纷的综合性机构——金融调查员服务公司（Financial Ombudsman Services，FOS）。英国的金融专业调解制度主要有以下特点：（1）统一性，金融调查员服务公司的管辖范围足以涵盖几乎金融行业所有类型的纠纷；（2）独立性，金融调查员服务公司根据《金融服务与市场法》的规定获得了独立授权，成为独立的非盈利性的法人，负有限责任；（3）收费合理性，金融调查员服务公司的资金来源25%是来自金融企业依法应缴纳的税费，另75%来自于因使用调解服务的金融机构缴纳的费用，纠纷的消费者一方是完全免费的；（4）消费者保护的倾向性，程序上有较明显的保护、方便消费者的倾向，例如消费者可以选择是否接受裁决，而相对的金融机构却不得不接受这样的裁决；（5）以调解与裁定相结合的方式解决金融服务消费者与金融机构之间的纠纷，为金融服务消费者提供高效且费用较低的纠纷解决途径。

2. 德国金融专业调解制度。1992年，德国推出私人银行调查员程序，以解决客户与银行间发生的法律纠纷，这是德国金融领域第一个庭外的调解程序。私人银行调查员程序的宗旨就是运用简洁的程序设计实现保护消费者的目标，快捷、公正地处理争议，减轻司法机关的负担。调查员程序依据的是私人银行程序章程，即银行自愿加入程序，并承认章程的约束力。德国的私人银行调查员程序结构严谨、影响广泛、社会效果良好，无论对于消费者还是银行都易于接受。德国金融专业调解制度有以下特点：（1）其基本程序规则比法庭灵活，运行时间也短于诉讼时间，避免了漫长的司法程序。（2）对于消费者免费，消除了消费者的费用风险，且调解书对消费者也没有必然约束力。（3）仅对5000欧元（合47000元人民币）以下的投诉标的具有约束力。银行不得向普通法院提起诉讼，而投诉人则可向普通法院提起诉讼。需要特别指出的是，该制度在德国证券期货领域也得到了广泛适用，发挥了积极作用。据德国银行业协会统计，2008年，证券业务投诉达到1868件，较上年翻了一番，占全年案件的

40%，协会调解案件的53%处理结果有利于客户，44%有利于银行，其余3%银行和客户达成和解。[①]

（二）美国已发展出成熟的证券专业仲裁/调解制度

在美国，美国证券交易所、全美证券交易协会、芝加哥期货交易所等纷纷成立了仲裁部门，制定自己的仲裁规则。其中，FINRA的证券调解服务最为重要。

2007年7月30日，美国证券业自律组织将美国证券交易协会（National Association of Securities Dealers，NASD）与纽约证券交易所（New York Stock Exchange，NYSE）的会员监管业务合并，重组为美国金融业监管局（Financial Industry Regulatory Authority，FINRA），其证券调解服务在美国占据主导地位。美国的证券专业调解制度具有以下特点：（1）专业性，主要体现在对调解员的要求上，调解员须经过严格的遴选程序，正式上岗前，调解员还必须接受专业化的调解技巧培训；（2）效率高，FINRA对证券调解效率有较高要求，所有调解参加者必须是案件的当事人或是拥有授权的代理人，有权出庭调解的人员必须积极出庭参与调解，否则将会妨碍调解效率；（3）成本低，证券调解收费标准相对较低，收费结构简单，仅包括立案费与调解员报酬及开支两部分，便于当事人预测和控制成本。

针对境外市场广泛建立金融（也包括证券领域）纠纷专业仲裁和调解机制的趋势，朱伟一教授明确指出，仲裁不仅是解决纠纷的方法，也是一种产业，同时也是金融中心的重要标志之一。国际上争抢金融仲裁产业的大有人在，荷兰已经先行一步，于2012年1月设立了专门的金融仲裁庭。荷兰政府雄心勃勃，想把金融仲裁庭建成一个世界领先的仲裁机构。中国作为证券大国、金融大国和资本大国，理应在金融纠纷方面争得一席之地，并争取做大做强。[②]

二、我国证券市场多元化纠纷解决机制的不足

（一）诉讼

目前，我国证券市场民事纠纷的诉讼方式仍然存在诸多不足。民事赔偿案

① 袁熙：《德国金融调解员制度的核心机制》，载《证券法制参考》，2010（27）。
② 朱伟一：《金融纠纷仲裁的若干问题》，载《中国法律》，2012（3）。

件的发起受到诸多因素的制约，诸如受理案件范围狭窄①、设置行政前置程序为前提、诉讼方式仅限定于单独诉讼或者共同诉讼、损害赔偿计算方法不合理②等。对于这种现状，有学者甚至认为："起诉不受理、受理不开庭、开庭不判决、判决不执行，是中国证券民事赔偿案件的现状。有法不依、执法不严、违法不究，甚至知法违法，是阻碍证券民事赔偿案件顺利进行的直接原因。"③

即使投资者成功起诉，由于法院证券专业人员及能力的匮乏、保守的思维、害怕影响社会稳定的心态等各个方面的原因，民事赔偿诉讼制度也难以取得投资者认可，比如："8·16"光大证券乌龙案和9月17日发生的兴民钢圈516079.20美元合同放大成516079.20万美元，高管趁机减持涉嫌内幕交易案等，中小投资者因巨额亏损告到法院被法院驳回等都印证了目前中小投资者通过诉讼维护自身权益还存在诸多困难。

另一个例证是上海证券纠纷案件的审理数据。根据上海法院2011年的审判实践，信用卡纠纷、金融借款合同纠纷等案件一般事实比较清楚，服判息诉率较高，分别为99.94%、99.67%；典当纠纷服判息诉率为95.45%；证券纠纷服判息诉率为91.43%。虽然绝大多数证券纠纷案件的当事人可以接受法院的判决，但少数证券纠纷案件因争议较大，当事人不能服判息诉。④

（二）行政协调

除司法诉讼外，行政协调也是目前解决证券纠纷的主要途径。现行证券民事诉讼的受理范围较窄，且周期长、成本高、程序烦琐，导致投资者选择上访而不愿诉讼，监管部门信访压力大。投资者法律咨询、投诉、服务和维权工作缺乏统一安排、组织和引导，有关工作的公正性、权威性以及组织协调机制与现实需要仍有相当差距。因证券纠纷往往涉及数量众多的投资者，证券纠纷的解决途径较为单一的现状导致证券监管部门和证券经营机构面临很大压力，且纠纷也不能得到低成本、迅速、有效的解决。证券纠纷解决亟待向多渠道分流

---

① 2002年1月15日和2003年1月9日，最高人民法院分别发布了《最高人民法院关于受理证券市场因虚假陈述引发的民事侵权纠纷案件有关问题的通知》（以下简称《通知》）和《最高人民法院关于审理证券市场因虚假陈述引发的民事赔偿案件的若干规定》（以下简称《若干规定》）。但是迄今为止，因内幕交易和市场操纵引发的民事赔偿案件仍然无法进入司法诉讼程序。

② 2002年11月11日，彭淼秋起诉ST嘉宝虚假陈述案正式结案，这是第一起正式结案的证券索赔案件，该案中彭女士实际损失2061元，而仅获800元赔偿，获赔率为38.8%。

③ 彭叶萍：《论证券纠纷的非诉讼解决机制》，上海，华东政法大学，2008。

④ 上海法院金融审判白皮书［R］.上海市高级人民法院，2011.

的现实需要。

（三）调解

在当前证券市场快速发展、证券类金融纠纷迅速增加、投资者诉讼能力较弱、证券民事诉讼渠道尚未完全畅通的情况下，探索建立专门的证券纠纷调解制度具有非常重要的实践意义。在立法上，《证券法》正式赋予了中国证券业协会以调解职能。2011 年 9 月，中国证券业协会调解专业委员会正式成立，标志着金融专业调解制度在证券领域先行一步。2012 年 6 月，中国证券业协会调解专业委员会颁布《证券纠纷调解工作管理办法（试行）》《证券纠纷调解规则（试行）》《调解员管理办法（试行）》等三项规则。2012 年 7 月，协会在其官方网站上设立了证券纠纷调解专区，向社会公众公布证券纠纷调解规则、调解工作相关资料、调解员名册、调解工作动向等信息资料。证券纠纷当事人可以通过证券纠纷调解专区上开设的在线申请平台提交证券纠纷调解申请，这标志着协会证券纠纷调解工作的正式启动，健全了证券纠纷调解组织体系。①

但是，从目前证券纠纷引发的案件来看，证券纠纷案件所涉及的事实和法律关系比较复杂，事实认定和法律适用难度较大。第一，证券纠纷对调解人员的专业知识要求比较高，但目前的调解机构难以维持一支专业高效的调解员队伍。第二，证券纠纷的涉众性和传导性决定了证券机构和投资者对待调解态度谨慎，中国证券业协会主导的证券调解机制的独立性就受到投资者对其行政化的质疑。第三，证券调解效率和效力均过低，很难真正发挥预期的效应。种种制约导致证券纠纷调解成功的案例凤毛麟角，同样以光大证券乌龙案和兴民钢

---

① 2012 年 3 月，中国证券投资者保护基金公司有关负责人表示，该公司在大量调查研究基础上，拟定出了证券纠纷调解工作方案和调解规则。该负责人还表示，建立适当的证券纠纷调解通道，有利于化解社会矛盾、节约社会成本，是落实保护投资者合法权益的一项具体措施。该保护基金公司对多元化证券纠纷解决机制进行长期研究，借鉴国外成熟经验，将开展公益性证券专业调解试点工作列为 2012 年重点工作。证监会投资者保护局负责人也指出，"除了司法救济渠道外，证监会还在积极指导自律监管机构和经营机构建立投诉处理平台，引导和建立诉讼之外的调解、仲裁等替代性纠纷解决机制以及公益诉讼制度，取得了初步成效"。中国证券业协会还分别在北京和厦门举办了两期证券纠纷调解员培训，并于2012 年 12 月举办了证券纠纷行业调解机制建立后的首次证券纠纷调解工作交流会，就有关知识和调解工作进展进行了充分的交流，会上还讨论了《中国证券业协会证券纠纷调解工作实施细则（征求意见稿）》。

圈为例，上市公司以投资者众多为由而拒绝调解。① 调解大门被关上，法院又不受理，对投资者的赔偿和保护根本无从谈起。

（四）仲裁

1994 年《仲裁法》出台之时，我国证券市场尚处于初创阶段，因此《仲裁法》仅对一般争议的仲裁予以规范，并未针对证券争议的解决设计特殊的机制。除《仲裁法》之外，关于证券仲裁在我国具有法律效力的规定仅见于行政法规和规范性文件，立法层次过低。这些法规和规范性文件令出多门，缺乏法律制度应有的体系化、系统化，适用对象单一，无法满足证券市场发展的需要②。此外，中国证监会 1994 年发布《关于证券争议仲裁协议的通知》（以下简称《通知》）将中国国际经济贸易仲裁委员会指定为证券争议的法定仲裁机构。《中国国际经济贸易仲裁委员会仲裁规则》（以下简称《规则》）第二条规定："可以解决的争议范围包括涉外争议以及法律、行政法规特别规定或者特别授权的争议。"但是，中国证监会的《通知》既非法律，也非行政法规，其规定明显与《规则》相矛盾。而且，根据《立法法》第八条规定诉讼和仲裁制度只能制定法律，那么国务院和中国证监会是否有权制定有关证券仲裁的制度，显然也值得商榷。

相对于其他金融领域，证券领域的纠纷具有独特性，但是我国至今尚没有专门的证券仲裁规则。而且，截至目前，有专门的证券仲裁员名册的仲裁委员会只有 CIETAC 一家，③ 其他仲裁委员会的仲裁员名册中虽有少数专长于证券事

---

① 近年来，证券纠纷调解成功的案例较少，"陈艳军等诉浙江杭萧钢构有限公司证券市场虚假陈述赔偿纠纷系列案"是典型的金融争议调解案件。该案中，陈艳军等 127 人先后以浙江杭萧钢构股份有限公司（以下简称"杭萧钢构"）与中国国际金融有限公司就安哥拉住宅建设项目上信息披露违反法律法规对股民形成误导为由，向浙江省杭州市中级人民法院提起诉讼，请求判令杭萧钢构赔偿原告投资损失、佣金和利息等损失。2007 年 4 月 30 日，中国证监会对杭萧钢构下达的行政处罚决定书中认定杭萧钢构存在未按规定披露信息和披露的信息有误导性陈述等违法行为。杭州市中级人民法院制定了对 127 件案件进行通盘考虑、整体处理的审理思路，先后多次做双方当事人调解工作，释法明理，使杭萧钢构对其行为的法律后果及法律责任有了正确的认识，只有诚恳调解、积极赔偿才能修复上市公司信誉。法院使原告充分认识股市投资行为本身存在的风险以及股票市场的系统风险，逐步引导原告调整过高的诉讼期望值，接受以调解方式化解矛盾纠纷；充分发挥律师在调解工作中的重要作用，取得 127 位原告代理人律师的理解与支持。最终，118 件案件一次性达成调解协议，原告获得了 82% 的高比例现金赔偿。随后，剩余 9 件案件也顺利调处。

② 包括国务院《股票发行与交易管理暂行办法》在内的几乎所有证券仲裁制度的立法，仅仅规范股票争议的仲裁，没有涉及债券、基金等其他证券。

③ 1994 年 8 月，国务院证券委指定 CIETAC 为证券纠纷的仲裁机构后，CIETAC 立即公布了 62 人的证券仲裁员名册。2003 年 5 月 8 日《金融争议仲裁规则》实施时，CIETAC 的金融专业仲裁员名册同步实施。

务的仲裁员，但没有专门的证券仲裁员名册①。加之证券监管机构推动建立证券专业仲裁的力度欠缺，专业证券仲裁人才和机构的缺失，都导致了我国证券市场仲裁制度缺乏市场认可。②

证券纠纷多元化解决机制的缺失给证券市场、中小投资者带来了巨大危害。在目前司法途径难以迅速突破的情况下，如何从仲裁和调解方式入手丰富证券纠纷多元化解决机制成为有效保护中小投资者合法权益的当务之急。

三、深圳证券期货业纠纷调解中心的实践及其对我国证券纠纷多元化解决机制的贡献

（一）深圳证券期货业纠纷调解中心的组织架构

2013 年 6 月成立的深圳证券期货业纠纷调解中心（以下简称中心）是内地资本市场第一个独立纠纷调解机构。调解中心接受中国证监会深圳证监局业务指导，理事单位包括深圳证券交易所、深圳国际仲裁院、深圳市证券业协会、深圳市期货同业协会、深圳市投资基金同业公会和前海股权交易中心等六家机构。调解中心是深圳市编办批准的独立事业单位法人，区别于其他行业性、附属性调解机构；调解中心理事会、秘书处依章程独立运作，监管部门、理事单位均不干预其日常工作。③

中心的调解员实行选任制，首批遴选三十余名有声望和代表性的人士进入调解员名册，包括法学专家、业界名流、机构高管等，从事职业涵盖证券、期

---

① 中国国际经济贸易仲裁委员会 2008 年在天津设立了贸仲委天津国际经济金融仲裁中心（"天津分会"），并制定了《金融争议仲裁规则》，专业解决金融争议问题。广州仲裁委员会下专设金融仲裁院，并于 2011 年制定《广州仲裁委员会金融仲裁规则》。上海仲裁委员会于 2007 年即设立上海金融仲裁院。武汉仲裁委员会在常设机构工作部门中设有金融仲裁院，同时，在专业仲裁中心中特设保险合同争议仲裁中心，二者专职解决金融争议。在 2012 年 7 月，温州金融仲裁院成立，这是当地为了应对民间借贷纠纷等金融类案件激增之势，而采取的应对措施；9 月 14 日，成都金融仲裁院成立，并聘请了 147 名素质高、能力强、业务精的金融仲裁员；10 月 19 日，西安仲裁委员会保险专业仲裁办公室在陕西省保险行业协会正式挂牌成立，办公室是由西安仲裁委和省保险行业协会联合建立的，旨在维护陕西保险消费者合法权益，宣传理性消费观念、以非诉渠道化解保险争议案件；11 月 5 日，惠州仲裁委员会成立金融仲裁院；11 月 20 日，大连仲裁委员会证券仲裁中心在大连证业协会正式挂牌成立。与此形成鲜明对比的是，专业的证券仲裁机构非常缺乏。

② 一项研究表明，截至 2003 年 3 月，中国国际经济贸易仲裁委员会（CIETAC）受理的证券仲裁案件不足 20 件，其他仲裁委员会受理的案件则更少。证券纠纷仲裁制度方案设计课题组. 证券纠纷仲裁制度方案设计 [N]. 上海证券报, 2003 – 03 – 11.

③ 中心对中小投资者不收取调解费用，提供政策法规咨询和法律援助等多种服务；寻求中国证券投资者保护基金有限责任公司支持，为异地和跨辖区调解提供人员和经费保障。

货、基金、风险投资等领域；加强与中国证券投资者保护基金有限责任公司的合作，将其特聘专家吸收进调解员名单，依托公司在全国范围遴选专业调解员。调解中心的调解员均具备良好的公信力和职业操守，能够针对行业特点和专业问题开展纠纷调处和矛盾化解。

（二）深圳证券期货业纠纷调解中心的工作程序

1. 中心的工作对象。中心主要调处投资者、证券期货经营机构及资本市场其他主体就其相互之间因证券期货或资本市场其他业务发生的商事争议，没有严格的地域和类型限制，保持了机制的开放性。

2. 中心的业务规则。中心制定《调解规则》细化调解方式、程序和调解中的权利保障，确保地位平等和程序规范；制定《调解员管理办法》规范调解员行为规范和工作规程，明确调解员由当事人共同选定或由调解中心根据当事人要求指定，确保调处质量；明确调解期限，增强心理预期，防止久调不决影响权利实现。具体可由当事人约定，未约定的均在 20 个工作日内完成调解，大大短于仲裁和司法程序。

3. 中心的工作流程。纠纷的涉及机构首先主动处理因其产品和服务产生的纠纷，对与投资者间不涉及违法违规行为的投诉承担首要责任。首要责任通过"投诉专员"、"信访专员"[①] 两项重要制度保证落实；未决纠纷均继续引导采用调解方式解决。当机构无法处理与投资者的纠纷后，双方当事人可以共同申请调解。为简化响应程序扩大调解适用，行业协会引导机构通过签署行业公约的方式公开承诺接受调解并保证履行，实现了投资者单方申请即可启动调解程序。

（三）深圳证券期货业纠纷调解中心的实践

中心自 2013 年 9 月正式运作以来，截至 2014 年 8 月底，已受理个案调解申请 13 宗，达成调解协议 4 宗，已全部履行完毕，涉案金额最高的达一百余万元；其他纠纷由调解中心受理后，机构主动与投资者协商达成和解。

此外，中心还积极探索调处证券虚假陈述等涉众纠纷。上市公司海联讯涉嫌财务报告虚假陈述，公司大股东和实际控制人出资设立专项基金补偿投资者。在中国证券投资者保护基金有限责任公司的支持下，调解中心作为独立第三方

---

① 证券期货经营机构总部设立"投诉专员"，对内负责投诉具体事务的沟通协调、跟进督促；对外负责对接监管机构和纠纷解决机构，领受监管要求并推动落实，协助调解仲裁机构开展纠纷调处工作。监管部门设"信访专员"统筹首要责任落实。分类登记统计投资者向监管部门投诉情况，向机构转办投资者径行向监管部门提出的索赔诉求，定期向社会通报各机构投诉量和投诉办理结果，提请对落实首要责任不力的机构采取监管措施并记入诚信档案。落实首要责任，"信访专员"是总指挥，"投诉专员"是主抓手。

参与见证补偿方案制定，受理了投资者对补偿方案提出的 5 宗调解申请；接受深圳市中级人民法院委托，正在开展某上市公司虚假陈述民事赔偿系列案件（共 71 宗）的调解工作。目前，深圳市各级法院依靠调解中心处理涉众纠纷态度积极。

（四）深圳证券期货业纠纷调解中心对我国证券纠纷多元化解决机制的突破

1. 调解机制对接效力确认审查机制，实现了调解、仲裁、司法的有效协调。第一，创设调仲对接。为此，深圳国际仲裁院特别制定证券仲裁规则。根据该规则，调解协议可订立仲裁条款，当事人得向深圳国际仲裁院申请快速作出仲裁裁决，确保一裁终局的强制执行力。第二，密切诉调对接。中心与深圳市中级人民法院签署《关于共同推进联调机制建设的合作框架协议》，实现诉调对接和纠纷联调。当事人可持调解协议到深圳市的法院申请司法确认或出具调解书，强化法律约束。在诉调对接机制的保障下，调解结果将接受司法审查，司法的主要功能从解决纠纷变为法律监督，引导和督促调解机构依法创设规则和处理纠纷。第三，中心还与法院建立了诉前调解、委托调解、协助调解机制，多措并举增强法律实施的社会效果。

2. 为解决涉众证券纠纷提供了新的实践探索。最高人民法院曾明确不宜以集团诉讼的形式受理虚假陈述民事赔偿案件，原因是诉讼参与人众多、情况复杂，容易对证券市场秩序和社会稳定产生较大影响。《民事诉讼法》规定的代表人诉讼制度对诉讼标的一致性有严格要求，具体运作环节也比较繁杂，不适合解决涉众证券纠纷。针对长期存在的司法难题，中心通过灵活设计调解规则和调解方式，构建满足投资者多样需求的程序体系和动态调整机制，在证券虚假陈述等涉众纠纷中发挥积极作用，最大限度地便利投资者，并有效减轻了诉讼成本和司法资源负担。

互联网保险的法律风险分析及监管建议

李中杰[①]

一、互联网保险的特征

互联网保险具有不同于传统保险的特质，使互联网保险不但面临传统保险活动中存在的信用风险、流动性风险和市场风险，还面临由互联网信息技术、虚拟保险服务引起的法律风险。

（一）虚拟性

与传统的保险交易相比，网络保险具有明显的虚拟性。保险人不再需要有形的营业场所和人员配备，而是通过计算机软硬件构筑的一个网络交易平台完成，是一个开放的自动化的虚拟营业部。所有的交易只在网络中进行，没有现实中的纸质单据、货币，一切信息往来都是在网络上以数字化形式进行。[②]

（二）直接性

传统保险业中，很多保险业务都是通过中介完成的，保险中介的素质能力和服务质量直接制约着传统保险的发展。互联网保险中，保险人可以直接接触到目标客户，客户也可以独立自主选择自己希望投保的产品，不需要被动接受保险中介的硬性推销，并可以在多家保险公司及多个产品中实现比较和选择。

（三）时效性

网络的出现和运用，加速了信息的传播范围和处理速度。网络保险的整个过程实际上是一个信息获取、传递、交换的过程。互联网保险使合同订立的要约邀请、要约、承诺过程在瞬间完成，这使保险公司可以随时准确、迅速、简

[①] 李中杰，法学硕士，就职于广东保监局。本文选自第14次珠江金融论坛——"金融法制环境建设论坛"的应征论文，内容有修改。

[②] 项俊波：《金融风险的防范与法律制度的完善》，载《金融研究》，2005（8）。

洁地为客户提供所需的信息，同时，也使网络保险合同订立出现有别于传统的保险合同的问题和风险。

（四）跨域性

互联网的全球化使得保险业突破了空间的限制。传统保险机构须在获批的地域范围内从事保险活动，互联网保险突破了传统地域的限制，跨域经营一方面使竞争更充分，消费者有更多的选择，另一方面会影响保险消费者理赔等后续服务的质量。

二、互联网保险的法律风险

互联网保险的法律风险，主要源于互联网保险的发展速度与法律建设上的不协调。我国现行规范互联网保险的主要法律和规范性文件（见表1）都是较为原则、零散的，很多问题没有明确的规定，突出表现在对于互联网保险合同的订立、第三方保险网站的地位、互联网保险隐私权保护等问题。

表1　　　　　　　现行规范互联网保险的主要法律和规范性文件

依据法律	颁布时间	颁布机构	相关内容
《中华人民共和国电子签名法》	2005 年	全国人大	第十四条　可靠的电子签名与手写签名或者盖章具有同等的法律效力
《中国保险业发展"十二五"规划纲要》	2011 年	保监会	推动移动互联网、云计算和虚拟化等新技术在保险业的创新研究，推动电子保单应用，大力发展保险电子商务
《保险代理、经纪公司互联网保险业务监管办法（试行）》	2011 年	保监会	对保险代理、经纪公司开展互联网保险业务的资质、信息披露、交易数据和信息安全保障等方面进行规范，促进保险代理、经纪公司互联网保险业务健康有序发展，切实保护投保人、被保险人和受益人的合法权益

（一）互联网保险合同的订立问题

《合同法》第十一条：书面形式是指合同书、信件和数据电文（包括电报、电传、传真、电子数据交换和电子邮件）等可以有形地表现所载内容的形式。

该规定明确了书面合同的内涵，将电子合同纳入其中。但是《合同法》及相关司法解释尚未对电子合同订立的具体操作事项作出明确的规定，电子合同套用传统书面合同规则时会出现不相适应的地方。

1. 要约的撤回与撤销。要约是希望和他人订立合同的意思表示。要约在保险合同订立过程中为"投保"。在互联网保险中，保险公司在投保流程中会设置确认已阅读所选险种和条款信息的流程。投保人这一确认举动不是要约，而是要约邀请。投保人阅读所选险种简要说明和详细条款后，填写投保信息，确认后向保险人发出投保单，才是投保人向保险人提出的订立保险合同的要约。由于互联网保险合同的时效性，投保人用数据电文向保险人发出要约，要约是瞬间传递给保险人的。这样的要约是否可以撤回和撤销，法律尚未明确规定，理论界存在两种观点。一种认为与纸面为媒介的传统保险合同一样，要约与承诺均可撤回和撤销。另一种认为将传统规则应用于电子商务环境是不现实的。因为互联网信息的瞬间传达，使得要约和承诺撤回和撤销的可能性微乎其微。笔者认为，电子商务合同在没有特殊法予以规范时，适用《合同法》的一般规定：要约可以撤销和撤回。权利行使的难易程度不影响权利的成就，虽然一般情况下，互联网保险合同承诺的撤销和撤回是几乎不可能的，但是在线路故障、网络病毒的因素影响下要约不能及时送达的，投保人想要撤回要约是可以实现的。[①]

2. 附条件承诺的效力问题。承诺是受要约人同意要约的意思表示，即当事人一方对他方提出的要约完全同意的意思表示。承诺在保险合同中为"承保"，它是保险人完全接受投保人在要约中的意思表示的法律行为。经过核保，则可能会出现三种情况：第一种是完全接受要约，第二种是完全不接受要约，第三种是附加条件接受要约。第一种情况下，保险人的行为构成承诺；第二种情况下，保险人的行为构成拒绝；第三种情况下，投保人附加条件接受要约是否构成承诺，应当根据我国《合同法》第三十条的规定，即"受要约人对要约作出实质性变更的，为新要约。有关合同标的、数量、质量、价款或者报酬、履行期限、履行地点和方式、违约责任和解决争议方式等的变更，是对要约内容的实质性变更。"因此，保险人附加条件接受要约，如该条件对要约作出实质性变更的，应当视为保险人向投保人发出的新要约，如该条件对要约作出的是非实质的变更，应当视为承诺生效。

---

① 陈杨：《互联网保险：新渠道后的茫然》，载《保险实务》，2013（11）。

（二）第三方保险网站的法律地位问题①

第三方保险网站，是指没有传统的保险机构作为依托、完全由互联网公司创办的从事在线保险业务的网站，如易保网。保险机构通过第三方网站推荐保险产品是目前互联网保险发展的重要模式，这种模式下可以实现保险公司、网站和投保人的三方共赢，但作为互联网保险销售的参与者，第三方网站的法律地位问题值得思考。

1. 第三方保险网站提供保险中介服务。第三方保险网站直接进行保险产品销售，从销售中提取佣金，符合保险中介服务的特征。根据《保险法》第一百一十九条的规定：保险代理机构、保险经纪人应当具备国务院保险监督管理机构规定的条件，取得保险监督管理机构颁发的经营保险代理业务许可证、保险经纪业务许可证。保监会出台了《保险兼业代理管理暂行办法》（保监发〔2014〕144号）、《保险经纪机构监管规定》（2009年6号令）等文件，对保险代理、经纪机构的设立条件作出了明确的规定，我国现行法律和监管制度并不认可第三方保险网站具有作为保险代理或保险经纪机构的资质。而我国第三方保险网站都没有表明自己的身份，也未取得合法从事保险代理、经纪业务的许可。在实践中却扮演着交易中介的角色，而根据《关于进一步规范互联网保险业务的通知》（保监厅发〔2012〕27号）的要求这样的做法是违反监管规定的。

2. 第三方保险网站作为平台提供商。作为保险平台提供商的第三方保险网站在法律上可以称之为"一种兼有我国消费者权益保护法规定的'展位出租者'或'柜台出租者'和网络媒体的新型媒体"。其法律特征如下：

（1）向保险公司有偿提供展位或柜台的出租服务。消费者权益保护法中规定的"展位出租者"或"柜台出租者"，是指为商家提供展位、柜台或其他场地，并据此向其收取费用的个人或组织。作为平台提供商的第三方保险网站在网络交易中，通常是与保险公司签订网络空间的租赁合同，租赁费用或产品登录费的性质与承租费或柜台使用费基本相同。

（2）向保险公司有偿提供网络空间广告服务。作为一种网络媒体，第三方保险网站为保险公司提供一定的网络空间让其发布广告。如易保网上为几十家保险公司提供了近百个保险产品的展示空间，并为每个保险产品进行了图文并茂的宣传。第三方保险网站与一般媒体的突出不同之处在于，"网站只是提供给他人一定的电子空间让他人发布广告，网站本身并没有亲自发布广告，在他人

① 中国保险行业协会：《互联网保险行业发展报告》，北京，中国财政经济出版社，2014。

的网站上发布广告的行为是由租用其电子空间的商家自己直接进行的。即广告所有者或经营者直接是广告的发布者，网站并没有参与广告的发布，其发布广告也无须网站的审查、同意"。

需要指出的是，根据《消费者权益保护法》第四十三条的规定，"展位出租者"（第三方保险网站）需要与"展位租赁者"（保险人）承担赔偿的连带责任，这种责任承担方式明显不符合第三方保险网站的运营模式和保险的特征。

（三）互联网保险中的隐私权保护

1. 非法利用个人信息。在使用保险网站进行浏览、咨询时，都会被要求先注册用户，而注册表中包含了众多的个人信息，如姓名、生日、性别、电话号码、邮箱地址等。一旦在网上投保，则被要求提供更多的身份和财产信息，如身份证号、个人健康状况、银行账户等。大多数网站都承诺个人信息安全，但缺乏有效的监督和追踪机制，个人资料可能会被超出授权范围内使用。

2. 泄露他人的个人信息。网络具有开放性的特征，在互联网环境下，个人信息更容易被泄露。具有跟踪功能插件可以在个人浏览保险网站时，定时跟踪、记录用户访问的站点，下载、复制用户网上活动的内容，收集用户个人信息资料，建立用户信息资料库，并将用户的个人信息资料转让、出卖给其他公司以谋利，或是用于其他商业目的。造成用户个人信息的泄露、公开或传播。

3. 非法搜集获取个人信息。网络经营者、从事网络调查业务的商业公司、软硬件设备提供商、网络黑客都可能导致个人隐私权受到侵害。如英特尔公司就曾经在其处理器中植入"安全序号"，监视用户之间的往来信息，使计算机用户的私人信息受到不适当的跟踪、监视。网络黑客运用解密技术，通过不经授权的登录、攻击他人或保险网站计算机系统，窃取、冒用网络保险客户的私人信息。在互联网环境下，对个人隐私权的保护面临着更大的压力和挑战。

三、监管建议

（一）基本监管思路构想

开放、平等、协作、分享互联网精神与金融交易安全性、私密性、专业性之间存在着必然的冲突。因此，如何在保护互联网保险创新的同时有效维护金融稳定和金融秩序，是互联网保险监管模式面临的最大难题之一。因此，对互联网保险监管的目标应当是：既避免过度监管，又防范重大风险。循此逻辑，对互联网保险的监管总体上应当体现开放性、包容性与有效性，同时坚持鼓励和规范并重、培育和防险并举，构建包括市场自律、法律基础性规制和监管部门有效监管在内的三位一体的安全网，促进互联网保险的良序发展。

（二）法律监管路径建议

1. 健全基础性法律及配套法律体系。互联网保险发展离不开法律的保障。建议从三个层次加快我国互联网保险的法律体系建设。第一，法律层面上尽快出台电子商务纲领性法律。出台或补充完善针对电子合同、电子签章及认证、电子证据及电子文件合法性、消费者权益保护等问题的法律。第二，保险法律体系的修订和完善。应从法律层面界定互联网保险范畴，厘定发展方向，明确行业准入门槛，明晰各交易主体权利和义务等。第三，对专门问题出台部门规章和国家标准。尽快形成较为完善的互联网保险法律体系。

2. 营造多层次的互联网保险监管体系。保险业监管的严格性与互联网自由性存在显性冲突。在监管工作中要处理协调好两者的关系的关键是科学合理把握互联网保险创新风险容忍度。尽快建立起监管与自律相结合，跨部门跨地域的互联网保险监管体系。第一，建立开放宽容、放矢有度的监管理念。既要充分尊重互联网保险发展的自身规律和互联网从业人员、保险从业人员的创新精神，为互联网金融发展创新提供空间；又要坚决守住风险底线，确保监管到位，促进互联网金融健康有序发展。第二，充分发挥互联网保险行业的自律组织作用。通过制定统一的行业标准和自律公约，督促会员单位维护市场竞争秩序。第三，互联网与金融的全球化使得跨业跨地域的金融风险增加，各金融监管部门之间应加强沟通合作[①]。

3. 加强对互联网保险消费者的保护。维护保险消费者合法权益是各个国家保险监管的一项重要目标，也应当是我国互联网保险监管的着力点。主要发达国家，无不将保险消费者的立法保护放在突出的位置予以考量。相较于传统的保险消费，互联网保险消费者处于更加弱势的地位，一方面要加快互联网保险消费者的教育，提高消费者的风险意识和自我保护能力。另一方面在制度层面上加强对互联网保险消费者的保护，才能使"法律的边际效应"更为扩大。我国保险消费者保护领域的法律严重缺失，监管部门在处理投诉时也常常感觉无法可依，因此，我们应积极借鉴国外的经验，适时出台相应的保护互联网保险消费权益的法律规范，切实保护消费者的合法权益。

---

① 杨群华：《我国互联网金融的特殊风险及防范研究》，载《研究》，2013（7）。

参考文献

[1] 程雪军：《论互联网金融发展与法律监管》，载《财政金融》，2013 (9)。

[2] 吕志勇、李东：《我国网络保险的风险及风险管理研究》，载《上海保险》，2014 (4)。

[3] 曲哲涵：《互联网保险：有苗不愁长》，载《人民日报》，2014 - 02 - 26。

[4] 罗艳君：《互联网保险的发展与监管》，载《中国金融》，2013 (24)。

[5] 冯娟娟：《我国互联网金融监管问题的研究》，载《时代金融》，2013 (10)。

民间借贷的法律制度建设 现状及其改进建议①

傅子恒　宋江波　夏春莲②

一、问题的提出

（一）民间借贷的定义

目前学界对于民间借贷的定义还没有一个统一的权威论证。我国只有在1991 年颁布的最高人民法院《关于人民法院审理借贷案件的若干意见》中模糊地规定了"公民之间的借贷纠纷，公民与法人之间的借贷纠纷以及公民与其他组织之间的借贷纠纷，应作为借贷案件受理。"根据 2013 年 6 月 13 日江苏省高级人民法院第 10 次审判委员会会议关于民间借贷的界定：民间借贷是指自然人之间、自然人与从事非金融业务的法人、其他组织之间借贷人民币、港元、澳元、新台币、外币及国库券等有价证券的行为。经政府有关部门批准设立的典当行、小额贷款公司、农村资金互助合作社等机构发放贷款的，属于民间借贷，但法律、司法解释对其有特别规定的，应当按照特别规定处理。

（二）课题研究的意义

改革开放以来，民间借贷的盛行，促进了我国中小企业以及农村经济的发展。其作为一种更加自由而灵活的借贷手段，民间借贷在现实生活中得到广泛应用，但同时因规避了政府监管而存在巨大的法律风险。现如今，随着经

---

① 本文论述时间为 2014 年，立论的基础法律文件之一 1991 年颁布的最高人民法院《关于人民法院审理借贷案件的若干意见》于 2015 年 9 月 1 日起废止，新的规定《最高人民法院关于审理民间借贷案件适用法律若干问题的规定》于 2015 年 9 月 1 日起施行。

② 傅子恒，万联证券研究所负责人；宋江波，万联证券研究所宏观与市场策略研究员；夏春莲，武汉大学经济与管理学院博士研究生。本文选自第 14 次珠江金融论坛——"金融法制环境建设论坛"的应征论文。

济的发展，民间借贷已经从传统的单一形式步入多元化轨道，网络、电子数据等新兴媒体的介入，使得民间借贷具有高效性、普遍性和风险性。党的十八大召开之后，深化金融体制改革、完善金融监管再次成为国家经济发展任务的重心。在此背景下，拓宽融资渠道，发展民间借贷，防范金融风险，成为落实金融体制改革的重要手段。2011 年，浙江、江苏、福建等地相继发生民间借贷危机，导致我国金融领域十分混乱，并一度成为社会关注的焦点。法律的严重滞后成为问题的根源。针对目前我国民间金融领域的立法滞后与混乱现状，早日出台一部专门立法，全面协调相关法律法规之间的冲突尤显重要。加强对我国民间借贷立法问题的研究，从根本上扭转我国目前立法分散、监管不力的混乱局面，降低司法机关办案的自由裁量权、指导执法机关有法可依，引导民间借贷主体严格守法，维护民间借贷市场秩序，具有重要的理论和现实意义。

（三）文献综述

2010 年以前，我国民间借贷发展规模较小，发展的速度也很慢，关于民间借贷的文章发表的比较少。2010 年到 2011 年是我国民间借贷的快速发展期，国内开始了关于民间借贷的研究。杨汝岱、陈斌开、朱诗娥在《基于社会网络视角的农户民间借贷需求行为研究》一文中，以 2009 年中国农村金融调查的 81 村 1951 户专项入户调研数据为基础，从社会网络视角考察我国农户民间借贷需求行为。这篇文章中的研究对理解农户民间借贷需求行为、深化农村金融体制改革做了一些初步的有意义的探索（杨汝岱等，2011）。周淑娟在《关于我国民间借贷的现状分析及立法思考》一文中，对民间借贷的概念和民间借贷的现状以及特点进行了分析，最后对完善我国民间借贷立法提出了自己的意见（周淑娟，2011）。2012 年吴英案发生后，民间借贷的法律建设成为学者关注的焦点。最近两年来关于民间借贷的法律制度建设的研究比较多。中国政法大学的李永卿在《民间借贷的立法规制研究》一文中，在研究民间借贷概念、特征和发展现状的基础上，对民间借贷的利与弊进行剖析，从法学规范的视角对当前我国法律相关规制体系进行了研究探讨，提出了完善意见（李永卿，2013）。中国社科院的王佳阳在《论我国民间借贷监管制度的完善》一文中，以对民间借贷的监管为重点，从有关的基本理论入手，提出民间借贷监管的必要性，分析我国民间借贷监管中存在的问题及其原因，通过总结温州、鄂尔多斯两地探索民间借贷规范化的措施得出一定的启示，并最终提出完善民间借贷监管法律制度的相关建议（王佳阳，2013）。吉林大学的欧长江在《我国民间借贷法律规制研究》一文中，用大量数据对我国民间借贷的现状进行剖析，阐述了现在民间借贷的优势及存在的缺陷及监管的必要性，结合现在的监管状况，主要针对完善我国民间借贷的法律规制提出了一些建议（欧长江，2013）。南京理工大学的黄箭剑在《民间借贷的经济法律问题研究——制度体系及经济分析》一文中，通过法律的经济分析法和历史分析法，得出民间借贷具有低沉本、高效率、高收益的优点，但也存在很大的盲目性和法律风险。针对民间借贷的特点，提出了完善民间借贷监管法律体系、完善监管制度、完善法律体系的建议（黄箭剑，2014）。

二、我国民间借贷情况概述

按照摩根士丹利的研究划分，我国的金融体系可以分为银行系统、资本市场和影子银行或民间借贷三大部分。银行等正规金融机构往往对国有企业、大型企业或者有政府背景的融资平台有着天然的偏爱，大部分的信贷资源给了他们。证券交易所的上市门槛高，主要满足成熟和业绩相对稳定的大中型企业的融资需求。中小企业由于技术研发周期长，生产规模小，运营风险大而难以获得银行信贷支持，也难以满足证券交易所上市融资条件。在 2010 年和 2011 年上半年央行连续上调存款准备金率、控制信贷额度的货币政策环境下，各商业银行贷款额度十分紧张，中小企业更难获得信贷额度。2010—2011 年中央调控房地产市场的态度坚决，大量自身实力不够雄厚的房地产开发商后续资金也难以获得银行信贷支持。由于民间借贷门槛低、手续简便，借贷交易依托人际关系的隐性担保机制，大多无须抵押或担保，从而成为了中小企业和房地产开发商融资的重要方式。民间借贷市场中发展出了许多专业的中介机构，如委托贷款公司、信托贷款公司、小额信贷公司、典当行、担保公司等，它们从事吸收资金和放贷活动，称为影子银行。在趋紧的宏观货币政策下，民间借贷迅速发展，在不少地区甚至可以与当地银行体系分庭抗礼。据中国人民银行温州市中心支行公布的《温州民间借贷市场报告》透露，温州市金融办对 350 家企业的抽样调查结果显示，2011 年第一季度，企业自有资金、银行贷款和民间借贷三者比例是 56∶28∶16。截至 2011 年 8 月末，温州市各银行机构贷款余额 6123 亿元，而民间资本超过 6000 亿元，且以每年 14% 的速度继续增长。另一民间借贷热点地区鄂尔多斯汇集在民间金融系统的资金量至少在 2000 亿元以上，当地民间金融系统规模则已远远超过当地银行存款存量规模。中国金融体系中的银行体系、非银行体系与影子银行体系如图 1 所示。

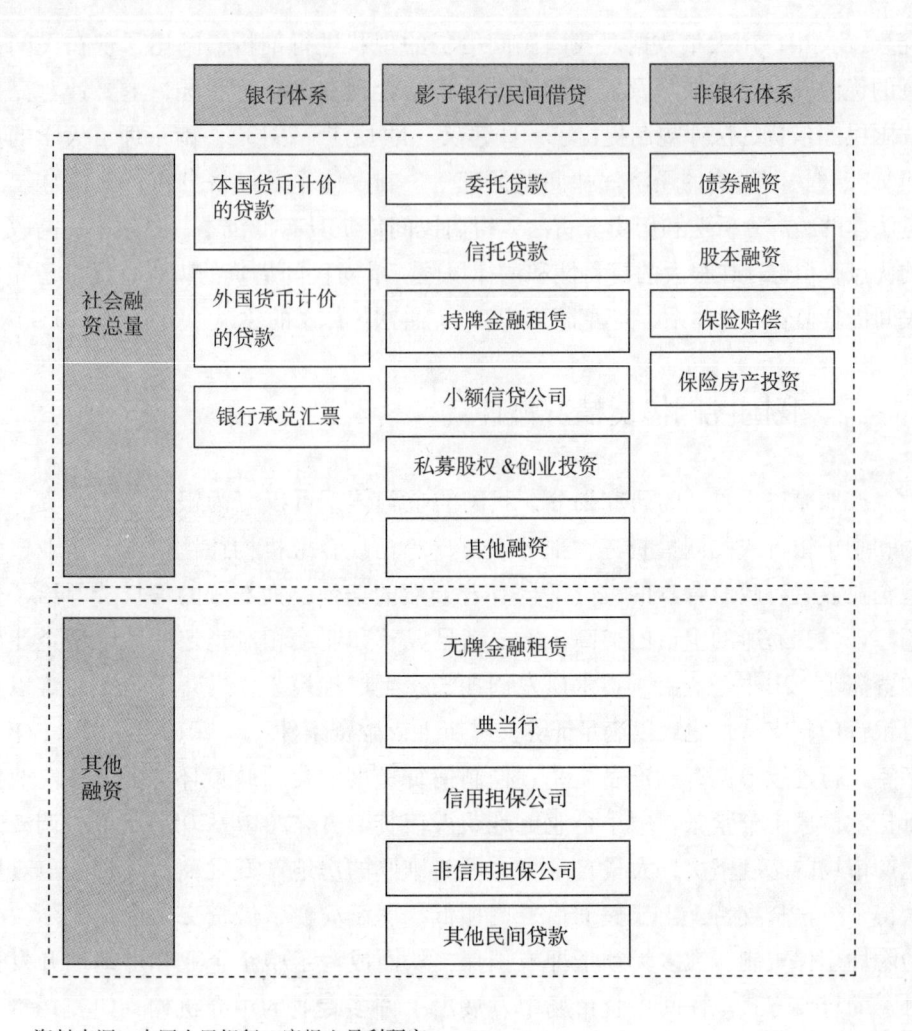

资料来源：中国人民银行、摩根士丹利研究。

图1　中国金融体系图解

一方面，房地产开发商和中小企业面临大量的民间借贷需求。另一方面，居民手中拥有大量的闲置资金，但缺乏投资渠道，存入银行只能获取低利息收益，甚至面临通货膨胀的风险而贬值，这为民间借贷提供了充足的资金来源供给。另外，出借人认为借款人为了个人名誉和亲友关系，即使在经营失败时也不会废债逃匿，违约风险较低，而借款人给出的利率却比银行存款利率高得多，这些因素共同促成了民间借贷市场的活跃。民间借贷需求的增长，催生了民间借贷市场的职业化，职业放贷人和中介机构大量涌现。委托贷款、小额贷款公司、典当行、担保公司、咨询公司等中介机构数量激增，生意火爆。这些中介机构的增多, 大大提高了民间借贷的便利性, 扩大了民间借贷市场规模, 民间借贷不断蔓延。根据中国人民银行估计, 截至 2011 年 5 月, 我国民间借贷总规模为 3.38 万亿元。中金公司 2011 年 9 月底发布《中国民间借贷分析》报告称, 2011 年中期民间借贷余额 3.8 万亿元, 同比增长 38%。根据摩根士丹利 Alpha Wise 团队的调查和估计, 截至 2011 年底, 我国民间借贷总体规模在 2.7 万亿 ~ 3 万亿元, 相当于中国贷款总额的 4.9% ~ 5.5%, 主要以小额信贷、典当行、担保公司及其他民间借贷方式构成。但有些中介机构的监管机构不明确, 甚至是未经过注册或批准非法成立, 其经营活动加大了民间借贷市场风险, 如表 1 所示。

表 1　　　　　　　　　　2011 年底民间借贷规模估计

民间借贷类型	公司数量（单位: 家）	贷款规模估计（单位: 10 亿元）	监管机构	风险级别
委托贷款	—	4571	央行、银监会	较低
信托贷款	65	1674	央行、银监会	较低
持牌金融租赁	18	377	央行、银监会	较低
非持牌金融租赁	242	750	商务部	较低
小额信贷公司	3791	336	地方政府金融部门、央行、银监会	中级
典当行	5000	55	商务部	中级
信用担保公司	6500	780	央行、银监会	中级
非信用担保公司	13000	840	无	较高
其他民间借贷	—	700 ~ 1000	无	较高
总计		2710 ~ 3010		

资料来源: 中国人民银行、中国银监会、商务部、中国担保网、摩根士丹利。

由于房价持续上涨, 房地产开发商的预期投资收益率较高, 为了筹到大量资金, 不惜以高利息进行民间借贷。大量房地产开发商加入民间借贷提高了民间借贷资金需求, 并推高了民间借贷的利率。另外, 由于中央政府调控房地产市场的态度坚决, 央行紧缩性货币政策的持续时间超出了市场预期, 2010 年全年 6 次上调存款准备金率后, 2011 年上半年又连续 6 次上调存款准备金率。长期的银根紧缩，使得中小企业对民间借贷的依赖性加强，众多企业和个体经营者纷纷寻求民间借贷资金，民间借贷资金紧张，导致民间借贷利率一再飙升。2011 年 7 月 21 日中国人民银行温州市中心支行发布的《温州民间借贷市场报告》显示，温州市民间借贷市场处于阶段性活跃时期，民间借贷利率也处于阶段性高位，许多民间借贷的月息已经高达 5～8 分，年综合利率水平为 24.4%，自 2010 年中期以来稳定上升。摩根士丹利 Alpha Wise 团队 2011 年对中国 64 家民间融资机构的调查发现，民间融资机构的平均贷款年利率高达 38%[①]，其中期限越短的贷款年化利率越高，无担保贷款利率高于有担保贷款利率，如表 2 所示。

表 2　　　　　　　　　　　　　2011 年底民间借贷利率调查

分类标准	分类	年化利率
期限	1 个月期	40%
	3 个月期	38%
	6 个月期	35%
贷款人类型	小额信贷公司	33%
	典当行	36%
	担保公司	41%
担保资产	房产	30%
	汽车	40%
	无担保	42%
调查平均贷款年利率		38%

资料来源：Alpha Wise、摩根士丹利。

　　与传统的民间信贷主要用于建房、买房、婚事、疾病、突发事件等相比，近年来的民间借贷更多用于生产经营。在持续的紧缩货币政策方向下，银行严格控制信贷规模，企业获得贷款难度持续加大，大部分中小企业面临信贷难和

---

　　①　此贷款利率是综合利率，包括贷款人的所有收费。对于小额信贷公司而言，贷款利率是利息率加其他费用；对于典当行而言，是管理费加利息率加其他费用；对于担保公司而言，是利息率加其他费用。为了标榜自己是正规公司，许多融资中介在合同中设计得非常巧妙。合同一般分成两个部分，借款合同和服务合同。在借款合同中明确约定双方的借款总额、利率、期限等条款，其中利率一般定在基准利率的四倍。此外，借款人需要和公司签署一份劳务合同，借款人需要另外支付贷款公司的劳务费、管理费等其他费用，这部分费用远远超出利息。

资金紧张局面。如中国人民银行温州市中心支行于 2011 年对温州市 105 家企业的调查发现，大企业流动资金相对乐观，中小企业由于自身财务制度不规范，抵押物不足，加上大企业对信贷资源的"挤出效应"，资金状况不容乐观，70% 的中小企业总体流动资金趋于紧张。截至 2011 年 4 月末，温州市人民币贷款余额 5681.24 亿元，比年初增加 299.67 亿元，比 2010 年同期少增 148.92 亿元。被调查的 105 家企业中，37.1% 的企业表示当前获得银行贷款难度比 2010 年有所加大，49.5% 的企业反映当前银行贷款不能满足企业生产经营需要。信贷资金的紧张造成 2010 年至 2011 年全社会资金规模短缺，资金运行成本上升，企业转向民间融资的行为增多。虽然整个社会整体资金面趋紧，但不同类型、不同行业的企业，承受能力有所不同，对民间借贷资金的需求也不尽相同。中国人民银行温州市中心支行 2011 年对温州民间借贷的监测发现，温州民间贷款用于一般生产经营的占 35%，用于房地产开发投资的占 20%。摩根士丹利 Alpha Wise 团队 2011 年的调查发现，制造业公司的贷款占民间贷款的 35%，房地产开发公司贷款占民间贷款的 18%，贸易公司贷款占民间贷款的 18%，高于其他行业，如表 3 所示。

表 3　　　　　　　　　　　2011 年民间借贷资金流向调查

全国调查数据		温州地区调查数据	
按行业分类的贷款	占比	按用途分类的贷款	占比
制造业	35%	一般生产经营	35%
房地产开发	18%		
房地产抵押贷款	3%	房地产开发投资	20%
建设	8%		
贸易	18%	个人借给民间中介	20%
交通	3%		
公共事业	3%	垫款等短期周转	20%
宾馆	1%		
餐饮业	3%	其他	5%
其他	8%		

资料来源：全国调查数据来源于 Alpha Wise、摩根士丹利，调查时间为 2011 年底。温州地区调查数据来源于中国人民银行温州市中心支行建立的温州民间借贷交易活跃指数监测，表中为 2011 年 6 月监测数据。

三、我国民间借贷的法律制度建设的历史与现状

（一）我国民间借贷法律制度建设的历史

我国民间借贷法律制度的建设与我国的经济发展历程息息相关。总体来看，我国民间借贷法制建设经历了三个阶段：1978 年以前的政策替代法律阶段，改革开放以后的间接立法阶段，2006 年以后的研究立法阶段。

1. 1978 年以前的政策替代法律阶段。1978 年之前我国还处于计划经济阶段，从大环境来看是处于政策大于法制的阶段。此阶段民间借贷的发展是跟着政府的指挥棒来的，也没有相关立法。

2. 间接立法阶段。1978 年党的十一届三中全会以后，我国开始确立社会主义商品经济体制，并向市场经济迈进。此阶段我国民间借贷的主要形式开始丰富起来，包括私人借贷、商会、合会、钱庄等。但是此阶段由于规模较小，而且一定程度上有利于我国经济的转型发展，因此政府给予了短暂的宽松环境。但是直到 1986 年我国《民法通则》颁布之前，我国关于民间借贷的相关立法仍为空白。在此之后虽然我国法制逐步完善，但立法都不是专门针对民间借贷的，所以即使有相关立法法规也应称为间接立法，而且民间借贷相关的立法进程也是十分缓慢的。

3. 研究立法阶段。2006 年，《中国民营经济发展报告》蓝皮书就建议制定《放贷人条例》，2008 年 8 月，中国人民银行《2008 年第二季度中国货币政策执行报告》提出，应加快我国有关非吸收存款类放贷人的立法进程，适时推出《放贷人条例》。2008 年 11 月，由中国人民银行起草的《放贷人条例》草案已提交国务院法制办。《放贷人条例》被民间视为民间借贷"阳光化"的破竹之作，但时隔近 5 年，该《条例》草案已经向国务院报送第五稿，仍没有出台。2012 年"两会"上，周德文起草了两大立法建议稿，分别为《民间借贷法》（立法建议稿）与《民间投资促进法》（立法建议稿）。这两个建议稿从民间借贷的利率规定、民间借贷与金融借贷的划分及相关原则与制度进行了设计，体现了民间借贷立法不足的现状与尽快完善立法的迫切需要。尽管 2013 年"两会"上民间借贷立法再次成为讨论的热点，但仍然处于调研和研究阶段。

（二）我国民间借贷现有的法律

民间借贷行为属于民事法律调整范畴，实质就是合同行为，常涉及担保、

物权与证据问题，因此审理民间借贷案件主要适用《中华人民共和国民法通则》、《中华人民共和国合同法》、《中华人民共和国担保法》、《中华人民共和国物权法》和《最高人民法院关于民事诉讼证据的若干规定》，分别简称《民法通则》、《合同法》、《担保法》、《物权法》和《民事证据规定》。

由于《民法通则》是调整公民间、法人间、公民法人间的财产关系和人身关系的基本法律，规定太笼统，《合同法》规定的借款合同比民间借贷合同范畴大，为了更具体规范民间借贷纠纷案件的处理，1991 年最高人民法院印发了《关于人民法院审理借贷案件的若干意见》的通知，第一条就规定"公民之间的借贷纠纷，公民与法人之间的借贷纠纷以及公民与其他组织之间的借贷纠纷，应作为借贷案件受理"。1999 年国家又发布《最高人民法院关于如何确认公民与企业之间借贷行为效力问题的批复》，其中规定："公民与非金融企业之间的借贷属于民间借贷，只要双方当事人意思表示真实即可认定有效"。1998 年国务院第 247 号令颁布的《非法金融机构和非法金融业务活动取缔办法》规定"因参与非法金融业务活动受到的损失，由参与者自行承担"，也有涉及民间借贷问题。关于民间借贷中的非法集资问题，可以参照《国务院办公厅关于依法惩处非法集资有关问题的通知》给予处理。当在审理民间借贷纠纷案件过程中遇到一些法律、法规没有规定或规定不明确的问题时，地方人民法院会出台相关规范性文件，给予其下属法院统一的意见和指南。如江苏省高级人民法院《关于当前宏观经济形势下依法妥善审理非金融机构借贷合同纠纷案件若干问题的意见》（苏高法审委〔2009〕45 号）、江苏省高级人民法院《借贷合同纠纷案件审理指南》（2010 年 11 月）等规范性文件的规定。此外，在民间借贷异常活跃的鄂尔多斯和温州地区，民间借贷纠纷案件居高不下，民间借贷引起的局部金融风波给当地经济和居民家庭带来诸多灾难性后果。为了引导和规范民间融资，鄂尔多斯和温州市政府相继出台了相关规范性文件，分别为《鄂尔多斯市规范民间借贷暂行办法》和《温州市民间融资管理条例》，两个地方性金融法规均支持建立民间借贷登记服务中心，鼓励民间借贷网络服务平台的发展，强调民间借贷合同的规范，加强对民间借贷市场的监督管理，引导民间借贷阳光化和规范化发展，使民间资本的作用得到充分发挥，并能够有效防范和应对民间借贷可能引发的各种风险，预防和打击非法集资和高利借贷等非法金融活动，保护民间借贷当事人的合法权益。审理民间借贷纠纷案件所适用的法律法规及部分地区出台的与民间借贷相关的规范文件如表 4 所示。

表 4 审理民间借贷纠纷案件适用的法律法规及部分地方性规范文件

颁布部门与颁布时间	法律法规及规范性文件名称	简称
全国人大 （1986 年 4 月）	《中华人民共和国民法通则》	《民法通则》
全国人大 （1999 年 3 月）	《中华人民共和国合同法》	《合同法》
全国人大 （1995 年 6 月）	《中华人民共和国担保法》	《担保法》
全国人大 （2007 年 3 月）	《中华人民共和国物权法》	《物权法》
最高人民法院 （2001 年 12 月）	《最高人民法院关于民事诉讼证据的若干规定》	《民事证据规定》
最高人民法院 （1991 年 8 月）	《最高人民法院关于人民法院审理借贷案件的若干意见》	《借贷司法解释》
最高人民法院 （1999 年 2 月）	《最高人民法院关于如何确认公民与企业之间 借贷行为效力问题的批复》	—
国务院办公厅 （2007 年 7 月）	《国务院办公厅关于依法惩处非法集资有关问题的通知》	—
国务院 （1998 年 7 月）	《非法金融机构和非法金融业务活动取缔办法》	—
江苏省高级人民法院 （2009 年 8 月）	《关于当前宏观经济形势下依法妥善审理非金融机构 借贷合同纠纷案件若干问题的意见》	—
江苏省高级人民法院 （2010 年 11 月）	《借贷合同纠纷案件审理指南》	—
鄂尔多斯市政府 （2012 年 6 月）	《鄂尔多斯市规范民间借贷暂行办法》	—
温州市政府 （2013 年 11 月）	《温州市民间融资管理条例》	—

资料来源：全国人大、最高人民法院、国务院、各级地方政府、地方法院。

　　民间借贷纠纷案件的审理一般涉及合同有效性的确认、合同生效时间的确认、合同无效时相关责任的承担、合同有效时本金及利息的确定、利息争议的处理、高利贷利息的保护、逾期还款利率的确认、借据及相关证据真实性的判定、举证责任的分配等诸多方面的内容。关于这些审理内容，相关法律法规及规范性文件给出了相关规定，相关规定的具体内容及其法律依据如表5所示。

表5　　　　　　　　　民间借贷纠纷案件的主要审理内容及其法律依据

审理内容	法律法规相关规定	法律依据 规范性文件依据
合同生效时间确认	依法成立的民间借贷合同，自款项实际交付借款人或者借款人指定、认可的接收人时生效	《合同法》第二百一十条
合同有效性认定	在自然人与非金融企业之间的借贷中，企业将借贷资金用于合法生产经营活动，且不构成集资诈骗、非法吸收公众存款等金融犯罪活动的，不宜认定借贷合同无效	《合同法》第五十二条
	借贷合同一方未经许可经营金融业务或变相经营金融业务的，应当认定借贷合同无效	江苏省高级人民法院《借贷合同纠纷案件审理指南》
无效借贷合同的责任承担	民间借贷被认定无效后，借款人应当返还出借人借款本金无过错的出借人要求借款人赔偿资金占用期间的损失的，人民法院可以参照中国人民银行公布的同期同类贷款基准利率予以支持	《合同法》第五十八条
如何确定借款本金	借据载明的借款金额，一般认定为本金。利息已经预先在本金中扣除的，本金应当按照实际出借的金额认定	《合同法》第二百条
利息争议	民间借贷可以有偿，也可以无偿。借贷双方对支付利息没有约定或者约定不明的，视为不支付利息，但借款人自愿给付利息的除外。民间借贷合同既未约定还款期限又未约定利息，或者对利息约定不明确的，出借人催告还款前，借款人可以不支付利息。经催告后借款人仍未还款的，应当自催告之日起计算利息。 借贷双方对有无约定利率发生争议，又不能证明的，可参照银行同类贷款利率计息。 公民之间的定期无息借贷，出借人要求借款人偿付逾期利息，或者不定期无息贷款经催告不还；出借人要求偿付催告后利息的，可参照银行同类贷款的利率计息	《合同法》第二百一十一条；《借贷司法解释》八、九

续表

审理内容	法律法规相关规定	法律依据 规范性文件依据
利息保护	民间借贷的利率可以适当高于银行的利率，各地人民法院可根据本地区的实际情况具体掌握，但最高不得超过银行同类贷款利率的四倍（包含利率本数）。超出此限度的，超出部分的利息不予保护。 出借人不得将利息计入本金谋取高利。审理中发现债权人将利息计入本金计算复利的，其利率超出第六条规定的限度时，超出部分的利息不予保护只返还本金	《借贷司法解释》六、七
如何确定逾期还款的利率	借贷双方对逾期利率有约定的，从其约定。约定的逾期利率超出银行同期同类贷款基准利率四倍的，超出部分的利息，人民法院不予保护。 当事人仅约定借款期限内利息而未约定逾期利息的，如约定的借款利息低于或等于同期银行逾期利息计算标准，根据出借人的主张，可按同期银行逾期利息标准计算逾期利息；如约定的借款利息高于同期银行逾期利息计算标准，且没有超过银行同期同类贷款基准利率四倍的，则按照约定的借款利息标准计算逾期利息	江苏省高级人民法院《关于当前宏观经济形势下依法妥善审理非金融机构借贷合同纠纷案件若干问题的意见》
如何认定借据的真实性	借据是证明双方存在借贷合意和借贷关系实际发生的重要证据，具有较强的证明力，人民法院应当审慎审查借据的真实性。债务人对借据内容的笔迹或者签章的真实性提出异议的，双方当事人可以提供补充证据或者反驳证据。人民法院应当根据双方提供的有效证据，结合案件的其他证据及相关情况，对借据的真实性进行综合审查判断	《民事证据规定》 第四十七条、第六十四条、第七十条、第七十三条
借贷案件举证责任的分配	债权人应当对借贷金额、期限、利率以及款项的交付等借贷合意、借贷事实的发生承担举证责任。债务人提出抗辩的，应当提供反驳证据证明	《民事证据规定》第二条、第五条

资料来源：全国人大、最高人民法院、国务院、各级地方政府、地方法院。

四、民间借贷法律制度环境存在的问题

（一）立法滞后，规范民间借贷的法律缺失

长时间以来，我国对于金融领域的监管是十分严格的，通过专门的立法以及一系列的监管制度对正规金融机构进行管理，在这样严格管制的政策环境下，并没有相关法律对民间借贷问题作出明确具体的规定。虽然国务院出台了一系列决策，期望通过这样的措施鼓励支持引导民间资本健康有序运作，但是由于缺乏具体的操作性，大多流于形式，民间借贷的法律地位始终没有得到明确。综观我国民间借贷市场的繁荣现象以及出现的诸多问题，在民间借贷蓬勃发展的同时却没有相关具体法律制度建设的跟进，由于缺少具体可操作的法律法规，有关部门对民间借贷的政策也是依据民间借贷市场的发展态势不断变化，时而放任，时而压制，有的时候更是严厉打击。当民间借贷正常发展时，有关部门就对民间借贷采取放任的态度，默许它的存在，对它的发展听之任之。一旦民间借贷的发展偏离了正常发展的轨道，出现了难以预计的问题，就对其坚决打击，绝不姑息。由于立法滞后，当民间借贷健康有序发展时，法律不能因势利导地发挥其指引、规范作用；当民间借贷出现问题时，由于缺乏相关法律制度，面对严重的经济社会问题，法律又显得苍白无力。立法的滞后，法律制度的缺失，国家高度垄断的金融政策，相关部门无法可依而采取放任自流的态度，种种因素使民间借贷的发展充满了太多的不确定性，民间借贷市场由于缺乏法律制度的规范更是各种问题层出不穷，发展前景令人担忧，难以为迅速发展的中小民营企业提供充足稳定的资金支持。

（二）立法协调性差，法律规范内容相互冲突

我国对民间借贷的保障机制不够完善，关于民间借贷的保护条款散见于各种法律法规之中，没有形成完整的法律系统，难以为民间借贷提供强有力的保障。一是法律规范位阶较低，《非法金融机构和非法金融业务活动取缔办法》与《贷款通则》二者分别属于行政法规以及部门规章，他们是在调整民间借贷法律关系中发挥着重要的作用，但是二者位阶较低，随着民营经济迅速发展，民间借贷也是不断演进，其效力在保障民间借贷的健康有序发展方面就显得力不从心。二是缺乏专门法的规范，对民间借贷的界定大多属于原则性的规定，即使是对于其中比较关键性的内容也是模棱两可，缺乏具体的可操作性，这就导致了在实践中对民间借贷的认定问题存在一定的难度。比如说高利贷问题，我国

现有法律并没有对高利贷的概念进行界定，也没有给出具体的认定标准，只是对借贷的利率进行了限制，就是不能超过银行同类贷款的四倍，这样的规定过于原则性，缺乏具体的可操作标准，实践中对于当事人合法权益的保护也产生了不利的影响，在一定程度上限制了民间借贷的发展。三是对于市场准入标准缺乏明确界定。由于正规金融门槛较高，程序复杂，在难以从正规金融借贷到资金的情况下，很多企业和个人就转向了民间借贷市场，巨大的资金需求吸引了社会各界大量的闲散资金，但是相关法律规范缺失导致各种资金蜂拥而入，争相涌进了民间借贷市场，造成民间借贷市场风险加大，正常交易秩序也受到冲击，影响了民间借贷的健康发展，对整个市场经济的正常运行也产生了不利的影响。四是借贷程序不规范。由于民间借贷的特殊性，借贷往往发生在亲戚朋友或是同乡邻里之间，具有一定的地缘性，加之关系比较密切，因此民间借贷很多都采取口头约定的方式，借贷程序简单灵活，给借贷双方提供了很大的方便，但是正因为如此，一旦发生纠纷，借贷双方往往各执一词，双方都面临无法提供有效依据的情况，以至于很难充分有效地保护当事人的合法权益。最后就是征信体系不健全。在现实生活中，民间借贷当事人双方的诚信意识以及信用情况也会对民间借贷的风险产生一定的影响。为了降低民间借贷的风险，促进民间借贷市场的规范有序发展，有必要建立健全个人征信制度，通过这一制度可以使得出借人在借出钱款之前，对借款人的信用情况有一个比较清晰的认识，使得借款人的违约成本增加，为民间借贷的安全性增加制度保障。

（三）民间融资中介缺乏统一监管

近年来民间借贷的需求催生了民间融资中介机构数量的增多，民间融资中介在民间借贷市场中起到了中流砥柱的作用。民间融资中介的有序经营或是混乱决定了民间借贷市场的规范运行能否得到保证。我国民间融资中介机构名目众多，鱼龙混杂，不同类型的民间融资中介所属监管部门不同。如委托贷款、信托贷款、持牌金融租赁和信用担保公司受中国人民银行和银监会监管，非持牌金融租赁公司和典当行受商务部监管，小额信贷公司受地方政府金融部门监管，而非信用担保公司和其他民间融资中介并没有被纳入到正规监管当中，无任何监管机构，处于灰色地带。对于未经批准成立而从事民间放贷业务的中介机构，由该机构所在地的人民银行认定和取缔。可见，民间融资中介的监管政出多门，缺乏协调和统一领导机制，这导致监管弱化。在监管不力的情况下，民间融资中介普遍存在违规操作，许多非法成立和非正规民间融资中介野蛮生长。如截至 2011 年底，在南通市区，经过许可经营的典当行只有 16 家，而未经批准以典当行名义从事民间放贷业务的接近 200 家。民间融资中介的无序经营与缺乏统一监管给民间借贷市场带来秩序混乱和巨大的潜在风险。

五、我国民间借贷法律制度的改进建议

（一）制定一部关于民间借贷的专门法规文件

由于目前我国关于民间借贷的法律规范过于零散，且过于粗略，如对于借贷利率的规定存在不明确性和表述不规范性，导致法院在审理案件中判决标准缺乏统一性，审判结果存在差异性。需要对《最高人民法院关于人民法院审理借贷案件的若干意见》进行修订，或者重新制定一部全新的规范性文件，以对民间借贷行为中涉及的合同事实确定、本金确认、利息保护、逾期利率的计算标准、担保人责任、借据真实性、中间放贷人行为、民间融资中介行为等相关内容给出规范的、标准的、明确的、细致的规定，规范并引导民间借贷行为，将民间借贷行为全面纳入法制轨道。

（二）明确对以赚取价差为目的进行中间放贷的自然人的处罚规定

鉴于中间放贷人的大量存在给民间借贷市场带来的危害，需要出台新的规定，对通过低利率集资和高利率放贷赚取息差的自然人给予明确的处罚规定，形成威慑力，以减少中间放贷人行为。例如，可以规定民间借贷的自然人或者非金融企业资金需求者可以通过向个人或民间融资中介机构进行借贷，但借贷的资金必须用于自身的实业经营、家庭事务、其他投资等，不得以更高利率放贷给其他个人或组织以赚取利差。如有违反规定，中间借贷人有义务偿还其债权人的本金和利息，但其放出的本金及利息不受法律保护，并且要对中间放贷人处以轻度刑罚。在规定中明确只有依法成立的民间融资中介可以进行民间资金筹集和以高于中国人民银行公布的同期贷款基准利率的数倍范围内利率发放贷款。这有利于将更多民间借贷集中于依法成立的民间融资中介机构，民间融资中介比进行中间放贷的自然人更容易被纳入相关部门监管，只要将民间融资中介行为规范和管理好，便可有效规范民间借贷市场行为。

（三）强化对民间融资中介的管理

首先，加强对民间融资中介的监管。对于处于监管空白的民间融资中介，如非信用担保公司，尽快纳入监管。针对民间融资中介监管的政出多门所导致的监管不力现象，可以考虑建立专门的负责对民间融资中介进行监督管理的部

门，如和银监会、证监会、保监会相并列的民间融资中介监督管理委员会，加强对民间融资中介的统一监管和监管力度。

其次，建立民间融资中介统一管理平台。如温州在 2012 年 3 月被国务院批准为金融综合改革试验区后，于 2012 年 4 月成立了温州民间借贷登记服务中心，中心以公司化形式运营。中心成立以来，已有多家民间融资中介入驻。根据规定，通过登记中心的融资中介进行的融资活动，借贷双方完成资金转账后，双方需提供银行转账凭证、借贷合同等文件，到登记中心备案登记。登记中心也接受私下协议、利息符合法律规定的民间借贷备案登记。但在中心登记备案的交易利率按规定不能超过银行贷款利率的 4 倍。温州民间借贷登记服务中心以金融改革先锋的姿态夺人眼球，目前已有山东、湖南、内蒙古、广东等全国超过 20 个地区借鉴温州民间借贷服务中心的运作模式和经验，相继开展试点工作。既然民间借贷登记服务中心已经呈现出遍地开花的势态，可以考虑将民间借贷登记服务中心进一步打造成为民间融资中介的统一管理平台，将当地所有依法设立的民间融资中介全部纳入民间借贷登记服务中心，包括新兴起的 P2P 网贷机构也纳入统一管理，这将有助于规范民间融资中介的运营，方便加强对民间融资中介的管理。

最后，严厉打击非法民间融资中介机构的成立与运营。对于未经相关部门批准成立的民间融资中介，或者以其他组织名义非法开展民间融资中介业务的行为，除了依法取缔和停止其业务之外，还应规定予以严厉的惩罚，以起到法律威慑作用。通过法律法规的更严格规定，加大对非法民间融资中介的打击力度，有利于保护民间借贷当事人的利益，防范民间借贷风险，促进民间借贷市场健康有序发展。

（四）加强民间借贷的财税扶持

随着民间借贷的阳光化发展，对民间借贷的税收征管问题又出现了。现在的民间借贷按照税法的规定按照金融保险业征收 5% 的营业税及城建税和教育费附加，但是对于个人债权人来说，在征收了营业税及附加以后还要再按照利息股息红利所得征收 20% 的个人所得税。从个人角度来说，税法对民间借贷这一行为征收了流转税和所得税两种税，而从民间借贷来说，税法对个人和企业的民间借贷行为征税差别巨大，并未遵循法理上的"禁止不平等对待"，违背了税法的纳税公平原则。且对于个人在个人银行结算账户的储蓄存款利息自 2008 年10 月 9 日起就暂免征收个人所得税。对于有利于现阶段经济发展的民间借贷行为，应该明确其税收的征税对象、税目、税率等，应该实行单一税种低税率进行征税，在对于"三农"经济、小微企业等正规金融难以兼顾的空缺实行一定的税收优惠政策。给予中小企业一定的税收优惠也可以降低中小企业的财务成本，增强企业的积累能力和偿债能力，同时也可以加大财政的支持，帮助中小企业创新发展，提高经营效率，增强市场竞争力，可以有效地缓解中小企业的资金困难问题。

（五）完善我国社会信用体系

为了很好地解决民间借贷中的信用问题，可以考虑建立完善的信用体系。通过建立一整套完善的覆盖政府、企业和个人的社会信用体系，不但为正规金融机构提供其需要的信息，也为民间借贷提供服务。这一信用体系的存在，使得借款人的预期违约成本增加，并且有效改善了民间借贷中存在的严重信息不对称的问题，从而大大降低了民间借贷的风险。目前我国的社会信用体系仍不完善，仅仅存在一个以银行为主体构建的信用系统，因此完善征信机制，加快建设完善企业和个人信用信息基础数据库，逐步加大征信数据的开放性，扩大信息查阅主体的范围，鼓励诚信行为，曝光失信行为，将民间借贷机构的信用系统与现有的银行信用系统连接，逐步建立并完善我国的社会信用体系。切实降低民间借贷风险，促进其规范有序发展。

参考文献

［1］周淑娟：《关于我国民间借贷的现状分析及立法思考》，载《前沿》，2011（17）。

［2］席月民：《我国当前民间借贷的特点、问题及其法律对策》，载《政法论丛》，2012（3）。

［3］张红：《民间借贷的法律属性分析与规制》，载《法制与经济（下旬刊）》，2014（2）。

［4］黄凯：《社会变迁与法律回应：我国民间借贷的立法完善建议》，载《内蒙古社会科学》，2014（2）。

［5］刘中杰：《论民间借贷的组织模式与法律规制》，载《河北法学》，2014（4）。

［6］刘志伟：《民间借贷的法律风险规制——以风险的类型化为视角》，载《四川大学学报》，2014（1）。

［7］雷少华：《我国民间借贷法律风险的分析与规制》，湖南，湘潭大学，2013。

［8］钱德敏：《我国民间借贷法律规制探析》，兰州，兰州大学，2013。

［9］袁韶浦：《我国民间借贷的立法研究》，上海，上海大学，2013。

［10］王佳阳：《论我国民间借贷监管制度的完善》，中国社会科学院，2013。

探析互联网金融法治化进程

易蕾蕾①

对于互联网金融的定义，学界及业界并没有统一的论调。有人认为互联网金融是指基于互联网的新金融形式，是对传统银行、证券、保险三大行业的补充或者部分替代。② 有人则认为互联网金融是通过无形的网络为客户办理资金融通、投资理财、支付结算等业务的资金融通行为。③ 也有人认为，互联网金融是传统金融行业与互联网为代表的现代信息科技，特别是搜索引擎、移动支付、云计算、社会化网络和数据挖掘等相结合的新型领域。④ 笔者认为互联网金融是传统金融业务延伸至网络平台的一种新型金融存在形态，是现代技术与金融行业交融的产物。它给世人带来的不仅仅是跨界创新，更是一种新的生活体验，它跨越地域、时间限制的便利性、门槛较低的大众性、操作方便的简易性是其发展迅猛的原因所在，也是其区别于传统金融的特性所在。

一、互联网金融发展现状

当前互联网金融主要有以阿里巴巴为代表的网络金融运营平台，以"P2P"为代表的网络借贷平台及以众筹为代表的项目融资平台三种模式。淘宝、天猫、京东等网络商城的快速发展，掀起了全民网购的浪潮，随之而来的便是第三方支付模式的兴起。第三方支付模式使虚拟交易成为可能，降低了交易的成本，提高了交易效率。以"P2P"为代表的网络借贷平台，则弥补了低收入群体及中小企业贷款难，融资渠道较少的缺憾，挖掘了传统金融业曾经边缘化的融资领

---

① 易蕾蕾，就职于广东省农村信用社联合社。本文选自第 14 次珠江金融论坛——"金融法制环境建设论坛"的应征论文。
② 于宏凯：《互联网金融发展、影响与监管问题的思考》，载《金融视角》，2013 - 09 - 15。
③ 汤皋：《规范互联网金融发展与监管的思考》，载《金融会计》，2013（12）。
④ 陈一稀：《互联网金融的概念、现状、现状与发展建议》，载《金融发展评论》，2013（12）。

域。如果说"P2P"给传统金融业带来的只是隐隐作痛的话，那么余额宝的出现，带来的便是阵痛，让传统金融业见识到了互联网金融的强大威力。余额宝以其随存随取，远超银行活期存款利率的收益率及便捷的操作模式，彻底地激活了众多"散户"跃跃欲试的好奇心。数据显示，淘宝网与天弘基金合作的余额宝，上线 1 个月的时间，在线客户已经超过 400 万，资金总额突破 100 亿元。① 这种发展速度及规模是传统金融业务难以企及的。互联网金融的发展引起了传统金融业的警觉及高度重视，众多银行纷纷加入到争夺互联网金融市场的战役中，开始在网上银行、手机银行等电子银行基础上借助网络平台及高新技术去探索跨界金融新型模式。

二、互联网金融发展存在的问题

任何事物都存在两面性，互联网金融也是如此。若能正确规范使用，便能造福于民，反之则可能成为规范化金融市场的搅局者。互联网金融的便捷性、门槛低、参与度高、成本较低等特点，为大众带来了众多惊喜。但与此同时，门槛低的特点，让一些信用度较差，抗风险能力较弱，偿债能力不强的人员趁机浑水摸鱼，带来的是区域性及系统性风险；对注册者的低要求，加之监管缺失，使得一些不法之徒打着"P2P"的旗号，非法集资，违法吸收存款及发放贷款；金融诈骗在互联网上也层出不穷，不少所谓的"P2P"公司在攫取完大众血汗钱之后，便消失遁迹；而一些网络借贷平台因期限错配，运营成本较高，难以支付过高的收益率而频频破产倒闭；金融消费者个人信息泄露厉害，给金融消费者造成资金上的损失，也给其生活带来了困扰。整个互联网金融目前呈现出散乱、无序、行业标准缺失、相关配套法规不全，监管部门不明确、金融消费者权益难以得到有效保障等众多问题。

三、互联网金融法治化进程

互联网金融存在的显现问题，潜在风险及未来可能会出现的问题，都急需我们去解决，通过多策并举，共同推动互联网金融法治化进程。如提高投资者风险意识，加强监管，防范金融诈骗，保护金融消费者权益；软法先行，灵活

---

① 程雪军：《论互联网金融发展与法律监管》，载《中国外资》，2013 – 09 – 25。

运用现有法规，循序渐进推进互联网金融专门法规的制定；明确监管部门及相应具体职责；提升监管人员素质，利用高新技术对互联网金融进行风险预警、分析及处理；实行实名登记制，建立互联网金融征信系统，营造良好互联网金融环境。

（一）提高投资者风险意识，加强监管，防范金融诈骗，保护金融消费者权益

在现实生活中，很多投资者容易被高收益的互联网金融产品所吸引，不经斟酌和思考，便将大笔资金倾注其中。然而高收益相伴而来的便是高风险，部分投资者往往头脑发热只盯住了高收益，却没有考虑其中可能存在的风险。加上监管的缺失，一些互联网金融平台为了兑现之前的高收益率可能将资金投入到高风险的产业和行业中，一旦这些产业和行业发生风险，互联网金融平台难以为继，投资者的权益便无法得到保障。同时金融诈骗频发，有些不法分子通过建立虚拟的空壳融资平台，用极高的收益率骗取不明真相的投资者资金后便去无踪影。为此，相关部门要加强互联网金融知识宣传，向投资者灌输正确的投资理念，提高投资者的风险意识及投资水平。同时要加强网络借贷平台的监管，核实及登记其真实详细信息，及时清理虚假借贷平台，建立"诈骗平台"举报封号制度，让互联网金融诈骗无处藏身。另外，由于缺乏硬性法规的规范及保护，互联网金融消费者的权益容易受到侵害，因此急需将互联网金融消费者的权益纳入到现行金融消费者权益保护框架中，同时完善投诉机制，提高互联网金融的服务质量。相关条款应明确规定严格保护金融消费者的隐私权，对于泄露金融消费者个人信息的行为要给予严惩。

（二）软法先行，灵活运用现有法规，循序渐进推进互联网金融专门法规的制定

不少人建议迅速制定互联网金融专门法规，使得该领域能做到有法可依，有法必依，执法必严。但笔者认为，目前国内互联网金融领域的法治环境还并不成熟，若急功近利，为了所谓的专门法规而匆忙制定，可能事与愿违。互联网金融的复杂性、高速变化性、专业性等特点决定了专门法的制定将会是一个较为漫长的过程。互联网金融还处于高速发展期，其运行的很多规律还未显露，因此唯有一边观其发展，一边摸索规范它的条款，形成由内向外，自下而上的自觉规范，才能最终形成完善、可行、统一的规范互联网金融行为的准则及法规。现阶段，我国现有的法规及法理是可以运用到互联网金融领域的，也是可以用来规范其相关权利义务关系的。同时过渡阶段，要充分利用软法（软法是

指发挥社会组织作用，引导企业形成产品的规则、标准流程，提炼形成行业标准、行业习惯和公约①）来规范互联网金融行为。我们能通过灵活运用现有法规、法理及软法，来暂时填补互联网金融无专门法规的空白。一旦互联网金融发展成熟且人们的意识及专业水平达到一定阶段的时候，专门法规的制定及形成也就水到渠成了。当然这个过程，相关人员要有意识地将散落在各法规中能够规范互联网金融行为的条款归集起来，同时增加空白领域的条文，循序渐进构建互联网金融法律及监管框架。

（三）明确监管部门及相应具体职责②

互联网金融监管待明确。由于互联网金融监管部门不明确，导致监管缺失，当出现问题时，无相应部门予以处理，或者相关部门相互推诿，不愿承担责任，结果是问题不但得不到解决反而越积越严重。这不仅损害了一些正规的互联网金融参与者的合法权益，打击了他们的积极性，而且在一定程度上也纵容了不法分子利用互联网金融进行违法活动。监管的缺失，分管不明确，导致现有互联网金融出现混乱的局面。因此，笔者建议，中国人民银行、银监会、证监会、保监会、行业自律组织要尽快理清自身的职责所在，合理分工，各司其职，确定职责后正式发文，将互联网金融妥善监管起来，营造一个干净、和谐、平稳的互联网金融环境。

（四）提升监管人员素质，利用高新技术对互联网金融进行风险预警、分析及处理

互联网金融自身的一些特点，使监管人员不仅要懂得金融知识，相关法律知识，还需要懂得互联网知识。这对监管人员的素质提出了更高的要求。同时现有监管方法也难以满足监管要求，因此急需利用高新技术同时引进先进系统对互联网金融进行风险预警、分析及处理。一旦发现风险及违法事件，网络系统软件能自动识别和觉察出它的存在并加以屏蔽或处理。当然这就需要建立专门的网络监管部门，配置类似网络警察之类的角色，这一方式值得探索和研究。

（五）实行实名登记制，建立互联网金融征信系统，营造良好互联网金融环境

目前互联网金融较难监管的一个重要原因，就在于它的虚拟化。任何人，

---

① 黄震：《互联网金融法治化需新思维》，载《中国金融》，2014（11）。
② 本文论述时间为2014年，中国人民银行等十部委于2015年7月18日发布《关于促进互联网金融健康发展的指导意见》（银发〔2015〕221号），《指导意见》第二点：分类指导，明确互联网金融监管责任，对P2P、众筹、第三方支付等互联网金融业务的监管进行划分……

不管他是什么样的人，什么样的教育背景、经济基础都可以参与到互联网金融活动中。有一则笑话说的是，也许你不知道正在跟你交易的是一个人还是一只猫。当然笑过之余，我们未免要去反思，虚拟化给我们带了怎样的麻烦和困境。因此，笔者建议，对于互联网金融活动的参与者要实行实名登记制，将参与者的真实信息资料输入到相关监管部门设置的平台上，且做好备案以便核实及查询。另外，建立互联网金融征信系统，与公检法、各监管部门及金融机构实现征信信息共享，使互联网金融的参与者能真正公平、公正、透明地进行金融活动。对于不守信者应建立黑名单制度并给予相应的制裁。可以根据严重程度给予封锁其支付系统、购物平台，降低信贷额度，拒绝借贷等惩罚措施。这一举措不仅对互联网金融有益，传统金融业也能从中受益。全社会要齐心协力，为营造诚信真实的互联网金融环境，贡献自己应尽的力量。

建立和谐有序、朝气蓬勃而健康的互联网金融环境，推进互联网金融法治化进程的道路可谓任重道远，需要全体参与者的共同努力。笔者坚信，集结社会各方的力量及重视度，建立健全互联网金融法律及监管框架指日可待。

参考文献

［1］于宏凯：《互联网金融发展、影响与监管问题的思考》，载《金融视角》，2013（9）。

［2］汤皋：《规范互联网金融发展与监管的思考》，载《金融会计》，2013（12）。

［3］陈一稀：《互联网金融的概念、现状、现状与发展建议》，载《金融发展评论》，2013（12）。

［4］程雪军：《论互联网金融发展与法律监管》，载《中国外资》，2013（9）。

［5］黄震：《互联网金融法治化需新思维》，载《中国金融》，2014（6）。

银行逾期贷款催收外包业务刍议

王雁翔[①]

　　商业银行是经营货币的特殊类型企业，风险始终伴随着商业银行经营的全过程。目前信贷业务仍然是商业银行的最主要资产业务，同时也是最主要的利润增长点。银行信贷的性质决定，信贷行为的发生和终结之间必然存在一个时间间隔，也就是说，银行贷出货币与清偿行为之间毫无疑问会存在时间差，正是在这个时间差内，可能种种原因导致形成逾期不良贷款。因此，如何把握风险、控制风险、化解风险一直是商业银行工作的重中之重。在发生逾期不良贷款时，商业银行依靠自身力量催收往往受人力、精力、手段等限制，效果不是很理想。在此情况下，借鉴发达国家通行做法，出于降低经营成本、加大催收力度的考虑，将逾期不良贷款催收业务适当外包给第三方催收机构是不错的选择，但笔者发现，当前商业银行逾期贷款尤其是个人不良贷款催收外包业务存在诸多问题及潜在的法律风险，带来一定的负面影响。鉴于此，本文结合笔者所在的某股份制银行采取的比较成熟的不良贷款催收外包模式，就催收外包业务进行法理分析、剖析法律风险，并在此基础上提出完善建议。

一、某股份制银行不良贷款催收外包模式概述

　　为规范逾期不良贷款催收外包行为，加快不良贷款的回收，减少贷款损失，笔者所在的某股份制商业银行制定了《逾期贷款催收外包管理指引》（以下简称《管理指引》），旨在防范和控制催收外包业务所面临的法律风险。《管理指引》分为总则、基本规定、催收外包机构的准入管理、催收外包机构的采购和管理、外包催收案件的管理流程、外包催收的监控及绩效评价、罚则、附则等九章，

---

　　① 王雁翔，硕士，就职于兴业银行广州分行法律与合规部。本文选自第 14 次珠江金融论坛——"金融法制环境建设论坛"的应征论文。

并附有外包催收授权书示范文本、催收外包机构准入名单库、催收委托代理合同示范文本等附件。《管理指引》明确逾期贷款催收外包工作必须遵循统一管理、分级负责、严格准入、内外结合、依法合规的基本原则。各机构在总行的统筹安排下，各相关部门各司其职，做好催收外包工作的日常管理，对催收机构实行名单制的准入管理，催收机构必须符合《管理指引》明确规定的准入条件，在催收手段的选择上坚持银行内部自主催收与催收外包相结合，效益优先、兼顾效率，节约催收成本，监控催收机构以合法手段催收，不得损害债权银行的合法权益，当然也不得侵犯债务人的合法权益。近年来，该银行按照《管理指引》将全部个人逾期不良贷款外包给第三方机构催收，取得良好效果。

二、不良贷款催收外包的法理学分析

关于金融业务的诸多领域，巴塞尔委员会在《金融业务中的外包》（Outsourcing in Financial Service）文件中，明确将金融业务外包定义为"被监管者有权将部分在持续经营的基础上本应由自己从事的业务，利用第三方（既可以是被监管者集团内部的附属子公司，也可以是集团外的公司）来完成"。① 银监会2010年6月发布的《银行业金融机构外包风险管理指引》规定，"外包是指银行业金融机构将原来由自身负责处理的某些业务活动委托给服务提供商进行持续处理的行为"。上述某股份制银行《管理指引》则将外包催收定义为，"将逾期贷款的催收工作，外包给银行以外的其他合法机构，通过电话、上门、诉讼、仲裁等合法方式，回收符合规定的逾期贷款本息并支付一定报酬的经营行为"。

通常在办理信贷业务时，贷款客户与商业银行签署了借款合同及相应的担保合同，贷款客户借款本金逾期未归还本金或不能按时支付利息，则构成对银行的违约，借贷双方形成清晰的债权债务关系，商业银行即对贷款客户享有追偿贷款本息的债权请求权。《民法通则》第六十三条规定"公民、法人可以通过代理人实施民事法律行为。代理人在代理权限内，以被代理人的名义实施民事法律行为。被代理人对代理人的代理行为，承担民事责任。"据此，上述债权请求权商业银行既可以自己行使，也可以授权委托第三方行使。《合同法》第七十九条、第八十条规定：债权人可以将合同的权利全部或者部分转让给第三人，债权人转让权利的，应当通知债务人。未经通知，该转让对债务人不发生效力。

---

① 李金泽：《银行业变革中的新法律问题》，北京，中国金融出版社，2011。

由此可见，商业银行还可以合法地将对贷款客户享有的债权转让给第三方。《合同法》第二百五十一条、第二百五十三条规定"承揽合同是承揽人按照定作人的要求完成工作，交付工作成果，定作人给付报酬的合同。""承揽人应当以自己的设备、技术和劳力，完成主要工作，但当事人另有约定的除外。"根据该规定，任何一家商业银行均有权将债权催收业务外包给第三方，但银行不直接管理第三方员工，由第三方合理安排负责债权催收的组织形式和工作时间。因此，综合上述关于商业银行对贷款客户债权催收的内涵分析，关于商业银行与第三方债权催收机构之间的法律关系实际上是由双方签署的合同约定来决定，总结起来无外乎存在以下三种法律关系：

（一）商业银行与催收机构构成委托代理关系

委托代理关系的基本特征是：（1）双方签署委托代理合同，委托具体事项为向逾期贷款客户进行催收，作为委托人，商业银行有权随时撤回或变更委托事项，催收机构必须按照银行的指示去办理委托事项；（2）委托人出具授权委托书，在处理委托事项的时候，受托催收机构以委托银行的名义在授权范围内从事催收等相关民事法律行为，其法律后果由委托银行承担。从上述股份制银行《管理指引》中与催收机构签订的合同约定内容来看，属于委托代理法律关系，该银行出具正式的授权委托书给催收机构，但据笔者了解，这种做法也带来一定负面影响。从银行实际监控催收机构的运营过程来看，催收机构在采用短信、电话、信函等诸多手段催收时，均是直接以该银行名义要求客户限期归还逾期款项，而没有披露其与该银行之间的委托代理关系，客户事后知道催收人不是银行员工，常常会感觉到被欺骗，一定程度上影响了银行的公众形象。

（二）商业银行与催收机构构成债权转让关系

债权转让关系的基本特征是，商业银行将对贷款客户享有的债权以一定价格转让给催收机构，催收机构为此支付对价，从而获得债权请求权，银行转让债权时，无须债务人同意，但应当通知债务人。以美国对信用卡的坏账处理为例，美国作为信用卡的发源地，其产业化程度较高，相应的坏账催收行业发展也比较早，处理方式由早期的委托代理催收为主过渡到向坏账买卖为主。早期美国第三方催收机构的经营方式基本上是从最终回收的贷款份额中抽取一定比例的佣金。但从 20 世纪 90 年代开始，债权银行将坏账直接转让给催收机构，这一市场迅猛发展起来，甚至演变到通过签订协议的方式，约定债权银行在未来某个时间将坏账出售给第三方机构。2005 年，美国违约信用卡贷款约 860 亿美元，占不良消费贷款交易量的 2/3，而其中由债权银行直接卖出的信用卡贷款坏账就达到 645 亿美元。当然，这一切的背后在于美国完善的立法保障，早在 20 世纪 70 年代美国就出台了专门规范金融债务催收的第三方机构的有关法律。[①]

（三）商业银行与催收机构构成加工承揽关系

加工承揽关系的基本特征是，商业银行与第三方机构合同中约定，第三方催收机构以自己的名义独立完成商业银行的外包业务，并将工作成果交付给商业银行，银行按照约定支付报酬。与委托代理关系最大的不同在于，催收机构是以自己的名义而非商业银行的名义去完成催收外包业务。近年来，各级政府鼓励商业银行等金融机构剥离中间或后台业务，设立有一定专业能力的独立法人企业或外包给专业的第三方机构，目前金融外包服务主要包括金融产品研发外包、金融软件外包、金融数据处理与灾备外包、财会核算外包、银行卡业务外包、坏账催收外包等领域。

三、不良贷款催收外包存在的法律风险

（一）催收机构的合法性未明确规定

债权银行与催收机构的法律关系均体现在双方签署的合同约定上，而此时我们必然产生的疑问是，催收机构是否依法登记成立？催收机构是否具有履行催收外包业务所需要的资质？这直接关系到催收机构主体资格的合法性问题。令人遗憾的是，我国现有立法对催收机构的界定十分模糊，第三方催收机构（律师事务所除外）通常登记为消费金融外包及顾问服务性质企业，其经营范围也未明确能否包含银行逾期债务催收。对此，中国政法大学教授樊崇义认为，"如果催收公司是依法成立的，银行把自己的这部分业务包给催收或者叫讨债公司就可以说是合法的，关键的问题就在于，到目前为止，国家没有同意成立这样的讨债或者是催收公司，也就是说所有的催收公司也好，讨债公司也好，应该是不合法的，银行把自己的业务外包给不合法的企业，显然这个行为也是不合法的"。[②] 通常我们认为，催收机构本身经过工商部门合法注册登记，因而经营其登记范围内的业务自然是合法的，问题就在于立法上没有明确界定催收机

---

① ［美］罗伯特·M. 亨特，姜涛译：《美国债务催收业的发展之路》，载《银行家》，2007（8）。

② 宾爱琪：《银行贷款催收法律技巧——商业银行信贷法律风险精析》，北京，中国金融出版社，2010。

构及催收行为，所以有足够合理的理由对催收机构的合法性表示质疑。不过情况正在发生变化，有关部门的最新表态一定程度上支持了催收机构的合法性，银监会《银行业金融机构外包风险管理指引》并没有明确关于逾期贷款催收外包的规定，而银监会《关于进一步规范信用卡业务的通知》（银监发〔2009〕60号）第十四条规定"银行业金融机构应持续关注催收外包机构的财务状况、人员管理、业务流程、工作情况、投诉情况等，确保催收外包机构按照本机构管理要求开展相关业务"，这一表态被认定为是我国最高金融监管部门规范性文件中唯一对第三方催收机构的表态，也可以理解为监管部门对催收外包行为的一种默许。

针对此种情况，上述股份制银行《管理指引》中对催收外包机构实行名单制准入管理，由总部对待选的催收外包机构进行资质审查后，综合评估催收外包机构的工作人员任职资格、催收能力、专业素养、收费标准、管理水平和信誉度等要素，按年发布，确保催收机构的合法性。凡是进入逾期贷款催收外包机构年度名单库的催收外包机构，应同时具备以下条件：（1）具有独立的法人资格或民事主体资格；（2）经营范围合法，未存在法律禁止的服务内容；（3）注册资本或最低出资额在10万元人民币（含）以上；（4）具备健全的组织机构、经营相关业务的资格，财务经营稳健；（5）具备健全的内部管理制度，主要管理人员无不良记录，从业人员具备良好的职业道德和职业能力；（6）具备一年以上的执业经验和良好的业内声誉。

（二）催收外包业务监管严重缺失

近年来，新闻媒体多次披露催收外包公司所采用的种种恶劣手段，催收外包机构良莠不齐，恶性竞争，管理混乱，亟待监管部门加以规范，但面临的尴尬处境是，我国没有专门针对逾期贷款催收外包的相关法律法规。面对现实，银监会对催收外包并未持一味否定的态度，《银行业金融机构外包风险管理指引》中仅要求商业银行加强外包机构的风险管理和监督，但由于众所周知的原因，商业银行与催收机构的利益关系导致此种管理通常难以落到实处。

对此，美国和中国台湾的经验教训值得我们借鉴和吸取。早在20世纪70年代，美国就制定了《公平债务催收作业法案》，① 专门规范债务催收行为，该法案适用于规范专门替债权人进行催账和追账活动的第三方机构。这项法律最大

① 董峥：《游离于法律边缘的银行贷款催收外包业务》，载《金融时报》，2013-12-07。

的特色在于细节，特别是对于催收时间、地点、对象、方式等作出了详细的规定，比如，针对拨打催收电话时间的规定：禁止催收机构在债务人不方便的时间拨打催收电话，特别是在晚上 9 时至早晨 8 时之间的私人时间；假如债务人所服务的单位不允许在工作时间拨打此类电话，同样禁止催收机构在债务人的正常工作时间内打电话催账等。相反，在我国台湾地区，因缺乏对信用卡催收外包业务进行有效监管，导致严重的社会问题，讨债公司一度泛滥，全岛大小讨债公司达 4000 家之多，讨债方式五花八门，无所不用，严重的甚至使用枪械、刀具暴力讨债，债务人因被逼债而自杀的事件层出不穷，社会民生和治安遭到极大的破坏，从而引起了波及全岛的"卡债风波"。美国和中国台湾的例子很好地说明，对催收行为是否有效监管，可能会使债务危机由简单的债务问题演变为负面影响巨大的社会问题。

相比较而言，《管理指引》对外包催收机构的监控非常严厉，要求采取现场和非现场检查两种方式对受托催收外包机构定期或不定期地开展检查监督工作，检查中一经发现以下情况的，应及时采取约见催收机构负责人，提出警告、扣收保证金、终止委外催收协议、提前收回授权书、依法追究相应法律责任等控制措施：（1）催收外包机构采取恐吓、威胁、辱骂、骚扰等不正当方式进行催收，催收行为有损于本行声誉、形象的；（2）未经本行许可，擅自将委外贷款向其他单位或个人转委托；（3）在催收过程中，弄虚作假、违规收受现金、超越代理权限催收或发生其他损害本行利益的行为；（4）违反保密义务，将本行客户资料、数据等贷款相关信息泄露给第三方；（5）未依照规定按时缴纳或补足保证金；（6）催收外包机构自身发生重大变动，严重影响正常催收工作的开展；（7）怠于履行催收职责，多次导致本行错失最佳催收时机；（8）其他违反委托催收协议及授权书规定的行为。对催收外包机构的业绩评估按照注重实绩，定量与定性相结合的原则，从不良贷款回收期限长短、回收比例高低、清收链条长短、费用开支多寡、客户投诉情况等多方面进行绩效评价。

（三）侵犯客户金融信息安全时有发生

在催收外包业务中，商业银行至少需要向催收机构提供逾期账户基础资料、客户基本信息，包括姓名、身份证号、联系方式等必备信息，同时，催收机构也较易获得商业银行的业务经营状况、业务制度流程、风险状况等重要金融信息。商业银行与催收机构之间虽然按惯例都要求签订信息保密协议，有的在保密协议中甚至还约定了一定比例保证金账户和违约金条款用来约束催收机构，但这些既不能真正做到保障客户金融信息安全，也不能以此条款免除商业银行泄露客户信息后对客户所承担的责任，而仅仅是约定在出现因泄露信息导致的纠纷后，商业银行与催收机构之间如何分担责任。据权威调查显示，催收机构招聘的催收员工大部分是劳务派遣制员工，流动性大，不排除催收机构中一些不法员工或离职员工，利用管理漏洞，将银行提供的客户信息用来诈骗或私自将客户信息泄露给第三人以非法获利。

催收机构之间的不断竞争和优胜劣汰，导致一些大型催收机构对商业银行的催收外包业务形成垄断态势。目前，国内催收机构中有着良好品牌效应的多为有外资背景的公司，如高柏管理咨询有限公司，1987 年创立于香港，27 个分支机构分布在全国；CBC（北京）信用管理有限公司为美国 CBC 集团公司于 2005 年在中国境内注册的全资子公司，已在国内 9 个省、市以及自治区设立了分支机构，拥有办事处、工作站等 39 家，业务覆盖范围达全国绝大部分地区，其中国首席运营官董军民 2011 年曾表示其公司已代理多达 18 家银行的催收业务。[1] 外资背景的大型催收机构掌握国内大部分大型商业银行的核心金融数据和信息，这无疑构成对我国金融信息安全和金融稳定的严重挑战，监管部门应当高度重视这一问题。

《管理指引》对此提出可以借鉴之处，指引要求必须通过招标、竞争性谈判等方式选择催收外包机构。原则上年度采购并开展外包催收合作的催收外包机构应在 3～5 家，最少不得低于 2 家。应与催收外包机构签订明确的书面催收委托代理合同。催收外包机构必须保证所采取催收手段的合法合规，不得以违法及不道德的方式催收，同时在催收过程中不得有任何有损本行形象和声誉的言语和行为。催收外包机构不能以本行名义而只能以本行委托机构的身份对外催收。催收外包机构应向本行缴纳委托催收保证金。保证金按照委外催收金额的 1%～3% 的比例缴纳，且最低不少于 5 万元。保证金在受托机构停止营业或委外催收包委托期结束后，经确认受托机构无违约事项发生（包括已严格履行合同义务、未发生对委托方不利的任何事件）且不续约的情况下，于受托机构停止营业之日起或《个人逾期贷款非诉催收委托代理合同》正常终止之日起、委外催收费用支付后的 3 个月后一次性退还受托催收外包机构（仅限剩余额度）。催收外包机构应严格按照协议履行对本行个人贷款客户资料的保密责任，根据委托外包催收业务实际情况，应建立《×××分行个人类不良贷款委外催收管理台账》，对委托外包催收贷款的明细、催收进度、成效等内容实施按月监测。

---

① 吕炳斌：《金融消费者保护法律制度之构建》，载《金融与经济》，2010（3）。

（四）不当催收手段恶化金融业社会形象

从现实情况来看，相对来说，专业能力强的大型催收机构业务比较规范，催收手段也较为恰当。但据权威调查发现，商业银行与部分国内小型催收机构签订的催收外包合同中，关于拖欠时间长的逾期贷款客户，一般约定催收机构的收费标准相对较高，在高佣金的利益驱动下，催收机构及其员工可能采取非法手段甚至暴力催收。上文分析的常见的商业银行与催收机构委托代理关系中，因过于注重催收效果，催收机构往往忽视客户的合法权益，肆意侵害客户权益的情况比比皆是，比如，有的催收机构成立所谓的专门夜催小组，即夜间不间断地拨打客户的电话或 24 小时不间断催收，催收机构的这一不当催收行为直接导致商业银行可能对债务人客户承担一定的民事侵权责任，而且如果媒体曝光，更会很大程度上影响公众对整个金融业的评价，导致金融业的社会形象严重恶化。

为避免出现恶劣侵害客户权益的情形，上述股份制银行《管理指引》规定，凡是以下情况之一的贷款，原则上应采用诉讼催收，可自主提起诉讼申请，或是采用诉讼外包催收的方式，包括：（1）借款人死亡、被宣告死亡、采取各种措施均无法联系的；（2）借款人经济状况恶化、丧失还款能力；（3）借款人已涉嫌刑事案件，或出现重大经济纠纷并涉及民事诉讼；（4）借款人拒不配合或明确表示拒不还款；或保证人明确拒绝为借款人履行偿还贷款本息的义务；（5）借款人的行为足以导致抵（质）押品价值减少；（6）有还款意愿但暂时还款困难，银行判断其长期还款能力仍然欠佳；（7）其他银行业务规章制度中明确规定应当提起诉讼催收的情况。同时《管理指引》还规范佣金的支付，外包催收采取根据实际催收效果计付外包费用的风险代理方式进行。对于委托外包催收的案件，银行按实际收回金额的一定比例向其支付费用；未实际收回的外包催收案件不支付费用。非诉外包催收期限每期最长不超过 3 个月（含），诉讼外包催收期限由分行根据具体项目情况与律师事务所协商确定，原则上每期最长不超过 1 年（含）。对借款人失踪、失联的项目，可由分行结合具体情况适当放宽委托代理期限，最长不超过 2 年（含）。不允许催收外包机构将外包催收案件转委托给第三方处理或分包给第三方处理。

四、完善催收外包业务的建议

逾期不良贷款催收外包作为一种有效的不良贷款处置方式，在商业银行实施过程中取得了较好的效果，但也存在上文列举的诸多法律风险，但笔者所在的某股份制银行的催收外包模式树立了较好的典范，为此，笔者对商业银行逾期不良贷款催收外包业务建议采取如下措施予以完善：

（一）推动国家层面尽快立法，规范银行债务催收行为

国家层面银行债务催收行为立法的缺失，使得催收行业成为社会上滋生大量非法行为的灰色地带，许多催收机构本身无专业资质，实施一些侵害公民人身、财产权利的行为，严重扰乱了社会秩序，监管部门应及时出手，用相应的法律法规规范管理。金融监管部门作为职能部门，应当主导银行催收相关法律制度的立法工作，对催收外包行为的合法性予以法律支持，清晰界定银行债务催收行为的内涵和外延，在保护金融消费者的前提下，规范第三方债务催收机构的行为，禁止催收机构使用不恰当甚至非法侵权的催收方法，明确规定在催收过程中贷款客户享有知情权、正常生活工作不受干扰权以及非法暴力催收造成损害后享有赔偿请求权等基本人权。同时，提高行业准入门槛，要求催收机构必须在监管部门登记备案，必要时实行名单制，监管部门定期予以检查和评价，实施具体催收工作的人员必须参加行业从业资格考试，持证上岗，对于违法经营的催收机构和催收人员一经查实，严厉处罚，重点打击非法成立的如讨债公司等催收机构，坚决维护社会经济生活的安定。

（二）完善银行内部管理机制，强化对催收外包业务的管理

在国家层面立法未出台前，出于现实的需要，商业银行将部分债务催收工作外包，银行自身可以采取诸多加强管理的措施。一方面建设比较完备的催收外包系统，争取做到外包数据筛选、提取、查询、导入及存储的催收系统全流程管理，债权银行相关部门通过该系统就完全能够切实担负起催收管理员的角色；另一方面加强对催收机构的监督管理，双方签署的合同应明确约定催收机构报备的催收专用电话和催收人员名单，提高催收机构的工作效率，妥善应对客户投诉，保持与客户沟通渠道的畅通，以避免因催收机构的不当催收行为对债权银行造成经济损失或不良声誉影响。

（三）约定合理的服务费率，将催收外包行业标准化

目前社会上现有的催收机构鱼龙混杂，净化催收市场亟待加强，监管部门应严格行业的市场准入，商业银行也须睁大双眼，挑选适合的催收机构合作。为避免恶性无序竞争，通过合理测算和比较催收机构和银行自营催收业务需要的运营成本和人力成本，可由行业协会协调，各家银行共同商定向催收机构支付催收费用的大致合理范围，将催收外包行业标准化。

（四）防范客户信息泄露，保护金融消费者合法权益

商业银行在催收外包合同中要明确催收机构的保密义务，要求催收公司缴纳一定的保证金或合同中约定违约金条款，催收机构承诺，承担因信息泄露造成的一切损失，债权银行将有权直接扣除保证金或追究违约责任来追偿损失。同时，在催收业务外包后，银行要跟进催收机构的经营状况，动态管理其业务变化和人员变动情况，以及时纠正催收机构泄露信息的非法行为。

完善私募股权基金信息披露制度探讨

邝婉珊①

近几年，在国家政策的大力支持下，私募股权基金在我国得到了迅猛发展。但随着私募股权基金数量、规模的扩大，监管处于灰色地带的私募股权基金在运行中的问题也逐渐显现。对此，中国证监会也意识到了问题的严重性，并在2014年7月11日发布了"关于《私募投资基金监督管理暂行办法（征求意见稿）》公开征求意见的通知"（以下简称《暂行办法（征求意见稿）》），希望以此来加强对私募股权基金的监管。信息披露是一切证券监管的前提条件，没有信息披露一切监管都无从谈起。但在《暂行办法（征求意见稿）》中只是粗略地对信息披露作了规定，并把出台具体规则的权力赋予了"基金业协会"。然而，迄今为止，具体的私募股权基金的信息披露规则也并未出台。为了填补我国现行法律体系中的空白，加强我国的金融基础设施建设，切实保护好投资者的利益，笔者特在本文探讨了我国私募股权基金信息披露制度的具体规则，包括它的原则、主体、内容、方式以及民事责任。

一、私募股权基金信息披露制度的原则

一个制度的原则往往对一个制度的规则起着指导作用。所以，在研究一个私募股权基金信息披露制度的具体规则以前，笔者先要对其原则进行研究。下面，笔者将通过结合私募股权基金本身的特点与相关的理论知识，进而对私募股权基金信息披露制度应该遵循的主要原则进行论述。

（一）成本有效性原则

监管，本质是一种经济活动，它在有收益的同时也会有成本。只有当其收

---

① 邝婉珊，硕士。本文选自第14次珠江金融论坛——"金融法制环境建设论坛"的应征论文，内容有修改。

益超过成本时，才算是经济合理的。因此，在考虑私募股权基金信息披露监管时，必须遵循成本有效性原则，即要最大限度地保证为私募股权基金信息披露付出的成本能产生效益。

（二）披露规则灵活性原则

因为私募股权基金信息披露的其中一个个性目的就是"协调好私募股权基金运作的保密性与信息披露之间的关系，平衡各方利益"，这也就决定了私募股权基金信息披露制度的具体规则的设置要遵循披露规则灵活性原则。

要实现披露规则的灵活性可以通过以下几种方式：第一，规则规定技术灵活，比如采用概括性规定与列举性规定相结合、采用分类分情况规定的方法等。第二，披露时间灵活，比如规定一个较为宽泛的可供信息披露义务人选择的时间，以让信息披露义务人灵活地分配自己的时间。第三，披露方式灵活，比如规定多种信息披露的方式供披露义务人选择。

（三）适度披露原则

私募股权基金的信息披露要遵循的另一个很重要的原则就是适度披露原则。对于私募股权基金中的合格投资者来说，他们具有一定的风险识别与风险承担能力，而且往往他们还具有一定的投资经验与专业知识，所以，对于他们的披露信息并不是越多越好，因为披露的信息过多可能会降低他们进行投资分析的效率。他们需要的，是要向他们披露进行投资分析所需要的信息，并保证这些信息的真实性、准确性、完整性。

（四）自律性监管原则

私募股权基金信息披露制度规则遵循自律性监管原则，就是指规则由自律性组织进行制定，在行业自律规则的层面对信息披露义务人进行约束。按照我国《暂行办法（征求意见稿）》第二十四条规定，"信息披露规则由基金业协会另行制定"。而"基金业协会"是基金业的行业自律组织，这就决定了私募股权基金信息披露制度规则应该遵循自律性监管原则。

二、私募股权基金信息披露的主体

私募股权基金信息披露的主体，即私募股权基金信息披露义务人，是指在私募股权基金募集、运行、投资、退出的各个阶段，需要履行信息披露义务的人，包括自然人与法人。

（一）我国现行法律体系中规定的信息披露主体——管理人、托管人、受托管理机构

国家发改委在 2011 年 11 月发布了《关于促进股权投资企业规范发展的通知》（以下简称《通知》）。该《通知》规定了："股权投资企业"要向投资者披露投资运作信息，要向备案管理部门提交年度业务报告和经审计的年度财务报告并即时报告重大事件；而且，"股权投资企业的受托管理机构"和"托管机构"则要向备案管理部门提交年度资产管理报告和年度资产托管报告。《通知》中规定的"股权投资企业"实际上就是私募股权基金的管理人，"托管机构"即是私募股权基金的托管人。同时，证监会 2014 年 7 月发布的《暂行办法（征求意见稿）》中所规定的私募股权基金的信息披露主体则包括基金管理人与基金托管人。

可见，我国现行法律体系中，私募股权基金的信息披露义务主体包括私募股权基金管理人、私募股权基金托管人以及私募股权基金受托管理机构。

（二）完善我国私募股权基金信息披露的主体——投资组合公司

笔者认为，私募股权基金的信息披露主体除了我国现行法律体系中规定的基金管理人、基金托管人以及基金受托管理机构以外，还应该包括私募股权基金中被投资的投资组合公司。这是因为：

首先，私募股权基金中被投资的投资组合公司是私募股权基金运行中的重要主体之一，它的财务状况、经营状况、公司治理情况、重大事件等不仅关系着投资组合公司原来的股东，还牵动着私募股权基金乃至基金投资者的利益。为了保护私募股权基金的投资者，让投资者切实知道自己投入资金所投资企业的运作情况，投资组合公司也必须作为私募股权基金信息披露的主体。

其次，投资组合公司定期与不定期的真实、准确、完整的信息披露是区别私募股权基金与非法集资的重要标志。私募投资基金是指"在中华人民共和国境内，以非公开方式向合格投资者募集资金设立的投资基金"。① 而私募股权基金则是在中华人民共和国境内，以非公开方式向合格投资者募集资金设立的，并进行股权投资的投资基金。可见，私募股权基金的募集与投资都是符合法律的规定的。而非法集资，则是指公司、企业、个人或其他组织违反法律、法规，通过不正当的渠道，向社会公众或者特定个人募集资金的行为。所以，要区别私募股权基金与非法集资，要划清合法与非法的界限，最重要的一点就是要看

---

① 《中国证监会〈关于私募投资基金监督管理暂行办法（征求意见稿）〉公开征求意见的通知》第二条。

所筹集资金的渠道以及用途。然而，只有投资组合公司能持续地向投资者进行信息披露时，投资者才能看到所筹集资金的用途，进而分清合法与非法活动。

此外，投资组合公司的信息披露对于私募股权基金的规范运作以及健康发展有着重要意义。投资组合公司信息披露的内容包括私募股权基金或者其委托的管理机构对投资组合公司的管理情况，这些管理情况的披露不仅能给投资者提供监督管理的依据，还能在这样的信息披露制度下鞭策私募股权基金规范地运作，这也就有助于私募股权基金在我国的健康发展。所以，投资组合公司作为信息披露主体之一是规范私募股权基金，促进其在我国健康发展的要求。

最后，把投资组合公司作为私募股权基金信息披露的主体还符合国际规范的发展趋势，是时代所趋。在金融监管制度一直走在世界前沿的英国，私募股权基金信息披露的主体就包括投资组合公司（portfolio companies）。在 2007 年，英国风险投资协会 BVCA（British Venture Capital Association）就邀请了现英国巴克莱银行董事长 David Walker 来主持《私募股权投资信息披露与透明度指引》（以下简称《指引》）（*Guidelines for Disclosure and Transparency in Private Equity*）的起草，并在不久以后，在 BVCA 的网站上把该指引予以了公布。《指引》明确规定了投资组合公司信息披露的主体地位，并且还规定了投资组合公司要进行信息披露的详细内容（这将在下面进行介绍）。

但是，可能有人会觉得，既然私募股权基金已经成为投资组合公司的股东，那么投资组合公司直接按照我国《公司法》的相关规定向股东进行信息披露就行了，无须在私募股权基金信息披露制度中把投资组合公司又作为信息披露的主体。对于此种观点，笔者不以为然。因为私募股权基金中被投资的投资组合公司在私募股权基金的投资运营过程中有很多特殊的信息是一般的公司治理中不会出现的，比如：投资组合公司的股权结构中私募股权基金所占的比例、资产负债表外融资杠杆（off - balance - sheet leverage）等。这些信息的披露不能依据我国《公司法》的一般性规定，而必须依据特殊性的规定，即具体的私募股权基金信息披露规则。但如果不把投资组合公司列入私募股权基金信息披露的主体，则无从在私募股权基金信息披露规则中规定这些内容。所以，笔者认为把投资组合公司列入私募股权基金信息披露的主体，实属必要。

三、私募股权基金信息披露的内容与方式

私募股权基金信息披露的内容与方式，是私募股权基金信息披露制度中非

常重要的一部分，它最直接地体现着私募股权基金信息披露与其他证券投资基金信息披露的区别。下面，笔者将从"我国现状——制度完善建议"的思路来对私募股权基金信息披露的内容与方式进行论证。

（一）我国现行法律体系对私募股权基金信息披露的内容与方式的规定及其不足

我国现行法律体系中含有信息披露内容的文件并不少，它们涉及上市公司的信息披露、信托公司的信息披露、非上市公众公司的信息披露、公募证券投资基金的信息披露等，但是，对于私募股权基金的信息披露制度专门性的规定却是比较缺乏的。对于私募股权基金信息披露制度的规定，笔者把这些规定分为专门性规定与一般性规定。一般性规定，是指在一般性法律法规中可以运用于私募股权基金信息披露的规定。这些规定因为要兼顾不同种类的证券、基金，所以一般都规定得比较宏观，可操作性不强。而相对于一般性规定来说，比较具体的专门性规定也存在不少缺陷。这些缺陷具体包括以下几点：

1. 对于私募股权基金信息披露制度的规定比较散乱，缺乏体系性。虽然到目前为止，我国关于私募股权基金信息披露制度的专门性规定只包括两个文件，它们是国家发改委办公厅《关于促进股权投资企业规范发展的通知》（发改办财金〔2011〕2864号，以下简称《通知》）与证监会"关于《私募投资基金监督管理暂行办法（征求意见稿）》公开征求意见的通知"。但这两个文件中对于私募股权基金信息披露制度的规定还是比较散乱。比如，《通知》中对于"股权投资企业"、"受托管理机构"与"托管机构"的信息披露义务的规定是穿插进行的，即文件先规定一个"股权投资企业"信息披露义务的条文（第二条），然后又规定一个"受托管理机构"信息披露义务的条文（第十条），接着再规定一个"股权投资企业"信息披露义务的条文（第十三条），再而规定一个"受托管理机构"、"托管机构"信息披露义务的条文（第十三条），最后又规定一个"股权投资企业"信息披露义务的条文（第十四条）。这样的规定，使"股权投资企业"在适用有关自己的信息披露义务的条文时十分混乱，容易遗漏需要披露的信息。而在《暂行办法（征求意见稿）》中虽然只用两个条文规定了私募股权基金信息披露制度，规定得相对集中，但《暂行办法（征求意见稿）》却只规定了基金管理人与基金托管人的信息披露内容，对于受托管理机构、投资组合公司都没有提到。所以，总的来说，我国私募股权基金信息披露制度的现行规定比较散乱、缺乏体系性。

2. 不同法律法规概念不统一，披露内容分类混乱，概念有重叠之处。正如上文所说的，我国关于私募股权基金信息披露制度的专门性规定只包括发改委的《通知》以及证监会的《暂行办法（征求意见稿）》。但这两个文件规定的法律概念都未能统一。发改委的《通知》中的"股权投资企业"与证监会的《暂行办法（征求意见稿）》中的"私募基金管理人"在私募股权基金中其实都是一个概念，即是指私募股权基金管理人。此外，发改委的《通知》中的"托管机构"与证监会的《暂行办法（征求意见稿）》中的"私募基金托管人"在私募股权基金中其实也是指同一个概念，即是指私募股权基金托管人。但是两个文件的概念不统一就容易让义务人钻空子，认为自己并不符合文件中规定的概念。

另外，我国现行法律体系中对私募股权基金信息披露的内容的规定分类比较混乱，概念间有重叠之处。《暂行办法（征求意见稿）》在第二十四条、第二十五条指出，基金管理人信息披露的内容包括"基金投资、资产负债、投资收益分配、基金承担的费用和业绩报酬、可能存在的利益冲突情况以及可能影响投资者合法权益的其他重大信息"以及"投资运作情况和运用杠杆情况"，这里的"基金投资"情况、"投资收益分配"以及"投资运作情况"是有重叠之处的。这样的分类是不够严谨的。

3. 披露内容规定过于概括，可操作性不强。即使相对于一般性的规定来说，专门性的规定已经比较具体，但专门性规定的信息披露的内容也过于概括，可操作性不强。比如，《通知》中规定的"投资运作的情况"、"经营运作等方面的信息"，《暂行办法（征求意见稿）》在第二十四条、第二十五条规定的"基金投资、资产负债、投资收益分配、可能存在的利益冲突情况以及可能影响投资者合法权益的其他重大信息"，它们具体包括哪些内容，信息披露义务人无从得知。

4. 披露方式规定单一，缺乏可选择性、灵活性。我国现行法律体系中规定的私募股权基金信息披露的方式只包括提交报告一种形式。这样的方式过于单一，缺乏其他的可以被信息披露主体选择的方式，因此，不能体现出私募股权基金信息披露制度应该具备的灵活性原则，不利于促进私募股权基金在我国的发展。

（二）完善我国私募股权基金信息披露的内容与方式

下面，笔者将借鉴英美国家的经验和做法，结合私募股权基金信息披露制度的目的及原则，提出对我国现行法律体系的完善意见。

1. 以信息披露主体为线索，构建我国私募股权基金信息披露体系。英国风险投资协会 BVCA 发布的《私募股权投资信息披露与透明度指引》是以私募股权基金信息披露主体为线索，在不同的信息披露主体下面规定了不同的信息披露的内容，由此来构建起英国的私募股权基金信息披露的体系。这样的规定更符合逻辑、更有条理，同时，也使私募股权基金信息披露主体能更加便捷地找到自己所要披露的信息，降低了信息披露义务人进行信息披露的成本。所以，我国在构建私募股权基金信息披露制度的时候也应该借鉴英国的这种做法。

为了与我国现行的法律规定相衔接，我国在规定私募股权基金信息披露制度时应该按照私募股权基金管理人、私募股权基金托管人、私募股权基金投资组合公司以及私募股权基金受托管理机构四类主体来分别对每一类主体的信息披露义务内容进行规定。而且，因为每一类信息披露主体所接触到的信息的内容有所区别，所以每一类信息披露主体所应该披露的内容也应区别对待。

2. 出台效力层级较高的法律法规，统一法律概念。正如上文提到的，我国现行法律体系中对于私募股权基金信息披露规定的概念存在不统一的情况。对此，笔者觉得我国应通过出台一部效力层级在现行法律文件以上的法律法规，来统一相关的法律概念。而我国现行法律体系中对私募股权基金信息披露制度作出规定的文件就是发改委发布的《通知》以及证监会的《暂行办法（征求意见稿）》，它们属于部门规范性文件以及部门规章，所以笔者觉得，我国可以通过法律或行政法规的方式来对相关的法律概念进行统一，修改完善现行法律，如《证券法》。

3. 私募股权基金信息披露内容按财务信息、投资信息、公司治理信息、重大事件以及管理层讨论与分析进行分类，不同信息披露主体所需披露的信息可有不同。

对于我国现行法律体系中对私募股权基金信息披露的内容的规定分类比较混乱，概念间有重叠的问题，笔者认为，我国可以借鉴学术界已有的对于上市公司信息披露内容分类，即包括财务信息、公司治理信息、重大事件、管理层讨论与分析[①]。当然，借鉴上市公司信息披露内容的同时不能完全照搬上司公司的信息披露的内容，而应该结合私募股权基金的特性来进行必要的修改、创新。对此，笔者认为，应该在已有的上市公司信息披露内容的分类中加入"投资信息"这一项。这一项内容是区别一般上司公司信息披露与私募股权基金信息披

[①]　胡静波：《我国上市公司信息披露制度及其有效性研究》，北京，科学出版社，2012。

露的重要内容，而且因为私募股权基金集资的目的就是进行股权投资，所以投资信息在私募股权基金信息披露中是处于核心地位，不容忽视。

私募股权基金信息披露的主体不同，需要进行信息披露的内容也是不同的。笔者觉得，私募股权基金中各个信息披露主体需要披露的内容如下：（1）私募股权基金管理人需要披露的内容包括：①基金的财务信息；②基金的投资信息；③基金的管理信息；④基金的重大事件；⑤基金的管理层讨论与分析。（2）私募股权基金托管人需要披露的信息包括：①基金的托管财产信息；②基金的投资款项运作；③与基金财产有关的重大事件。（3）私募股权基金投资组合公司需要披露的信息包括：①投资组合公司的财务信息；②投资组合公司的股权结构与成分信息①；③投资组合公司的公司治理信息；④投资组合公司的重大事件；⑤投资组合公司的管理层讨论与分析。私募股权基金受托管理机构需要披露的信息则是投资组合公司的经营运作情况。

4. 细化私募股权基金信息披露的内容的规定。对于私募股权基金信息披露内容规定过于概括，可操作性不强的问题，笔者觉得需要细化私募股权基金信息披露的内容。结合英国的《私募股权投资信息披露与透明度指引》的规定，财务信息的披露应该在附注中注明财务信息所适用的会计政策、计量方法、估值方法、或有事项、杠杆比例（债股比例），以及公司所面临的主要金融风险及有关风险管理的不确定性。同时，结合美国 2010 年《多德—弗兰克法案》第 404 部分规定，私募股权基金信息披露的内容应该包括：（1）管理资产的数量和所应用的杠杆，包括资产负债表外融资杠杆（off – balance – sheet leverage）；（2）交易对方信用风险；（3）交易或者投资位置；（4）估值方法或者基金运营；（5）所拥有的资产类型；（6）次要的合同或信件，比如解释特定投资者在一个基金中比其他投资者获得更大授权原因的信件；（7）交易实践；（8）其他对公共利益、投资者保护与系统风险的评估必要的信息。

在细化私募股权基金信息披露内容的规定的同时，我们可以增加私募股权基金信息披露制度的内容的灵活。正如美国《1933 年证券法 D 条例》第 505 条规则的做法，规定了财务信息需要被一个独立的公众会计师认证；但若一个公司无不合理理由而无法获得经审计的财务信息时，则仅需要该公司的资产负债表经过审计，且若一个有限合伙型企业无不合理理由而无法获得经审计的财务

---

①　股权结构信息是指投资组合公司股权的归属关系，它包括持有投资组合公司股份的私募股权基金的名称、数量、性质、规模；而股权成分信息，则是指股权中是否涉及国有成分、是否涉及外资成分，以及他们涉及的比例等。

信息时，则该企业需要提供联邦所得税法要求的经过审计的财务信息。①

5. 规定不同的信息披露方式以供披露主体选择，提高披露灵活性。笔者认为，我国的私募股权基金信息披露制度应规定不同的信息披露方式以供披露主体选择，提高披露灵活性。正如前文提到的，私募股权基金备受青睐的一个重要原因就是它具有灵活性，为了保持私募股权基金的活力，促进它在我国的健康发展，私募股权基金的信息披露制度的规定应该要在信息披露的方式上给予信息披露义务人更多的选择。具体来说，可以借鉴英国的《私募股权投资信息披露与透明度指引》的规定，允许信息披露义务人在自己的网站上面公布信息等。

四、违反私募股权基金信息披露义务的民事责任

任何法律都不能没有"牙齿"，没有"牙齿"的法律可能会形同虚设。法律制度只有以责任为后盾，才能具有力量，才能让法律所追求的目的、目标、宗旨得以实现。任何法律制度都要以责任、制裁作为保障，私募股权基金信息披露制度规定得再完美，如果没有相应的责任承担制度，也只会成为摆设。下面，笔者将对私募股权基金信息披露制度的民事责任中的责任性质、归责原则与程序等方面进行分析，研究适合于我国的私募股权基金信息披露的民事责任。

（一）责任性质：侵权责任与违约责任的竞合

私募股权基金信息披露制度的责任性质应该是侵权责任与违约责任的竞合。接下来，笔者将对不同主体的责任性质分别进行论证。

就私募股权基金管理人而言，私募股权基金管理人都会与投资者签订基金合同，合同中会约定基金管理人对投资者的信息披露义务的规定，所以，私募股权基金管理人违反私募股权基金信息披露义务时，就是一种违反基金合同的行为，是一种违约行为。同时，按照证监会《暂行办法（征求意见稿）》第二十四条的规定，私募基金管理人应如实向投资者披露基金情况，且按照我国《公司法》、《合伙企业法》的相关规定，投资者也有获知基金情况的权利。所以，私募股权基金管理人违反私募股权基金信息披露义务时，就是一种侵害投资者权益的行为，是一种侵权行为。

就私募股权基金托管人而言，基金托管人在进行基金财产托管之前都会与

---

① 美国 SEC（U. S. Securities and Exchange Commission）网站，2014 - 08 - 13。

基金管理人、基金投资者签订一份三方的托管协议，并在协议中约定基金托管人的信息披露义务。可见，基金托管人在违反私募股权基金信息披露义务的民事责任是一种违约责任。另外，同时，证监会《暂行办法（征求意见稿）》第二十四条的规定，私募基金托管人应如实向投资者披露基金情况。可见，基金托管人的信息披露义务不仅是一种约定义务，还是一种法定义务。

就私募股权基金中被投资的投资组合公司而言，私募股权基金在进行投资之时会与被投资的投资组合公司签订一份协议，并在协议中约定投资组合公司的信息披露义务。倘若投资组合公司没有履行他的信息披露义务，则构成违约。而与此同时，私募股权基金在向投资组合公司投资后，会成为投资组合公司的股东，按照《公司法》第三十三条的规定，公司股东对公司情况有知情权，所以，投资组合公司在不履行信息披露义务时也是一种侵权，侵害了股东的知情权。

就委托管理的受托管理机构而言，私募股权基金管理人在委托管理投资组合公司之前也会与受托管理机构签订一份委托管理协议，其中会约定受托管理机构的信息披露义务，所以，受托管理机构违反信息披露义务是一种违约行为。另外，按照国家发改委发布的《关于促进股权投资企业规范发展的通知》的规定，受托管理机构有向投资企业（即私募股权基金管理人）的信息披露义务，即其信息披露义务也是一种法定义务。

结合我国《合同法》第一百二十二条的规定，因当事人一方的违约行为，侵害对方人身、财产权益的，受害人有权选择依照本法要求其承担违约责任或者依照其他法律要求其承担侵权责任。因此，笔者认为，在私募股权基金信息披露制度中，应该赋予受害者选择的权利，以充分保护受害人的权利。

（二）归责原则：过错责任原则

我国私募股权基金信息披露民事责任的归责原则宜采用过错责任原则。对于证券信息披露的民事责任的规则原则，《最高人民法院关于审理证券市场因虚假陈述引发的民事赔偿案件的若干规定》对违反信息披露义务人的归责，按无过错责任、过错推定责任和过错责任的顺序作出了规定。首先，对发起人、发行人或上市公司规定了无过错责任；其次，对发行人或上市公司负有责任的董事、监事和经理等高级管理人员、专业服务机构及其直接责任人规定了过错推定责任；最后，其他有信息披露义务的法人或自然人则承担过错责任。所以，私募股权基金信息披露义务人也应该承担过错责任。

私募股权基金信息披露制度的目的之一是平衡各方的利益，表现在它的民事责任上是既要让受到侵害的投资者得到合理的补偿，又要避免给私募股权基金当事人在进行私募股权基金运行的过程中不承担过多的负担，要保持私募股权基金运作的高效性与一定的机密性。此外，私募股权基金能很好地盘活中小投资者的资本，并能很好地解决我国中小企业融资难的瓶颈，是我国多层次证券市场中不可缺少的一部分，而私募股权基金在我国仍处于发展的初级阶段，所以，对于它的信息披露制度的设置不宜过于严苛。如果对私募股权基金的当事人的信息披露义务以无过错责任或过错推定责任的原则归责，则会导致私募股权基金的吸引力大大降低，不利于私募股权基金在我国的发展。

（三）责任程序：发表人诉讼制度

私募股权基金信息披露主体一旦违反了对投资者的信息披露义务，虽然法律有规定私募股权基金投资者数量的上限，但其侵害的投资者也是比较多的，如果对受害人进行诉讼的制度得不到完善，保证投资者合法权益的口号也只能是一句空话。我国目前的群体诉讼制度采用的是代表人诉讼制度。虽然目前我国的代表人诉讼制度在权利的登记、诉讼代表人的推选制度等多方面还有所欠缺，但代表人诉讼制度仍是具有中国特色的解决群体性纠纷的诉讼制度。它是结合了美国的集团诉讼制度和日本的选定当事人制度的优点，并联系我国国情的实际情况得出来的。而面对上述的缺陷，笔者认为可以通过以下措施来予以完善：

在权利登记上，为了最大限度地保护当事人的利益，我国可以参照美国的集团诉讼的做法，即把在法院公告期内没有明确申请排除于集团诉讼之外的人，视为参加诉讼，即诉讼判决对未作权利登记的人也有效。这样即使没有权利的登记，也能保护好受害者的利益。

在诉讼代表人的推选上，笔者认为，应当在《民事诉讼法》或相关法律法规中明确诉讼代表人选定的具体程序及方法，规定当事人的议事规则。

参考文献

［1］夏斌：《鼓励发展外汇私募股权基金》，中证网，2008－01－21。

［2］美国 SEC（U.S. Securities and Exchange Commission）网站，2014－08－13.

［3］胡静波：《我国上市公司信息披露制度及其有效性研究》，北京，科学出版社，2012。

［4］杨峰：《证券欺诈群体诉讼制度研究》，北京，中国社会科学出版社，

2007。

[5] BVCA (British Venture Capital Association), "Guidelines for Disclosure and Transparency in Private Equity".

[6] "Regulation D of the Securities Act of 1933", Rule 504, Rule 505, Rule 506.

[7] Dodd – Frank: "Wall Street Reform and Consumer Protection Act of 2010".

试论保险仲裁案件仲裁费用承担

刘云梅[①]

在解决民商事纠纷时,商事仲裁以其"快速、灵活、保密"等特点越来越受到当事人的青睐。在保险行业,随着保险纠纷案件量的增加,通过商事仲裁解决纠纷的需求也在日益增加。早在 1999 年,中国保险监督管理委员会发文《关于在保险条款中设立仲裁条款的通知》(保监发〔1999〕147 号),要求保险主体设立保险合同争议条款时加入"提交仲裁委员会仲裁"的争议解决方式。2011 年 7 月 11 日,广州金融仲裁院正式挂牌成立,一批保险行业法律、理赔方面的专业人士成为广州仲裁委员会的仲裁员;广东保监局于 2011 年 7 月 22 日印发《关于在保险业进一步推行仲裁工作的通知》(粤保监办发〔2011〕144 号),进一步扩大仲裁在保险纠纷解决中的作用。与此同时,保险纠纷案件仲裁费用的承担也日趋引起关注。

一、仲裁费用

仲裁费用是指当事人申请仲裁,按照相关规定向仲裁机构交纳的费用及在仲裁过程中产生的律师费、当事人办案差旅费用及当事人的其他费用。包括机构费用和当事人其他费用。

(一)机构费用

机构费用是指仲裁机构在其仲裁规则中规定的由当事人必须缴纳的费用,包括:(1)案件受理费,用于支付仲裁员报酬和仲裁委运转开支;(2)案件处理费,包括仲裁员出差和开庭的交通费、住宿费及其他合理费用;辅助费用(检验费、专家费、鉴定费、翻译费、咨询费等);其他应当由当事人承担的合

---

① 刘云梅,就职于中国人民财产保险股份有限公司广东省分公司法律合规部。本文选自第 14 次珠江金融论坛——"金融法制环境建设论坛"的应征论文。

理费用。

（二）当事人其他费用

除机构费用外，当事人在处理仲裁案件中还会发生其他的成本，包括聘请律师的费用、当事人办案差旅费用、当事人的其他费用（如专家咨询费用、调查费、单方进行的鉴定费用等）。

二、诉讼和仲裁中法律费用承担比较

（一）诉讼费用的承担

从诉讼费用成本理论上讲，我国的诉讼费用只是法院的审判费用。因此，我国的诉讼费用制度并没有将当事人之间的诉讼费用负担作为调整对象，而仅关注于法院与当事人之间的成本负担。根据《诉讼费用交纳办法》第二十九条的规定，诉讼费用由败诉方负担，胜诉方自愿承担的除外。部分胜诉、部分败诉的，人民法院根据案件的具体情况决定当事人各自负担的诉讼费用数额。因此，若协议中未明确律师费，法院判决对律师费是不作处理的。但以下八类案件除外：

1. 人身损害赔偿、名誉侵权、交通肇事案件。《民法通则》第一百一十九条规定："侵害公民身体造成伤害的，应当赔偿医疗费、因误工减少的收入、残废者生活补助费等费用；造成死亡的，并应当支付丧葬费、死者生前扶养的人必要的生活费等费用。"《最高人民法院关于审理人身损害赔偿案件适用法律若干问题的解释》第十七条第三款规定："受害人死亡的，赔偿义务人除应当根据抢救治疗情况赔偿本条第一款规定的相关费用外，还应当赔偿丧葬费、被抚养人生活费、死亡补偿费以及受害人亲属办理丧葬事宜支出的交通费、住宿费和误工损失等其他合理费用。"上海市高级人民法院早在 2000 年《关于印发〈关于民事案件审理的几点具体意见〉》的通知中针对人身损害赔偿案件提出"律师费在性质上属于财产利益，原则上可作为损失"。关于人身损害赔偿、名誉侵权、交通肇事案件，尽管上海市高级人民法院有上述规定，但目前全国绝大多数法院并不支持由败诉方承担胜诉方的律师费，律师费承担依然坚持谁的律师费由谁承担的原则。

2. 法律援助案件。《最高人民法院、司法部关于民事法律援助工作若干问题的联合通知》规定："法律援助人员办理法律援助案件所需差旅费、文印费、交通通讯费、调查取证费等办案必要开支，受援方列入诉讼请求的，人民法院可根据具体情况判由非受援的败诉方承担。"

3. 著作权侵权案件。《著作权法》第四十九条规定:"侵犯著作权或者与著作权有关的权利的,侵权人应当按照权利人的实际损失给予赔偿;实际损失难以计算的,可以按照侵权人的违法所得给予赔偿。赔偿数额还应当包括权利人为制止侵权行为所支付的合理开支。"《最高人民法院关于审理著作权民事纠纷案件适用法律若干问题的解释》第二十六条规定:"著作权法第四十八条第一款规定的制止侵权行为所支付的合理开支,包括权利人或者委托代理人对侵权行为进行调查、取证的合理费用。人民法院根据当事人的诉讼请求和具体案情,可以将符合国家有关部门规定的律师费用计算在赔偿范围内。"

4. 商标侵权案件。《最高人民法院关于审理商标民事纠纷案件适用法律若干问题的解释》第十七条明确规定:"商标法第五十六条第一款规定的制止侵权行为所支付的合理开支,包括权利人或者委托代理人对侵权行为进行调查、取证的合理费用。人民法院根据当事人的诉讼请求和案件具体情况,可以将符合国家有关部门规定的律师费用计算在赔偿范围内。"

5. 专利侵权案件。《最高人民法院关于审理专利纠纷案件适用法律问题的若干规定》第二十二条规定:"人民法院根据权利人的请求以及具体案情,可以将权利人因调查、制止侵权所支付的合理费用计算在赔偿数额范围之内。"安徽省高级人民法院于 2005 年 6 月出台《安徽省高级人民法院关于审理商标、专利、著作权侵权纠纷案件适用法定赔偿的指导意见》,其中第八条明确指出,适用法定赔偿确定赔偿数额时,应当将权利人为制止侵权行为所支付的合理费用列入赔偿范围。"合理费用"包括律师费。

6. 不正当竞争案件。《反不正当竞争法》第二十条规定:"经营者违反本法规定,给被侵害的经营者造成损害的,应当承担损害赔偿责任,被侵害的经营者的损失难以计算的,赔偿额为侵权人在侵权期间因侵权所获得的利润;并应当承担被侵害的经营者因调查该经营者侵害其合法权益的不正当竞争行为所支付的合理费用。"

7. 合同纠纷中债权人行使撤销权诉讼案件。最高人民法院《关于适用〈中华人民共和国合同法〉若干问题的解释(一)》第二十六条明确规定:"债权人行使撤销权所支付的律师代理费、差旅费等必要费用,由债务人负担;第三人有过错的,应当适当分担。"

8. 担保权诉讼案件。《中华人民共和国担保法》第二十一条规定:"保证担保的范围包括主债权及利息、违约金、损害赔偿及实现债权的费用。"

在司法实践中，最高人民法院也通过公布典型案例的方式，对律师费等相关费用的承担提出倾向性意见，供各级人民法院审判类似案件时参考。2003 年 3 月，最高人民法院发布的典型案例中，陆某诉某航空公司国际航空旅客运输损害赔偿纠纷案经当地市静安区法院一审判决生效，被告航空公司赔偿原告陆某聘请律师支出的代理费人民币 16595.10 元、律师差旅费人民币 11802.50 元；2003 年 4 月，最高人民法院发布典型案件，某食品公司与某股份公司不正当竞争纠纷案经福建省高级人民法院一审判决，被告公司赔偿原告律师代理费 2 万元，这一判决后经最高人民法院二审维持；2006 年 6 月，杨某诉某公司人身损害赔偿案由当地市中级人民法院终审判决，被告公司赔偿原告杨某支出的律师代理费人民币 3000 元。

尽管有上述规定及最高人民法院发布的典型案例，目前全国多数地区的法院通常的做法是，不支持胜诉方要求败诉方承担其律师费的诉讼请求。

（二）仲裁费用的承担

1. 英国规则：大原则是谁败诉谁承担自己与胜诉方的费用，所谓的 "costs follow the event"。双方当事人在订立仲裁协议之初约定如何分摊仲裁费用是无效的。1996 年英国《仲裁法》之 Section60 中："An agreement which has the effect that a party is to the whole or part of the costs of the arbitration in any event is only valid after the dispute in question has arisen."

2. 美国规则：各自承担自己的花费，包括律师费，"Each party shall be responsible for their own costs"。不过，近些年来，美国规则已发展出了许多例外，如允许协议约定优先；如准据法或者仲裁规则明确授权裁决律师费；再如一方当事人被认为恶意诉讼或存在其他不良行为，则可能通过承担律师费用加以制裁。

3. 国内：仲裁可对律师费由败诉方承担的仲裁请求予以支持。1994、1995、1998、2000 版本的《中国国际经济贸易仲裁委员会仲裁规则》（以下简称《贸仲规则》）都有类似规定，仲裁庭有权在裁决书中裁定败诉方应当补偿胜诉方因为办理案件所支出的部分合理费用，但补偿金额最多不得超过胜诉方胜诉金额的 10%。在实践中，此费用也包括律师费，但有胜诉金额 10% 的比例限制。2005 版《贸仲规则》则取消了 10% 的限额规定，而是规定仲裁庭有权根据案件具体情况在裁决书中裁定败诉方应当补偿胜诉方因办理案件而支出的合理费用。显然，这给了仲裁庭更大的自由裁量权。

广州仲裁委《仲裁规则》第七十四条第六款规定"仲裁庭可以在裁决书中

裁定败诉方应当补偿胜诉方因办理案件所支出的合理费用，但补偿金额最多不超过胜诉方所得胜诉金额的百分之十"。

从上述分析比较可以看到，不论是诉讼还是仲裁，费用承担的大原则是以败诉方承担为根本。败诉方承担相关法律费用的原则优点不言而喻，一方面能促进权利人积极主张自己权利，另一方面对侵害他人权利者以制裁。但这一原则的缺陷也很明显，通常一个案件并不是"非黑即白"，尤其是保险纠纷案件，大多数并非"黑白分明"。

三、保险纠纷案件的特点及费用承担思考

（一）保险纠纷案件的特点

保险纠纷案件通常包括追偿类和非追偿类两大类别。追偿类案件包括保险公司作为原告方的保险代位追偿案件和向投保人追索保费的案件；非追偿类案件包括保险合同纠纷案件和因承保责任险成为侵权案件的被告或第三人。保险纠纷案件呈现以下特点：

1. 保险公司绝大多情况下属于被动应诉，在案件中为被告或被申请人。以某省级保险公司为例，每年纠纷案件中95%的案件为非追偿类案件。

2. 非追偿类案件中因承保责任险成为被告的案件占多数，通常此类侵权案件因保险公司与第三者之间没有仲裁协议而不能提交仲裁。以某省级保险公司为例，保险合同纠纷类的纠纷案件仅占8%，在900余件。

3. 车险类保险合同纠纷案件占比大，争议金额不大。车险类案件通常占保险合同纠纷类案件的90%以上。

4. 保险合同纠纷案件的纠纷点多出在定损差上。通常因定损差异引发的纠纷占保险合同纠纷案件量的90%以上，真正完全拒赔的案件并不多。而出现定损差的原因复杂，案件并不是非黑即白。

基于保险案件上述特点，如果简单根据最终的判决或裁决金额要求保险公司承担机构仲裁费用或申请人的其他费用，不论申请人是否存在过错或其他非双方当事人过错的原因，对保险公司一方来说将显失公平，并且将影响保险人对纠纷解决方式的选择，保险人基于费用成本的考虑，对仲裁方式望而却步。

（二）建议

基于对保险纠纷案件的特点分析，笔者认为在赋予仲裁庭裁定败诉方承担费用这一原则的大前提下，宜具体考虑案件裁决结果、复杂程度，胜诉方的实

际工作量，案件真正的争议金额，当事人是否存在拖延案件处理的情况、是否存在滥诉的情况，《广东省律师服务收费管理实施办法》关于律师费用标准的限制等。通过仲裁规则，对保险纠纷案件的仲裁费用承担作出如下例外规定：

1. 尊重保险合同约定关于法律费用除外的约定。如《机动车第三者责任保险条款》第七条规定：保险人不负责赔偿仲裁或者诉讼费用以及其他相关费用。

2. 保险公司已在法定拒赔时效内发拒赔通知并胜诉，所有仲裁费用（包括保险人的律师费用，以下同）由申请人承担。

3. 保险人一方定损不准确或无法定责定损，确因申请人一方不依法配合甚至妨碍导致，所有仲裁费用由申请人一方承担。

4. 被保险人虚夸损失，一旦仲裁裁决最终按保险公司或保险公估定损结果确定保险人的赔付金额，仲裁费用由申请人一方承担。

5. 经被保险人一方同意由保险人和被保险人共同委托公估机构评估，后被保险人再次单方委托评估的费用由申请人一方承担。

6. 申请人一方虚假评定的相关费用保险人不负责承担。

7. 其他由于被保险人或受益人一方不诚信行为产生的费用，保险人不承担。

8. 允许保险人就风险代理产生的律师费用另行申请被保险人一方支付。

参考文献

［1］杨良宜、莫世杰、杨大明等：《仲裁法》，北京，法律出版社，2006。

［2］屈广清、周后春等：《诉讼费（仲裁费）与律师费承担的比较研究》，载《河南省政法管理干部学院学报》，2003（4）。

交流论文

JIAOLIU LUNWEN

浅析保险合同中保险人的明确说明义务

莫海恩[①]

广州金融仲裁院作为广州仲裁委员会下设的一个专门解决金融纠纷的专业仲裁院，在处理的众多保险纠纷中，保险人对于免责条款的明确说明义务一直是其中一个突出的问题。尽管《最高人民法院研究室关于对〈保险法〉第 17 条规定的"明确说明"应如何理解的问题的答复》肯定了对"明确说明"的实质上判断标准，即保险人对免责条款除了提示以外，还必须对其概念、内容、法律后果等作出解释；像云南、四川等地的省高院也出台了有关"明确说明"认定标准的指导意见；2009 年修订的保险法也对规定"明确说明"义务的条款作了一定的修改，但是上述规定在内容上仍缺乏可操作性，导致实务界在解决保险人是否履行了明确说明义务这一问题上，依然存在许多不同的看法。本文将以广州金融仲裁院审理的一个保险纠纷案件为出发点，探讨裁判机构在实践中对于保险人明确说明义务履行程度的认定标准。

一、引言案例

2007 年 11 月 3 日，黎某将自有的一辆别克轿车向某保险公司投保，保险期为 12 个月，自 2007 年 10 月 7 日起至 2008 年 10 月 7 日止，保险费合计 4177 元（其中包含的盗抢险，保险金额为 96600 元，保险费为 436 元）。保险公司向黎某出具了《机动车商业保险单》（以下简称《保险单》），《保险单》中的"重要提示"写明"请详细阅读承保险种对应的保险条款，特别是责任免除和投保人、被保险人义务"。同日，黎某向该保险公司支付保险费 4177 元，并在《保险合

---

① 莫海恩，法学硕士，广州仲裁委员会办案秘书。本文是作者所在单位向第 14 次珠江金融论坛——"金融法制环境建设论坛"推荐的参评论文，但未能赶上本次论坛征文的评审，论坛组织者将其列入交流论文。

同免责条款明示单》（以下简称《明示单》）上签名确认。该《明示单》载明了所承保险种的免责条款及必要的术语解释，并在其尾页上附有"本人已详细阅读上述免责条款并清楚明了其含义"的字样。

2008年8月16日，被保险车辆发生被盗事故，黎某及时向公安机关报案和通知保险公司，并将盗抢险索赔材料交给了保险公司。2009年7月21日，保险公司向黎某发出《机动车辆保险拒赔通知书》，拒赔理由为：《某保险公司机动车盗抢险保险条款》（以下简称《保险条款》）"责任免除"第五条第（九）款约定了"除另有约定外，发生保险事故时被保险机动车无公安机关交通管理部门核发的行驶证或号牌，或未按规定检验或检验不合格，保险人不负赔偿责任"，而被保险车辆的年审有效期截止到2008年7月，出险时被保险车辆仍未进行有效年检，所以不予赔付。黎某则认为保险公司提供的是格式合同，且保险公司未对该免责条款履行明确说明与提示义务，因此该免责条款无效。为此，黎某向广州仲裁委员会提起仲裁。

二、保险人明确说明义务的特殊性考察

引言案例是一个关于"保险人是否履行了对保险合同免责条款明确说明义务"的保险合同纠纷。保险合同是一个要求高度诚实信用的合同，因为保险合同条款本身含有很多保险及法律等专业术语，并不易于被一般的社会公众所理解，因此法律上对于合同条款本身，尤其是其中加重投保人负担的免责条款更是对保险人提出了极高的要求，主要体现在2009年修订的《中华人民共和国保险法》（以下简称《保险法》）第十七条①的规定当中。经过对第十七条的分析，保险人的明确说明义务除了体现出其法定性、主动性的法律特征外，最重要的是其先合同义务的本质属性，保险合同中的先合同义务并不等同于一般合同的先合同义务，而保险人的明确说明义务与一般的说明、提示义务也存在着明显的差异，无论在适用情形上或是适用标准上都有其特殊性。

（一）保险合同先合同义务的特殊性

首先，保险合同双方存在着高度的消息不对称。保险合同缔约时，投保人

---

① 《保险法》第十七条规定：订立保险合同，采用保险人提供的格式条款的，保险人向投保人提供的投保单应当附格式条款，保险人应当向投保人说明合同的内容。对保险合同中免除保险人责任的条款，保险人在订立合同时应当在投保单、保险单或者其他保险凭证上作出足以引起投保人注意的提示，并对该条款的内容以书面或者口头形式向投保人作出明确说明；未作提示或者明确说明的，该条款不产生效力。

与保险人之间存在着严重的信息掌握不对称的情况，一方面，保险人对于投保人的财产或人身等保险标的了解不充分，很大程度上依赖投保人的如实告知；另一方面，保险人和被保险人在保险合同内容、保险产品的质量和价格、保险合同的缔结乃至保险理赔的程序等方面信息不对称。[①] 保险具有极强的专业性，保险手续、定损流程、理赔条件、精算方法等都十分复杂，一般的投保人根本不具有相应的保险知识。

其次，保险合同是格式合同。保险合同格式化是保险业规模化、专业化经营的产物。保险人采用格式合同的形式有利于节约缔约成本，提高效率。但是格式合同的采用也具有不可回避的缺陷，它剥夺了投保方的缔约自由，投保人只有是否订立合同的自由，而无对其内容进行实质性磋商的自由，由此可能导致保险人的道德风险。[②]

最后，主要体现在保险合同双方矛盾对立的立场。投保人为了能以较低的保费获得保险人的保障，投保时必然会倾向隐瞒一些影响保险人决定承保的有关标的的风险情况。因此，最大诚信原则要求投保人告知标的物是否适合投保的所有信息，包括标的物可能正面临的损害与风险。对于经营风险的保险人来说，为获取盈利，降低风险，保险人在经营中会努力说服他人进行投保，在宣传时竭尽全力说明保险的好处，而在出险时则想尽办法借保险合同的免除责任条款以躲避赔偿责任。因此，最大诚信原则要求保险人进行诚信宣传，对于保险合同中免责条款的设置应对投保人尽到提示与说明义务，使投保人在完全理解保险合同条款内容的前提下决定是否投保。

（二）保险人一般说明义务与明确说明义务之比较分析

2009 年修订的《保险法》对于保险合同一般条款的说明义务和对于免责条款的明确说明义务编入了同一条规定，两者既有联系，也有区别。"说明"与"明确说明"之间在说明对象、说明目的上存在着差异，"说明"针对的是一般格式条款，目的侧重于对保险合同中格式条款的整体说明，要求保险人通过说明让投保人知晓格式条款作为保险合同主要内容之存在；而"明确说明"针对的是免除或限制保险人责任的条款，目的在于强调保险人应当对免责条款概念、具体内容、法律后果进行解释和说明，使投保人能在清楚了解可获得的保障范围的基础上作出投保决定。此外，免责条款多由保险术语、法律专业术语组成，在密密麻麻的保险合同条款之中，投保人不易发觉免责条款的存在，即使注意

---

① 肖和宝：《保险法诚实信用原则研究》，北京，法律出版社，2007。
② 覃有土、樊启荣：《保险法学》，北京，高等教育出版社，2003。

到免责条款，碍于当事人双方在专业知识上的信息偏差，投保人很难准确理解上述条款①，因此，法律科以保险人相较"说明"义务更为严格的"明确说明"义务。

（三）保险人提示义务与明确说明义务之关系界定

新修订的《保险法》对于免责条款，规定了保险人的提示义务和明确说明义务并存，两者是一个互相关联的义务体。提示义务是明确说明义务履行的前提，如果保险人没有提示投保人注意到免责条款，明确说明更是无从谈起，而且提示义务只能是书面方式，而不能采用口头方式。保险实务中，一些保险公司使用在保险合同中以加粗黑体的字体印刷免责条款或者将免责条款用方框或者花纹印刷列明置于合同条款首部等方式，以为就已经充分履行了明确说明义务，这是对于"提示"义务与"明确说明"义务两者内涵的混淆，其实保险公司仅仅履行了提示义务，即使有一些保险公司的保险单或者投保单在角落处用小字体印刷"请注意本合同的免责条款"，上述提示仍不足以引起投保人的注意。② 总的来说，如果保险人仅仅提示了投保人对于免责条款加以注意，但是未能进行明确说明，也不能使得投保人充分了解免责条款的内容、权利义务关系和法律后果，不能认为完全履行了明确说明义务。

三、保险人明确说明义务的履行标准

实践中，对免责条款的明确说明义务一直是困扰保险人的一大难题，修订的《保险法》也并未很好地解决这个难题，导致裁判实务中出现彼此矛盾冲突的认定标准，不同的法院及仲裁机构对于"说明"的程度也有不同的理解。要正确认识保险人明确说明义务的履行标准，厘清对"说明"程度的认定思路，有必要从免责条款范围的界定以及保险人举证责任的分担两个方面进行分析。

（一）免责条款范围的界定

修订后的《保险法》规定的保险人提示与明确说明的对象是"免除保险人责任的条款"，对于何谓"免除保险人责任的条款"，在保险纠纷案件审理当中存在着三种不同的观点：第一种观点认为凡是保险人限制自身承保风险与赔偿责任范围、赔偿限额的，都属于免责条款；第二种观点认为免责条款仅指保险

---

① 詹昊：《新保险法实务热点详释与案例精解》，北京，法律出版社，2010。
② 张峻岩：《保险法热点问题讲座》，北京，中国法制出版社，2009。

条款中以"责任免除"或"免责条款"等名义存在的条款;① 第三种观点则认为免责条款除了指保险合同中"责任免除"条款，还包括散落于保险合同各章节的限制或免除保险责任的条款②。

笔者认为，第一种观点明显扩大了免责条款的范围，一方面，将本属于投保人、被保险人、受益人的义务却将其视为减轻保险人责任、加重投保人义务的"免责条款"；另一方面，将不可保的危险纳入了保险责任范围，投保人并未支付对价却可以获得保险保障，这既违背了保险原理，也与等价有偿规则相悖，极大地加重了保险人的说明义务。第二种观点却是任意缩小了免责条款的范围。立法要求保险人履行免责条款说明义务的目的在于使投保人准确了解保险人承担给付责任的范围，以免因缺乏专业知识而使缔约目的挫败。③ 如果采纳此种标准，这将会是投保人的极大灾难，保险人完全可以将免除自身责任的条款内容规定或隐藏在合同的其他各个部分的条款当中，从而达到规避对这些条款进行说明的责任，并借助这些条款逃避应承担的保险责任。

笔者同意采取第三种观点作为对于"免责条款"的界定。判断合同条款是否属于免责条款，首先要以保险条款的内容规定为标准，保险合同中的免责条款，从性质上讲是绝对的、无条件的，只要出现此种情况，无论什么原因，保险人均不承担保险责任。这与被保险人违反某种法定义务，保险人不承担保险责任，两者的前提是不同的，如关于免赔额（率）条款，其设定的目的在于加强被保险人的责任心，避免道德风险，这明显不能将其等同于免责条款。④ 而免除责任的条款和限制责任的条款作用相同，都是减少保险人承担责任的范围，投保人有权利知道这些条款的规定，以此了解自己将来在发生保险事故时将获得赔偿的数额，若将限制责任条款排除在外，可能会鼓励保险人的投机心理，通过设定自己承担很少比例责任的条款，达到逃避向投保人履行明确说明义务的目的。

（二）保险人对"履行明确说明义务"举证责任的分担

保险人明确说明义务的履行是以"正常人是否能够知晓、理解"为标准，实践中并不存在过多争议，而对于该义务的履行，保险人应承担何种程度的举

① 刘建勋：《新保险法经典疑难案例判解》，194 页，北京，法律出版社，2010。
② 王晓琼：《论保险合同中免责条款的效力问题》，载《人民司法》，2008（23）。
③ 马宁：《论保险人说明义务的履行方式与标准——基于我国司法实务的考察》，载《福建法学》，2010（1）。
④ 王银成：《中国保险案例研究》，125 页，北京，首都经济贸易大学出版社，2006。

证责任，在裁判实务中却是众说纷纭。① 裁判机构对于保险人是否履行了明确说明义务的认定，本质上有赖于保险人对其履行义务的举证程度，新修订的《保险法》对于该问题仍然没有作出具体的规定，使得条文在实务操作上存在多种适用结果，这不能不说是一个遗憾。因此，明确保险人对"履行明确说明义务"举证责任的分担对于裁判机构认定保险人是否已经履行明确说明义务尤为关键。

当前保险业发展迅速，保险产品日益丰富，保险合同条款复杂冗长且专业性极强，并非仅具备一般阅读能力的普通人通过自行阅读即能准确理解其含义，因此，实务中存在的仅仅通过对特定条款做显著标识或者要求投保人限期阅读免责条款的做法是不妥当的，这是对于免责条款提示义务与明确说明义务的混淆，提示不能代替明确说明，更不能通过加重投保人缔约时的注意义务来取代明确说明义务的履行。但是，对于保险人明确说明义务的履行不宜过于苛刻，如果投保人在相关文书上对保险人已经履行"明确说明"义务签字或者盖章认可，则应当可以认定保险人已经履行了明确说明的义务。

首先，投保人作为一个理性的经济人，在缔结保险合同时，理应审慎对待自己的权利，对自己签名盖章所确认的内容承担相应的法律后果；其次，从证据效力上说，书证作为一种证明力极强的证据，投保人以书面形式认可保险人已经按照规定对免责条款作了说明，足以证明保险人已经履行了该义务；再次，从当事人之间的利益平衡角度出发，《保险法》对保险人明确说明义务的要求相当高，立法上又缺乏可操作性，如果对这类书证不予认可，将会极大地加重保险人的举证责任，过于严苛的举证责任只会导致保险人经营成本提高，成本最终也只会转嫁到投保人身上，不利于保险市场的稳定；最后，承认此种证据的效力，并不会因此损害投保人、被保险人的利益。审查保险人是否履行了明确说明义务，只是从订入规则的角度对保险合同格式条款进行的规制，至于这些条款的内容是否公平合理、是否具有法律效力、能否对各方当事人产生拘束力，成为各自权利义务的依据，还需要结合《保险法》其他规则进行综合的考量。

四、裁决结果

仲裁庭认为：在本案中，保险人已经完全履行了《保险法》第十七条规定"对免责条款的明确说明义务"，该保险公司除了在《保险单》上对免责条款作

---

① 吴庆宝：《保险诉讼原理与判例》，174 页，北京，人民法院出版社，2005。

出了足以引起投保人注意的标识外，还以书面和口头形式履行了对有关免责条款的概念、内容及法律后果等情况的明确说明义务，使投保人黎某清楚理解该条款的真实含义。投保人对此也在《明示单》上签名确认了"保险人已履行对免责条款的明确说明义务"这一事实。在投保人没有提供充分的证据反证这一事实的情况下，不能仅凭投保人口头陈述的情况推翻投保人自己所签名确认的《明示单》所载内容。因此，对于黎某的损失，保险公司可以适用《保险单》的约定，免予赔偿。

仲裁庭最终裁决驳回了黎某的全部仲裁请求。

浅论车险事故发生后的及时告知义务

叶　峰①

车辆保险，简称车险，是各大保险公司的主营业务之一。在业务市场壮大的同时，相应的纠纷也随之出现。笔者在广州金融仲裁院工作过程中，发现有一定量的保险纠纷涉及车险事故发生后及时告知义务的履行。该义务对于保险合同的完全履行具有极其重要的作用。

一、案例简介

案例一：2009 年 7 月 14 日，申请人 A 货运公司（被保险人，以下简称 A）就某重型半挂牵引车（以下简称涉案车辆）向被申请人 B 财产保险股份有限公司广东分公司（保险人，以下简称 B）投保第三者责任险、车上人员责任险（驾驶员）和不计免赔特约险，B 向其出具了《机动车保险单》。2010 年 1 月 23 日，涉案车辆与一辆重型专项作业车发生保险事故，交通警察大队认定涉案车辆方承担所有责任。同日，涉案车辆方与对方达成调解协议，一次性赔偿对方 20 万元。2010 年 3 月 24 日，交通警察大队委托物价局价格认证中心作出《广东省道路交通事故车物损失价格鉴定结论书》，经鉴定，重型专项作业车损失总价为 198235 元。A 从 2010 年 5 月开始对涉案车辆进行修理。2010 年 6 月 22 日，A 就涉案车辆于 2010 年 1 月 23 日发生的交通事故向 B 报案。B 对重型专项作业车定损，定损金额为 138080 元。重型专项作业车已经进行了修复。双方就涉案车辆的理赔定损金额发生分歧。A 提起仲裁认为，应当以《广东省道路交通事故车物损失价格鉴定结论书》确定的损失总价作为理赔金额的依据。B 则认为，

---

① 叶峰，法学硕士，广州仲裁委员会办案秘书。本文是作者所在单位向第 14 次珠江金融论坛——"金融法制环境建设论坛"推荐的参评论文，但未能赶上本次论坛征文的评审，论坛组织者将其列入交流论文。

由于 A 在保险事故发生后，没有及时向 B 报案，因此，应当以 B 的定损金额作为理赔金额的依据。认定结果：仲裁庭确认 B 核定重型专项作业车的定损金额为 138080 元。

案例二：申请人甲货运公司（被保险人，以下简称甲）为其所有的进口汽车（以下简称涉案车辆）向被申请人乙财产保险股份有限公司广东分公司（保险人，以下简称乙）投保，乙经核保后，于 2009 年 12 月 8 日向甲签发《保险单》。2010 年 6 月 29 日，涉案车辆发生保险事故，甲及时告知乙关于事故的情况。乙受理事故报案后，根据国产配件对涉案车辆进行定损，定损金额为 18 万元包干修复。甲对该定损金额有异议，认为至少需要 35 万元，并委托有价格评估资质的 C 公司对维修费用进行评估，并通知乙前往协助，但乙并未派人前往。C 公司对涉案车辆评估后，作出价格评估结论，确认涉案车辆受损维修费用价格为 40 万元。甲已将《价格评估结论书》送达给乙。而乙又未重新核定受损项目。为了避免损失进一步扩大，甲已对涉案车辆进行维修，发票显示维修费用为 40 万元。双方在涉案车辆损坏应赔偿总额的确定上存在分歧。甲提起仲裁认为，在双方未就涉案车辆的定损问题达成一致的情况下，赔偿金额应以甲委托的 C 公司作出的损失价格评估结论 40 万元为准。乙则认为 C 公司是甲单方委托，未经乙同意，其作出的评估结论不能作为赔偿金额。具体赔偿金额应由仲裁庭委托鉴定机构鉴定后确定。乙为此向仲裁庭提交书面鉴定申请。裁决结果：乙向甲赔偿涉案车辆损坏维修费用 40 万元。

上述两个案例中，被保险人在车险事故发生后，采用了不同的态度对待将保险事故通知保险人的事宜，从而也得到了两种完全不同的结果。可见，及时告知义务虽然简单，但是在车险合同的履行以及车险纠纷的处理中发挥着重要作用。因此，笔者认为需要认真对待及时告知义务。

二、及时告知义务概述

本文所称的及时告知义务，简而言之，即是在车险事故发生后，被保险人需要及时将车险事故的情况告知保险人的义务。因为该义务的要求并不复杂，仅仅是要求被保险人或投保人及时告知保险人，相比于签订合同时投保人的告知义务以及保险人的说明义务，其并没有很清晰的内容，在保险法学理论或保险法律法规中也没有呈现出强烈的独立地位。因此，该义务的性质属于附随义务的一种，即属于"当事人依合同关系的发展情形，为了给付义务的履行和/或保护当事人的人身和/或财产上的利益，在合同成立后到合同终止前依法承担的，根据诚实信用原则和交易习惯而产生的作为或不作为义务"。①

及时告知义务在我国的法律及保险条款中主要体现如下：

《中华人民共和国合同法》第六十条第二款规定："当事人应当遵循诚实信用原则，根据合同的性质、目的和交易习惯履行通知、协助、保密等义务。"

《中华人民共和国保险法》第二十一条规定："投保人、被保险人或者受益人知道保险事故发生后，应当及时通知保险人。"

《机动车第三者责任保险条款》第二十条约定："发生保险事故时，被保险人应当及时采取合理的、必要的施救和保护措施，防止或者减少损失，并在保险事故发生后48小时内通知保险人。否则，造成损失无法确定或者扩大的部分，保险人不承担赔偿责任。"第二十三条约定："因保险事故损坏的第三者财产，应当尽量修复。修理前被保险人应当会同保险人检验，协商确定修理项目、方式和费用。否则，保险人有权重新核定，无法重新核定的，保险人有权拒绝赔偿。"

由上述法律规定及保险条款约定可见，及时告知义务是诚实信用原则的具体体现。并且具有以下特征：

1. 要求清晰而内容模糊。及时告知义务的履行时间是车险事故发生后，主体是被保险人或投保人，需要在某一期间内及时告知保险人，但对于告知的内容，则没有强制限定。被保险人或投保人只需告知保险人车险事故的情况即可，至于该情况的细节，则没有具体明确。

2. 具有强制性。及时告知义务是基于诚实信用原则而衍生出来的具体义务，其不必然在合同中约定，但在全面履行合同义务时，必然需要履行及时告知保险人的义务，否则由于修复、时间推移、外来因素等情况的出现，导致车辆具体损失无法确定，因此，上述法律和保险条款均使用了"应当"告知保险人的字眼来明确及时告知义务的强制性和重要性。

3. 不能强制执行。虽然及时告知义务属于义务的一种，但是其属于促进合同全面履行的附随义务，不能够被单独作为诉讼或仲裁的请求，却可能对合同的履行产生重大影响，从而主导裁判结果的方向。

① 王泽鉴：《债法原理》，北京，北京大学出版社，2010。

三、及时告知义务的重要性

根据上述所分析的及时告知义务属性、体现、特征，笔者认为，及时告知义务在车险中扮演着极其重要的角色。

（一）车险理赔的关键点

车险事故发生后，保险人需要对保险标的的损害情况进行评估，从而给予相应的理赔，这是保险的初衷。车险事故发生，第一时间得知保险标的损坏情况的肯定是驾驶员，然而急切需要评估保险标的的损坏情况的却是保险人，保险人只能通过投保人或被保险人履行及时告知义务，才能得知车险事故的发生，从而了解车险事故的情形，进行损失评估，否则保险标的的会因其他外来因素影响评估，甚至导致无法评估。投保人或被保险人的理赔将无法顺利按合同进行。

（二）案件审判的关注点

笔者所接触的大部分车险合同纠纷中，双方的争议焦点并不是赔与不赔，而在于赔偿金额。这与保险标的的损坏程度有直接关系。因此，在案件审理过程中，必然对保险人知悉保险标的的损坏的时间进行关注，由此来判断投保人或被保险人在车险合同的履行过程中是否存在过错，保险标的的损坏是否能够评估。这对案件的处理结果产生重大影响。

（三）诚实信用的体现点

随着行政部门对保险合同的规范，及时告知义务在车险合同中基本上有所约定。当车险事故发生后，是否告知保险人的主动权完全在于投保人或被保险人。现实中也存在不少人在发生车险事故后，故意不告知保险人，反而扩大损失，意图从中获取更多的理赔金或对保险标的的更多的修复。这种不告知的行为虽然是很微小的消极行为，却反映出巨大的不诚信态度。

（四）经济投资的考察点

一个区域或一个国家的保险市场氛围，反映出该地区或该国家的诚信度，从而也影响到外来投资及经济的发展。如果一个保险市场中，出现的大量纠纷是关于未恰当履行及时告知义务的，不仅保险人无法继续在此地区或国家继续发展，其他投资也会因此问题反映出来的不诚信而放弃进入该市场。

结合具体上述案例而言，案例一中，保险事故发生于 2010 年 1 月 23 日，涉案车辆在 2010 年 5 月 24 日已经开始修理，而 A 于 2010 年 6 月 22 日才就保险事故向 B 报案，距离保险事故的发生已经近半年时间，由于 A 没有及时履行报案义务，导致 B 在保险事故发生后未能及时查勘、核定重型专项作业车的损失，A 存在过错。根据《机动车第三者责任保险条款》第二十三条的约定：因保险事故损坏的第三者财产，应当尽量修复。修理前被保险人应当会同保险人检验，协商确定修理项目、方式和费用。否则，保险人有权重新核定，无法重新核定的，保险人有权拒绝赔偿。A 在未取得 B 书面同意的情况下，自行与第三方达成调解，违反合同约定。A 在修理涉案车辆前，也没有会同 B 就损坏的重型专项作业车进行检验，协商确定修理项目、方式和费用。所以，B 有权对受损的重型专项作业车重新核定。而且 A 仅提供了物价局价格认定中心的报告以及维修发票证明自己的主张，并未就车辆实际维修的项目、价格明细等提供证据，仲裁庭仅凭现有证据无法辨明本次事故实际维修的合理项目和价格。在此情况下，仲裁庭对 B 核定重型专项作业车的定损金额 138080 元予以确认。

而案例二中，涉案车辆为进口车辆，发生交通事故后，甲已及时通知乙。乙受理甲的事故报案后，对涉案车辆进行定损却根据国产配件来确定，显然不合理。C 公司系有价格评估资质的，虽然 C 公司由甲单方委托，但甲在 C 公司评估前通知乙前往协助，乙却未派人前往协助。C 公司对涉案车辆评估后，作出价格评估结论，确认涉案车辆受损维修费用价格为 40 万元。甲已将《价格评估结论书》送达给乙。而乙又未重新核定受损项目。为了避免损失进一步扩大，甲已对涉案车辆进行维修。考虑到乙在上述评估过程中一直不予配合，受损涉案车辆已修复，无再行核定损失的可能性，乙应承担相应的不利后果，仲裁庭不同意乙关于鉴定的申请，并采纳 C 公司评估结论，认定涉案车辆受损维修费用的上限为 40 万元。甲向仲裁庭提交了维修费发票证明其已支付涉案车辆的维修费用 40 万元，该费用未超过 C 公司的评估结论，故乙应赔偿甲涉案车辆损坏维修费用 40 万元。

四、结语

及时告知义务属于合同附随义务，其基础是诚实信用原则，目的在于弥补法律规定及合同约定的不足。随着行政监管部门对保险合同规范化的管理加强，不少保险合同明确约定了各种附随义务（包括及时告知义务）的要求。但是，车险合同能否完整履行，很大程度上决定于投保人或被保险人在保险事故发生后的一念之间。目前，广州金融仲裁院受理的保险案件中，主要争议点在于定损金额的大小，大多数投保人及被保险人能够遵循诚实信用原则履行及时告知义务，某种程度上可以反映出目前广州地区保险市场良好的诚信度。

保险行业的发展需要各市场主体的共同努力。在车险事故发生时，保险人也是抢救车辆的"医生"之一。如案例二中，作为保险人的乙也需要对作为被保险人的甲提出的异议进行认真审查，如果保险人对投保人提出的异议进行了审查发现定损时是按照国产配件进行估价，及时改正错误，就可以避免争议的发酵。

许多类似于及时告知义务的附随义务尽管并不起眼，但均需要市场的每一位参与者严格遵照诚实信用原则履行合同，才能以每一份车险合同的完整履行促进保险行业的健康发展。各市场主体均需牢记保险的"初心"是为了分担投保人或被保险人对保险标的危险的承担，故"君子爱财，取之有道"，"勿以恶小而为之"。

中外金融仲裁制度的比较
及其对我国的启示

赖晓明[①]

一、金融仲裁与金融纠纷

（一）金融仲裁的概念

在解决金融争议的众多途径中，与传统的诉讼方式相比，金融仲裁发展历程较短，尚属新鲜事物，但因为其满足现代金融发展趋势，适应金融纠纷的特点，金融仲裁在实践中得到越来越广泛的运用。

金融仲裁，是指作为平等民事主体的金融机构与其他法人、自然人和其他组织在金融交易中发生的契约性或非契约性的合同纠纷和其他财产权益纠纷，当事人依据合同中的仲裁条款或事后达成的仲裁协议，将纠纷提交约定的仲裁委员会作出具有法律效力的仲裁裁决的一种准司法制度。[②]

（二）金融纠纷的特点

金融仲裁解决的是金融纠纷，从主体上来看，金融纠纷既包括双方均为金融机构的金融纠纷，也包括一方为金融机构，另一方为其他法人、自然人和其他组织之间的金融争议。从客体上来看，凡在金融机构之间、金融机构与其他法人、自然人和其他组织之间在货币、资本、外汇、黄金、保险等金融市场所发生的资金融通、本外币各种金融工具、单据的转让及买卖等金融交易过程中产生的纠纷均为金融纠纷。从争议的法律关系性质看，它既包括合同纠纷，也涵盖基于其他财产权益产生的侵权纠纷。无论从其主体、客体还是法律关系而

---

① 赖晓明，就职于广州仲裁委员会。本文是作者所在单位向第 14 次珠江金融论坛——"金融法制环境建设论坛"推荐的参评论文，但未能赶上本次论坛征文的评审，论坛组织者将其列入交流论文。

② 彭进：《论金融仲裁》，载《法制与社会》，2007（5）。

言，金融纠纷都有其特点，具体如下：

1. 金融纠纷专业性强。随着科技的迅猛发展以及在金融领域中的广泛运用，新类型金融交易的不断扩展，金融纠纷已远非过去那样一目了然，复杂程度大大加深，法官和仲裁员需要既具备金融专长又谙熟法律，同时还应具有一定科技知识，以对金融纠纷作出独立公正的判断。

2. 金融交易的难易程度有较大区别。传统的金融交易，如典型的银行借贷纠纷，具有案情简单，事实清晰的特点，而现代金融交易所产生的金融纠纷，随着交易类型的不断扩展以及多样化，金融交易的复杂性与难度不断增加。例如因金融期货等金融衍生产品交易产生的纠纷，涉及的技术问题越来越复杂，专业化程度与日俱增。

3. 时效性要求高。信息时代的金融交易分秒必争，尤其随着现代科技在金融领域的运用，金融交易程序更加便捷，资金流动更快，当事人希望纠纷出现后能够尽快解决，减少时间成本。但通过诉讼的方式来进行救济，诉讼周期长，而且程序烦琐，债权人得到的权利救济往往来得迟缓，尤其是银行等金融机构，资金周转不及时容易造成资金链的断裂。当前我国司法资源紧张且诉讼程序较为烦琐，而案件数量不断增长，两相对比之下，业界普遍期待出现行之有效的处理此类纠纷的快速通道。

4. 当事人保密需求更强。在金融交易当中，商业秘密对于双方当事人都具有重要的意义，而商誉作为一种无形资产，同样具有商业价值。金融纠纷发生后，无论对金融机构或者对另一方的法人、自然人而言，都希望纠纷解决过程能够尽量保护商业秘密不被泄露，而且不希望因双方间发生纠纷而有损自身的商誉。

5. 当事人以得到实际偿付为最终目标。全球化的进程带来国际性的金融交易不断增多，随之而来的也有相应的国际金融纠纷。金融纠纷的解决不仅在一个主权国家范围内发生，还将在全世界范围内进行。在金融纠纷得到一个处理结果后，如何顺利地在别国执行该结果，保证当事人自身的利益得到实际偿付，也是当事人需要考虑的内容。

（三）金融仲裁的优点

金融仲裁作为解决金融纠纷的一种重要方式，具有以下独有的优势：

1. 灵活性。意思自治是仲裁的基础并贯穿于仲裁程序的始终。为促进纠纷的高效解决，金融仲裁给予当事人宽范围的自主选择权：当事人可以选择仲裁规则、审理方式、仲裁员；可以约定仲裁方式、程序事项、举证的期限、开庭的时间和地点；可以私下达成和解并提交仲裁庭；在涉外的金融仲裁中，当事人还可以约定适用的法律。这些都充分体现了金融仲裁具有的灵活性。

2. 专业性。金融是一个专业性很强的行业，对行业的了解程度决定了化解金融纠纷的能力。金融仲裁的专业性主要体现在仲裁员的知识结构上。金融仲裁员大多是金融领域和法律领域的专家，具有处理金融案件的知识储备以及丰富经验。与法官相比，仲裁员的专业知识和实践经验更为丰富，因为金融仲裁员可以从具有专业知识的人群中产生，对于金融纠纷所涉及的专业知识，如证券纠纷涉及证券市场的各个环节、新生金融衍生品等，仲裁员的专业性得到充分的发挥，在公正地解决纠纷上能起到关键的作用。

3. 保密性。仲裁以不公开审理为原则，因此金融仲裁的不公开性对于经常涉及行业内幕及商业秘密的金融交易起到了最大程度的保护。在金融市场中，商业信誉至关重要，商业关系也需要维护，当事人大多不愿意对外公开，以免影响日后与其他当事人进行金融交易，同时也希望在纠纷解决后仍然能够与对方当事人友好合作。同时，金融仲裁的保密性能够保护金融从业者的商业秘密，其经营的方法、成本、利润与金融产品等，在纠纷解决过程中并不公之于众，仲裁庭负有保护商业秘密的义务，以及不得向外界泄露关于争议的相关实体以及程序上的信息，以保护当事人的利益不受损害。

4. 快捷性。金融仲裁实行一裁终局的制度，构筑了金融仲裁快捷的基础。因为现代金融交易更为便捷，时间成本具有举足轻重的地位。仲裁特有的一裁终局制度又避免了诉讼审级的冗长，避免久拖不决的现象，以维护经济关系的正常流转。除此之外，由于现代金融复杂化程度加深，许多金融新产品中各方的权利义务关系复杂难辨，法律的滞后性又往往使得这些问题无法可依，对此金融仲裁在适用法律上可以根据具体情况适用法律规定、行业习惯以及交易惯例等仲裁庭认为适当的方法，快捷、合理地解决新问题。

5. 广泛的承认与执行性。金融仲裁中的败诉方若不能自动履行裁决，胜诉方可向法院申请强制执行金融仲裁裁决，《纽约公约》覆盖全世界 140 多个国家或地区，仲裁裁决能够得到广泛的承认与执行，避免了涉外金融纠纷执行难的担忧。这是金融仲裁与诉讼相比所具有的一个极大的优势。

通过上述分析，金融仲裁以其灵活性、便捷性、专业性、保密性、广泛的承认与执行性等特点与金融争议的特性相适应，获得了金融纠纷当事人的高度认可，金融仲裁将有力地服务金融交易的发展。

二、域外金融仲裁制度的实证分析

美英两国是当今世界金融业最发达的国家，在纽交所（NYSE）和伦敦金融城（City of London），无论以交易量计还是以运行质量和创新能力论之，两地都居全球首位。而我们看到，在高度发达的金融业的背后，两国的金融仲裁制度也恰恰是世界上最领先的。依托其发达的金融业，美英两国金融仲裁有其突出的代表性，在此仅选取美英两国金融仲裁相关制度，作一简单分析。

（一）美国：证券仲裁发挥行业自律组织作用

在美国的金融仲裁制度中，证券仲裁制度十分完善，在化解证券纠纷方面发挥着非常重要的作用，成为本国解决证券纠纷的最为主要的方式之一。其证券仲裁制度是伴随证券交易所的发展而发展起来的，证券业务的仲裁主要是通过几个主要的证券交易场所来进行，包括纽约证券交易所（NYSE）、美国证券交易所（Amex）、芝加哥期权交易理事会（CBOE）、地方性证券规则制定理事会（MSRB）和全美证券经纪商协会（NASD）。[①] 这些自治性机构必须根据证券交易法来监管并且受美国证监会（SEC）的监督。这些行业自律性组织（self - regulation organizations）在证券仲裁中发挥着主导性作用，体现了美国证券仲裁高度的专业性。

根据 1976 年 SEC 的要求，为了建立一个更统一的争端解决体系，这些机构和几个地区性交易所于次年联合成立了美国证券业仲裁协会（SICA），制定了一部《统一仲裁法》（*Uniform Code of Arbitration*）并在以后被各个交易所采纳。

概而言之，美国证券仲裁程序从一方当事人向仲裁机构提交仲裁申请开始，同时申请方需要签署一份服从仲裁的协议，申请人通过签署服从仲裁协议，自愿把争议提交仲裁并愿意受仲裁裁决的约束。仲裁申请最迟必须在引起争议事件发生之后六年内提交，大多数情况下是提交给管辖交易发生地或者证券发行地的一家证券业自律组织。仲裁委员会受理案件后，由委员会主任任命仲裁员组成一个小组作为解决争议的仲裁员的候选人。这些仲裁员不属于仲裁机构的雇员，他们从证券业自律组织（SROs）处领取酬金。每一个仲裁机构都有一个仲裁员的名册，仲裁员的数量和类别将根据仲裁请求和当事方的类型不同而有所区别。在纽约证券交易所（NYSE）和全美证券经纪商协会（NASD），处理成

---

① 胥洪擎：《金融仲裁制度研究》，上海，华东政法大学，2008。

员之间的争议的仲裁小组由完全来自证券业的仲裁员组成，而处理成员与非成员之间的争议的仲裁小组由"公众仲裁员"组成，也就是说，由非证券业的人士组成。

尤其值得一提的是，在 Mastrobuono v. Shearon Lehman Hutton, Inc. 案中，当事方的仲裁协议中包含一个纽约法律选择条款。而纽约州法律禁止仲裁员判处惩罚性损害赔偿金。下级法院拒绝了判处的惩罚性违约金，认为各方同意接受纽约州法律管辖因此放弃了通过仲裁得到惩罚性违约金的可行性。最高法院推翻了这个判决，在该案中确立了证券仲裁庭可以裁判惩罚性赔偿的先例。[①] 证券仲裁加大对当事人的救济力度，且获得的赔偿不亚于通过诉讼方式所能取得的救济，提高了当事人选择证券仲裁的积极性。

美国的证券仲裁制度有着鲜明的特点，其行业自律性组织（self – regulation organizations）在证券仲裁中发挥着主导性作用，体现了美国证券仲裁高度的专业性；而且仲裁义务有时候并非来自于合同义务，而来自于某种成员身份。根据 NASD 的规则规定，要成为 NASD 的会员或者各证券交易所的成员，就必须接受规则或者章程中规定的仲裁条款，即在与投资者产生争议后，即使没有书面仲裁条款，也应受到投资者提出的仲裁请求约束；仲裁对公众客户利益的保护有所偏重，比如在开庭地点上，NASD 和 NYSE 都规定在客户争议发生时的地址为开庭的地点，这意味着经纪商必须承担所有包括证人、律师的往来差旅、住宿、伙食费用及其他费用，也可能需要在每一个有客户的地方去参加仲裁；允许仲裁员按照自己的司法见解作出仲裁裁决，而不必完全局限于法律，除非当事人在仲裁协议中限定仲裁人必须按照法律规定进行仲裁；仲裁裁决较少受到司法审议，根据美国联邦法和各州州法，仲裁裁决具有强制执行力。一旦一项仲裁裁决已经作出，将是终局的，包括 SEC 也不能推翻或改变仲裁员的决定；并且如上文所述，仲裁庭可判处惩罚性损害赔偿。[②]

以仲裁形式解决当事人之间涉及证券投资、交易等方面的纠纷，不仅为美国联邦法律和各州州法所认可，也已经为广大投资者所接受，美国证券仲裁由于有一套完善的程序性制度规范，确保了仲裁过程和裁决结果的公正，保证了证券仲裁的生命力和资本市场的长期繁荣发展。

（二）英国：城市争议解决专家组

英国仲裁制度由来已久。公元 1347 年英国的一部年鉴中就有关于仲裁的记

---

① 美国证券争议仲裁制度研究［EB］，中国国际经济贸易仲裁委员会网站，2014 – 09 – 24。

② 同上。

载；1697 年英国议会正式承认仲裁，制定了第一部仲裁法案；1889 年英国制定
了仲裁法。进入 20 世纪以后，仲裁制度得到了空前的发展，仲裁从纯民间性的
自救行为逐步发展为民商事争议重要的纠纷解决方式。①

在金融仲裁方面，城市争议解决专家组（City Disputes Panel，CDP）是英国
金融服务业最重要的争议解决机构，也是唯一的专业性的金融服务业仲裁和调
解机构，且不隶属于某一特定金融市场。它于 1994 年在伦敦成立，主要面向金
融服务业提供替代性争议解决服务。金融机构、投资管理公司、股票经纪人等
都可以成为其会员。城市争议解决专家组提供的服务包括：保险和再保险事宜、
破产的情况、商业地产的问题、市场监管机构、与关键管理人员的关系问题、
多样化以及集团诉讼。②

城市争议解决专家组有一套仲裁员名册，名册分为两部分，一部分为法律
专业仲裁员（judicial panel），有着法律及司法方面的经验；另一部分为金融专
业仲裁员（financial panel），由金融服务业中有较高资历的人士组成。城市争议
解决专家组的仲裁规则规定，在由三名仲裁员组成的仲裁庭审理案件时，首席
仲裁员必须来自法律专业仲裁员，另外两名仲裁员为有经验的金融专业仲裁员。
这一体系有其明显的优势，那就是仲裁庭集合了法律专家与金融专家，并使其
各展所长，这样仲裁庭所作出的裁决不但解决当事人之间的金融专业争议，也
在法律上给予了充分的保障，但它的不足在于在一定程度上排除了当事人对仲
裁员的指定。城市争议解决专家组必须要指定全部仲裁庭成员，以保证仲裁庭
按照上述规则组成。当然，专家组在指定仲裁员时也会听取当事人的建议。专
家组的仲裁规则没有规定固定的时限，希望用更加灵活的规定来满足当事人的
需要和特殊争议的需要。例如，城市争议解决专家组仲裁规则为当事人提供了
一个快速裁决的程序，当事人只需要举出适用快速裁决程序的原因以及裁决作
出的时限。不过快速裁决程序需要当事人各方共同向城市争议解决专家组提出
要求才能适用。这一规定意味着在一方需要快速得到结果而另一方想拖延时，
快速裁决程序将得不到适用。③

英国的城市争议解决专家组作为英国金融服务业的争议解决的专业机构，
通过专家仲裁和灵活的程序，确保金融仲裁的高效和专业，代表着金融仲裁未
来的发展趋势。

---

① 周雯：《金融争议仲裁制度研究》，21 页，北京，中国政法大学，2004。
② 姚俊逸：《仲裁与证券金融争议的解决》，载《仲裁与法律》，2002（6）。
③ 胥洪擎：《金融仲裁制度研究》，25 页，上海，华东政法大学，2008。

目前，我国正在着力打造若干金融中心，无论是构建国际金融中心还是区域性金融中心，都需要顺应金融业发展的内在要求，为金融争议的解决提供最佳的解决途径。吸取国外金融仲裁的成功经验及先进理念后，我们需要推广金融仲裁的应用，加快建立中国特色的金融仲裁制度，以顺应金融发展的新态势。目前我国北京、上海、天津、广州、郑州、重庆等地已经或正在建立起专业的金融仲裁机构和金融仲裁规则，金融仲裁正方兴未艾。

三、我国金融仲裁的发展历程

我国金融仲裁的发展与起步同样依托于我国证券业的发展。20 世纪 90 年代初期，《上海证券交易所市场业务试行规则》（以下简称《试行规则》）第十二章对证券仲裁作出原则性规定，对于证券商相互间、证券商与委托人之间、上市证券发行者与证交所之间的纠纷提交仲裁，都作了相应规定。上海证券交易所次年制定了《上海证券交易所仲裁实施细则》，当中对《试行规则》中的内容加以具体化，对未作规定的部分内容加以补充，对仲裁机构的建立、组成、仲裁事项、仲裁时效、仲裁程序、仲裁裁决的效力都作了比较明确具体的规定。1993 年，《股票发行与交易管理暂行条例》第八章规定了争议的仲裁，该条例以行政法规的形式，初次确立了证券仲裁的法律地位，具有里程碑式的意义。1995 年，《中华人民共和国仲裁法》颁布，使仲裁在金融交易的领域师出有名，有了直接、权威的法律依据。

在银行方面，中国人民银行在 1988 年颁布的《银行结算办法》第十条规定，收付双方发生的经济纠纷，可向仲裁机关申请裁决；2006 年颁布的《全国银行间债券市场债券借贷业务管理暂行规定》第十三条规定，债券借贷发生违约，借贷双方可以根据合同的约定申请仲裁。

在保险方面，1999 年，中国保监会印发了《关于在保险条款中设立仲裁条款的通知》，明确《中华人民共和国仲裁法》颁布实施后，国务院办公厅发文件（国办发〔1996〕22 号），要求有关行政机关规定的标准（格式）合同、合同示范文本中合同争议解式条款依照《仲裁法》规定予以修改，保监会要求保险公司在保险合同中注意设立仲裁条款，用仲裁方式解决纠纷。

由上可知，我国金融仲裁起步于证券仲裁，金融仲裁发展的时间短暂，相关的金融法律规范尚不健全，金融仲裁发展的脚印还非常稚嫩，可以说，金融仲裁尚未与一般商事仲裁有所区分，金融仲裁还没打上鲜明的烙印。

2003 年，中国国际经济贸易仲裁委员会（CIETAC）通过了《CIETAC 金融仲裁规则》，并制定了专门的金融仲裁员名册。该规则的创设标志着我国第一部专门金融仲裁规则的诞生及金融仲裁机制的实质性确立。2004 年，法制办、证监会联合发布《关于依法做好证券、期货合同纠纷仲裁工作的通知》，该通知推动金融仲裁的进一步发展。

截至现在，随着我国金融交易的深化，金融仲裁的发展也呈现蓬勃的态势，金融仲裁的独立性更为明显，正逐步地与一般商事仲裁区分开来，具体表现为：

首先，各地仲裁委员会广泛设立专门的金融仲裁机构。在金融纠纷解决专业化要求下，我国一些主要一线城市的仲裁委员会纷纷设立了专门的金融仲裁机构。以广州仲裁委员会为例，2011 年 7 月，广州仲裁委员会与中央驻粤金融监管部门共同研究，确定以广州仲裁委员会为平台，由中央驻粤金融监管部门、广州市金融办、金融行业协会、律师协会共同组建广州金融仲裁院，由广州金融仲裁院处理金融类纠纷。各地仲裁委员会设立的专门金融仲裁机构，为金融仲裁的深化发展提供了物质基础，从组织、人员等物质条件上，为金融仲裁提供必要的支撑。其次，金融仲裁规则的独立化也彰显金融仲裁的专业性。专门的金融仲裁机构需要与之配套的仲裁规则，否则仅仅是换汤不换药，无法体现金融仲裁的特点，更无法适应金融纠纷的要求来处理案件。以广州金融仲裁院为例，广州金融仲裁院以《仲裁法》和国际惯例为依托，在吸纳国内先进仲裁成果的基础上结合金融纠纷的特点，广州金融仲裁院制定了《金融仲裁规则》，作为解决金融纠纷的专门性规则。独立的金融仲裁规则不仅在形式上与一般商事仲裁规则相独立，在内容上更异于一般仲裁规则，这些新内容主要体现在高效性、专业性及国际化等方面。再次，金融仲裁的程序更适应金融纠纷的解决要求。一是更高效的程序机制。时间上，当前各金融仲裁规则设定的整体程序期限，较一般商事仲裁最少缩短三分之二；在经济上，金融仲裁机构分级调低了收费标准，以广州金融仲裁院为例，在遵循国务院法制办收费标准的同时，广州金融仲裁院开创性地创设调解减半收费制度，即凡金融案件以调解方式结案，仲裁费均减半收取。二是更专业的仲裁员设置。各个金融仲裁机构通过创设金融仲裁员名册，聘任金融行业的法律专家以及资深从业人员担任金融仲裁员等措施，来提升金融纠纷解决的专业性。最后，国际化程度提高。当前各金融仲裁规则或详或略地规定了涉外金融仲裁。如《上海金融仲裁规则》就专设"涉外金融仲裁"一章应对国际金融纠纷的解决。此外，金融仲裁机构的金融仲裁员名单中也广泛吸纳了外籍仲裁员。

四、我国金融仲裁制度的完善

(一) 突出独立性

作为一般商事仲裁制度的延伸，金融仲裁由于其处理纠纷的特点以及解决争议的独有优势，与一般商事仲裁有所区分。金融仲裁从设立之日起，已冠上"金融"二字，无论从机构到规则，从纠纷类型到争议解决方式上，都应体现金融的特点，发挥金融仲裁应有的使命，否则金融仲裁何以独立于一般商事仲裁，其存在价值将受到质疑。在我国的仲裁实践中，各地仲裁委员会纷纷设立专门的金融仲裁机构以及金融仲裁规则。金融仲裁制度基于金融纠纷解决的专业需求和效率需求而创设，金融仲裁规则应将专业、高效原则作为我国金融仲裁制度的独特基本原则之一，来指导金融仲裁活动各个环节的进行。应通过昭示金融仲裁的价值追求，来体现金融仲裁的特性。

除了明确金融仲裁专业性、高效性的价值追求外，要突出金融仲裁的独立性，还可以通过针对类型化的金融纠纷，针对不同类型金融纠纷解决诉求的特殊性，制定相应的仲裁细则。这可以为更专业、更高效地解决金融纠纷提供规则依据和程序支持，使金融仲裁更为准确、具体地满足某类纠纷解决的特殊要求。我国金融仲裁机构也可采用同样的办法，将金融纠纷合理划分为银行、保险、证券等基本类别，分别设置更加细化、更具针对性的金融仲裁规则，以及分类更为精准的仲裁员名单，以更高效、专业地解决金融纠纷。通过具体细化的金融仲裁规则，使金融仲裁与一般商事仲裁有所区分。

(二) 加强专业性

仲裁的专业性主要包括仲裁机构的专业化和仲裁员组成、知识结构的专业化两方面内容。前者指仲裁机构自身业务的专业化，如纽约证券交易所的证券仲裁机构。在我国，如果金融仲裁依托金融行业来实现，其专业性自然易被认可；如果依靠综合性常设仲裁机构来实施，则可以通过内部精细的专业化分工，专辟金融仲裁服务，达到拓宽金融仲裁业务专业化道路的目的。在仲裁员专业化方面，要针对金融仲裁的特色，拓宽金融仲裁员的选任范围、加强对仲裁员的业务培训、培养仲裁员的道德修养，打造专业金融仲裁员这一金融仲裁制度名片。

(三) 提升高效性

如果排除较之一般商事仲裁制度的高效性，金融仲裁必然无法满足金融交易对时间及经济效率的要求，也丧失了存在的基本优势支撑。不论是通过各种程序流程简化设计，还是各种期限的要求，抑或是各种案件仲裁费用的分类处理，金融仲裁都应更加积极地将高效性作为其基本要求。

而随着信息技术的发达和电子商务在交易中的广泛运用，网上仲裁应运而生，为金融仲裁提高效率提供了一个难得的机遇。网上仲裁收费低于常规仲裁，且省略了差旅费等开支，大大降低了当事人纠纷解决的时间、经济成本。这对日益信息化、数字化的金融市场来说不啻是个好消息。因此，将网上仲裁优势运用到金融仲裁机制中，实现优势叠加，将金融仲裁机制的程序价值发挥到最大，不仅有必要而且是切实可行的。因为网上仲裁本质上是一种仲裁程序形式的变化，金融仲裁可以完全借鉴、结合网上仲裁的网络程序实现形式，通过节省送达时间、避开空间障碍，实现金融仲裁制度程序高效性的飞跃。广州仲裁委员会正在积极筹备网络仲裁院，并制定相应的网上仲裁规则，该规则旨在以在线方式独立公正、高效经济地解决经济纠纷，网络仲裁助力金融纠纷解决，将会更好地契合金融仲裁的价值追求。

五、结语

相信随着仲裁制度的不断发展和金融活动的不断深化，金融和仲裁结合的程度将更加紧密，方式将更加独特。未来的金融仲裁制度肯定会覆盖更广泛的金融纠纷范围，相关制度安排将更具包容度，更加切合金融市场安全稳定和发展的新需求。

参考文献

[1] 朱伟一：《关于金融纠纷仲裁的若干问题》，载《北京仲裁》，2012（1）。

[2] 周雯：《金融争议仲裁制度研究》，北京，中国政法大学，2004。

[3] 王津成：《金融仲裁：解决金融纠纷的有效方式》，载《经济导刊》，2004（5）。

[4] 霍洪涛：《金融仲裁的独立化》，载《人民法院报》，2005-07-18。

[5] 梁玲玲：《金融仲裁法律制度初探》，载《法治论坛》，2014（1）。

[6] 肖洪擎：《金融仲裁制度研究》，上海，华东政法大学，2008。

[7] 黎晓光：《论"入世"后我国金融仲裁制度的新发展》，载《国际经济

法学刊》，2004（8）。

［8］陈艳：《论国际金融仲裁的运用和发展》，载《国际商务研究》，2003（4）。

［9］缪因知：《论国际商事仲裁在金融争议解决中的运用》，载《政法论丛》，2006（3）。

［10］彭进：《论金融仲裁》，载《法制与社会》，2007（5）。

［11］梁松：《论我国证券仲裁法律制度的完善》，北京，中国政法大学，2008。

［12］王胜利、王文艳：《浅析我国的金融仲裁制度的发展脉络》，载《经营管理者》，2013（15）。

［13］王祖军、陈勇：《试论金融仲裁和金融风险的防范》，载《中国农业银行武汉培训学院学报》，2013（6）。

［14］王莹丽：《试析我国金融仲裁机制的发展与完善》，载《上海金融》，2011（9）。

［15］曾青：《我国金融仲裁机制的运行情况及发展趋势研究——以金融仲裁院仲裁实务为样本》，载《四川文理学院学报》，2014（3）。

银行提前收回贷款的相关法律问题探讨

陈燕珊[①]

一、案例基本情况介绍

某银行与姚某于 2013 年 12 月 11 日签订《综合授信合同》，约定姚某向某银行申请使用最高授信额为 23 万元，借款期限为 12 个月，自 2013 年 12 月 11 日至 2014 年 12 月 11 日。合同还对逾期利息、复利以及还款方式进行了约定。另外，合同第 33 条约定，任一授信提用人出现在一段时间内无法联系、转移财产、抽逃资金、逃避债务以及其他恶意违反本合同约定、损害银行权益的行为，或授信提用人违反本合同、具体业务合同、具体业务申请书约定的义务及承诺的，银行有权调整或取消全部或部分授信额度、要求任一授信提用人另行提供担保以及对本合同项下任一授信提用人已提取的全部或部分借款要求提前清偿，有权行使担保权，要求授信提用人赔偿银行为行使权利而支付的仲裁费、保全费及其他实现债权的费用。

2013 年 12 月 11 日，银行与李某签订《最高额担保合同》，约定李某为《综合授信合同》项下的全部债务承担连带责任保证，担保范围为本合同约定的被担保之主债权和利息、逾期利息、复利以及为实现债权而发生的一切费用（包括但不限于仲裁费、保全费等）。第 22 条约定，主债务履行期限届满（包括申请人宣布借款提前到期的情况），债务人未依约清偿的，申请人有权行使担保权。2014 年 1 月 10 日，银行依约发放借款 23 万元划入姚某的账户。2014 年 5 月 15 日，姚某未依约付息。经多次催收，姚某仍未履行合同义务，银行遂依照合同中的仲裁条款提起仲裁申请。

---

① 陈燕珊，就职于广州仲裁委员会。本文是作者所在单位向第 14 次珠江金融论坛——"金融法制环境建设论坛"推荐的参评论文，但未能赶上本次论坛征文的评审，论坛组织者将其列入交流论文。

　　银行认为姚某未依约支付利息，经多次催收依然不履行合同义务，依据《综合授信合同》的约定，姚某违反合同承诺未按期足额支付利息的，银行有权要求姚某提前清偿借款，即有权解除合同，姚某应向银行偿还借款本金23万元及至清偿之日的利息、逾期利息、复利，李某应为姚某的债务承担连带清偿责任。

　　庭审时，姚某和李某表示《综合授信合同》及《最高额担保合同》均为银行提供格式合同版本，其中《综合授信合同》中关于银行提前收回贷款的约定以及《最高额担保合同》中在银行提前收回贷款的情况下李某需提前履行担保义务的约定，扩大了合同相对人的义务，限制了合同相对人的权利，应为无效条款。姚某表示愿意补交逾期利息，其逾期付息的行为不足以构成银行提前收回贷款的事由，请仲裁庭驳回银行要求解除合同提前收回贷款的主张。另外，即使银行提前收回贷款的主张成立，李某作为担保人依然具有担保合同约定的期限利益，不应在银行提前收回贷款的情况下承担连带责任。

　　仲裁庭开庭审理后认为，银行与姚某签订的《综合授信合同》及银行与李某签订的《最高额担保合同》是各方当事人的真实意思表示，并未加重合同相对人的义务，也未排除合同相对人的主要权利（即在合同约定范围内获得借款），不属于《合同法》所规定的格式条款的问题，合同内容也没有违反法律、行政法规的强制性规定，合同合法有效，对双方当事人均具有法律约束力，双方应当依约履行。银行依据《综合授信合同》的约定于2014年1月10日向姚某发放23万元借款，还款采用按月付息、到期一次性还本的方式，还款日为每月15日，到期日为2014年12月11日。姚某自2014年5月15日起未按合同约定归还借款利息，已构成违约，银行要求解除《综合授信合同》。依据《综合授信合同》的约定，姚某违反合同承诺未按期足额支付利息，银行有权要求姚某提前清偿借款，即有权解除合同。现姚某逾期还息的行为已经违反了《综合授信合同》的约定。银行要求解除《综合授信合同》的请求，有事实和合同依据，仲裁庭予以支持。根据《合同法》第九十七条的规定，合同解除后，尚未履行的，终止履行；已经履行的，根据履行情况和合同性质，当事人可以要求恢复原状、采取其他补救措施，并有权要求赔偿损失。故银行要求姚某提前偿还欠款本金的请求，有合同及法律依据，仲裁庭予以支持。根据《合同法》第二百零六条、第二百零七条的规定，借款人未按照约定的期限返还借款的，应当按照约定或者国家有关规定支付逾期利息。故姚某应按合同约定向银行支付借款利息、逾期利息和复利。

　　关于银行要求李某对姚某的债务承担连带保证责任的请求，依据《最高额担保合同》约定，李某为《综合授信合同》项下的全部债务承担连带保证责任，担保范围为本合同约定的被担保之主债权和利息、逾期利息、复利及为实现债权而发生的一切费用（包括但不限于仲裁费、财产保全费等）。现姚某未能依约清偿到期借款，根据《中华人民共和国担保法》第十八条"连带责任保证的债务人在主合同规定的债务履行期届满没有履行债务的，债权人可以要求债务人履行债务，也可以要求保证人在其保证范围内承担保证责任"的规定，李某应对姚某的上述债务承担连带清偿责任。

二、问题的提出

上述案件是一起较为典型的银行请求提前收回贷款的借款合同纠纷。银行认为姚某逾期支付利息违反了合同的约定，银行有权解除合同，并要求姚某承担相应的违约责任，而李某应基于担保合同的约定对姚某的债务承担连带责任。而姚某、李某认为借款合同和担保合同是格式合同，存在部分条款无效，姚某愿意补交逾期利息，银行提前收回贷款没有依据。再者，即使银行提前收回贷款，也不能要求担保人提前履行担保义务。因此，该起仲裁案件处理的关键在于银行行使提前收回贷款权利的依据是否充分以及银行提前收回贷款时担保人是否应当提前承担担保责任。

三、相关法律问题研究

（一）关于银行收回贷款的依据是否充分的问题

提前收回贷款，简单地讲，就是指银行在合同约定的还款期限届满前要求借款人提前履行部分或全部还款义务。在国际商业贷款业务中，借款合同中预设的银行提前收回贷款条款通常被称为贷款"加速到期条款"。[①] 约定贷款加速到期条款是商业银行信贷业务中的普遍做法，目的在于当借款人出现经营危机时能够及时有效地保护银行债权。但是在借款合同中，借款期限是一个非常重要的商业和法律条款，它既是借款人承担还款义务的起点，同时也是借款人对抗银行提前收回贷款的依据，银行提前收回贷款实际上是对借款人期限利益的剥夺，是一种较为严重的违约后果，还会引发银行和借款担保人的权利义务发

---

① 在英美法中，"加速到期"条款往往被用于贷款协议、抵押合同、本票、债权或信托契据等。

生变化。因此，银行要求提前收回贷款必须符合法律规定或者合同约定，具有相应的事实依据方可实施。

现实中，银行为了实现银行借款债权的及时保全，往往对提前贷款的情形进行广泛的约定，并要求借款人提供担保。但是，对提前收回贷款的情形约定越广泛，借款人以及相关关联主体在订立和履行合同过程的权利和自由就会受到越多的限制。因此在金融仲裁实务中，借款人经常会提出收回属于加重借款人责任的无效格式条款的抗辩。那么，银行在借款合同中提前收回贷款的情形以及在担保中担保人在银行提前收回贷款的情况下应提前承担担保责任的约定，是否属于格式条款呢？就上述仲裁案件而言，首先，上述约定为各方意思自治的真实表示，并且没有违反国家强制性法律的规定。其次，在借款合同中，银行作为出借方，其主要义务为发放贷款，而借款人则负有按合同约定还本付息以及不得损害银行债权实现的义务。可见，按期支付利息是借款人在借款合同中的基本义务，即使是银行为防范由于借款人的恶意违约行为导致借款债权风险扩大而制定的，与银行要求提供担保签订担保合同一样，是作为银行发放贷款的对价条件。银行发放贷款后即履行了主要义务，如果借款合同仅明确借款人需承担到期还款付息义务，贷款人在到期前只能消极等待的话，则显然不足以防范银行在整个借款合同履行期间的风险。银行出于风险防范的考虑在合同中约定提前收回贷款的情形，并要求担保人提前履行担保义务，实际上并没有扩大借款人的义务，也没有排除借款人的主要权利（即在合同约定的范围内获得借款），因此上述条款不属于格式条款。

既然合同为合法有效的，合同双方当事人对于合同具有全面履行义务，姚某逾期支付利息已经违反了合同的约定，损害了银行的权益，应该承担相应的违约责任。那么借款人姚某逾期支付借款利息是否足以构成银行提前收回贷款的事由呢？首先，我们先来探讨银行提前收回贷款是否可以归入合同法现有的违约责任承担方式的问题。对此，目前在我国的司法实践中是存在争议的，一种观点认为，提前收回贷款并不同于合同解除，而是一种独有的违约责任形式。[①] 这种观点认为，提前收回贷款是一种以丧失期限利益为代价的责任，它无须解除合同即可行使。另一种观点认为提前收回贷款是因借款人发生违约行为时银行行使合同解除权的效果之一，而非独立的违约责任方式。该观点认为，在借款人发生特定违约事由时，银行行使法定解除权或约定解除权时，未到期

---

① 吴合镇：《银行业务中的法律问题》，北京，人民法院出版社，2006。

贷款的归还是合同解除后当事人对已履行部分恢复原状的表现。笔者较为赞同第二种观点，即认为提前收回贷款是因借款人发生预期违约行为时银行行使合同解除权后的效果之一。金融机构借款合同是指办理贷款业务的金融机构作为贷款人一方，向借款人提供贷款，借款人到期返还借款并支付利息的合同。借款人的目的在于获得借款的期限利益，银行的目的在于获得借款利息。根据《合同法》关于解除合同的规定，当事人一方迟延履行债务或者有其他违约行为致使不能实现合同目的，当事人可以解除合同。银行收回贷款对借款人来说是一种非常严重的违约后果，借款人丧失期限利益，已经意味着借款合同的目的无法实现，借款合同已经没有继续履行的必要，因此，如果银行要行使提前收回贷款的权利，必须申请解除合同。具体到本文仲裁案例，双方当事人在合同约定了银行提前收回贷款的情形，现借款人姚某逾期支付利息，已经构成《综合授信合同》中约定的恶意违反合同约定，损害银行权益的情形。《合同法》规定："当事人可以约定一方解除合同的条件。解除合同的条件成立时，解除权人可以解除合同。"因此，该案仲裁庭对银行申请解除合同以及提前收回贷款的请求予以支持，仲裁庭的裁决是合理的。

通过上面的分析不难发现，在一般情况下，银行在借款合同中对提前收回贷款的情形进行约定，只要借款合同约定的情形没有违反现有合同法律的强制性规定，借款合同的约定即为有效的。借款人逾期支付利息，即使事后愿意补交利息，基于借款合同的约定，银行依然可行使提前收回贷款的权利。应当注意的是，《合同法》第九十六条规定："当事人一方依照本法第九十三条第二款、第九十四条的规定主张解除合同的，应当通知对方。"银行在提前收回借款前还应当履行相应的通知义务。

（二）关于银行提前收回贷款后借款担保人是否应当提前履行担保责任的问题

如前所述，笔者认为借款人归还未到期借款仅是承担合同解除责任的后续义务。那么银行提前收回贷款将会导致的法律后果具体包括哪些方面呢？一是解除合同，借款人的违约行为已构成根本违约，银行根据合同约定行使合同解除权。二是利息处罚的问题，合同解除的原因在于借款人，借款人在合同解除后未履行还款义务的，按合同到期后借款人未履行还款义务，即自合同解除之日起全部未还贷款即转化成逾期贷款，之后即按逾期罚息利率计收利息。三是担保的问题，银行提前收回贷款会引发银行与借款担保人之间权利义务的变化。就上述仲裁案例而言，银行与李某之间的《最高额担保合同》中已对担保人是否还具有担保合同规定的期限利益进行了约定。《最高额担保合同》第二十二条约定，主债务履行期限届满（包括银行宣布借款提前到期的情况），债务人未依约清偿的，银行有权行使担保权。该约定为双方当事人意思自治的结果，并没有违反国家相关法律的强制性规定，因而是有效的，双方当事人应当依约履行，担保人即李某应当提前履行担保义务，对借款人姚某的债务承担连带保证责任。

通过上面的分析我们可以看出，在担保合同有约定的情况下，银行提前收回贷款，担保义务人将与借款人一同丧失期限利益，提前履行担保义务。那么如果在担保合同没有约定的情况下，银行提前收回贷款要求归还借款时是否可以要求担保人提前承担担保义务？笔者认为，除非担保人同意提前履行，否则担保人依然享有担保合同约定的期限利益，银行需等期限届满才能向担保人主张担保权。可见，在借款人未按银行提前收回贷款时担保人是否还具有担保合同规定的期限利益应该按照担保合同的约定进行处理。

四、结语

随着商业环境的发展与变化，银行风险防控意识不断增强，风险防控管理技巧日臻成熟，提前收回贷款条款是银行广泛应用于风险控制的一种常用方法。银行在借款合同中对提前收回贷款的情形约定越来越宽泛已是必然的趋势。银行提前收回贷款势必影响借款人的实际经营活动，因此，借款人在履约过程中应该注意规避借款合同中约定的银行可以提前收回贷款的情形，全面履行合同义务，当违约情形出现时，积极与银行协商。而担保人除了要对借款人按期还本付息的能力进行评估外，还应该注意担保期限利益的实现。

参考文献

［1］吴合镇：《银行业务中的法律问题》，北京，人民法院出版社，2006。

［2］李春：《商业银行提前收回贷款的法律问题探讨》，载《上海金融》，2007（8）。

［3］曹换：《银行贷款合同中加速到期条款的法律问题分析——以中国工商银行与三鹿集团金融借款纠纷案为例》，载《法学博览》，2014（1）。

［4］刘泽华、王志永：《银行宣布贷款提前到期的风险与防控》，载《金融法苑》，2010。

［5］中国工商银行山西支行：《银行要求借款人提前还款的纠纷及启示》，载《金融法苑》，2011。

新闻报道
XINWEN BAODAO

珠江金融论坛提出：
网络仲裁一定会成为互联网金融守护神

中国经济导报网（记者：皮泽红）等①

刚刚结束的中共十八届四中全会作出依法治国的决策，广州就召开了以"金融法制环境建设"为主题的珠江金融论坛。

2014年10月28日上午，由广州金融业协会和广州仲裁委员会主办、广州金融仲裁院承办的第14次珠江金融论坛在广州隆重举行。本次论坛针对当前金融生态环境不断发展与个别金融领域法制建设相对滞后的矛盾，从实务角度对金融法制环境建设的方针、路径进行了有益的探索。

当日，论坛主持人、广州市人民政府金融工作办公室聂林坤副主任介绍，珠江金融论坛是广州地区高端金融学术交流平台，至今已经是第14次，是以论坛兼培训的形式推动建设广州金融中心，这是论坛举办的初衷之一。此次举办金融论坛是广州金融界以实际行动迅速贯彻依法治国方针的表现。

此次论坛，由广州仲裁委员会陈忠谦主任、广州市中级人民法院执行局刘跃南局长、广东金融学院金融法研究中心张长龙主任担任主讲嘉宾。

陈忠谦：网络仲裁特性与互联网金融最匹配

经过三十多年的改革开放，我国的经济发展模式发生重大调整，互联网产生并渗透到人们生活方方面面。互联网金融也逐渐深入到传统金融业务的核心当中。而且互联网金融也进一步向多元化、大众化方向发展。而与此相对应的是，互联网金融的高速发展，也带来了大量的纠纷。那么，位于相隔千山万水的互联网金融当事人之间产生的矛盾如何解决？这也成为互联网金融进一步发

---

① 该篇报道发表于中国经济导报网2014年10月29日，中国发展网等网络媒体对其进行了转载。

展的瓶颈。

当日珠江金融论坛上，广州仲裁委员会陈忠谦主任接受本报记者采访时表示，在不久的将来，网络仲裁一定会成为互联网金融的守护神。

他说，理由很简单，网络仲裁特性与互联网金融最匹配。

首先，网络仲裁与互联网金融都没有地域的限制。一旦互联网金融当事人有纠纷要解决，网络仲裁可以将在不同地域的互联网金融当事人、仲裁员有机联系在一起。

其次，网络仲裁与互联网金融都具有便捷性。随着科技的发展，平板电脑、手机越来越普及，人们可以随时随地上网，而与传统的仲裁相比，便捷性也正是网络仲裁的最大优势。当事人之间有关仲裁的各种文件、证据都可以通过电子邮件即刻传送。在由三个仲裁员组成仲裁庭的情况下，仲裁员对仲裁案件的合议，以及仲裁裁决的作出，甚至仲裁员对裁决的电子签名等也都可以通过网络的手段，而不必集中到一个特定地点进行。

最后，互联网金融形成的部分证据，包括网上支付、电子合同等都是通过网络形成的。通过网络仲裁，举证、质证变得轻而易举，当事人只要通过网络将电子证据推送到仲裁机构系统即可。

据了解，目前通过仲裁解决纠纷的案件数，广州是超出北京和上海的。不过，陈忠谦也坦言，当前金融领域纠纷通过仲裁解决的比例比较低，主要原因有以下几点。一是通过诉讼解决纠纷古来有之，而我国引进仲裁制度不到20年，要让社会接受需要一个过程。二是通过仲裁解决纠纷，一定要双方书面同意才可以走仲裁程序。三是仲裁机构自身发展也良莠不齐。四是法院断案，以公开为常态，以不公开为例外（涉及隐私等），而仲裁则相反，以不公开为常态，以公开为例外，导致外界对仲裁程序知之甚少。但是陈忠谦仍然很自信。他说，仲裁的特点是时间快，一般一个月内就可以结案，而且保密性强，重要的是广州仲裁委员会是一个集合高校教授、企业界代表、银行专家、资深律师等人员的一个非常专业的平台，只要做好服务，坚持公平和高效原则，一定会走出一片新天地。

刘跃南：金融机构妨碍执行情况时有发生

金融是现代经济的核心、国家经济的命脉。2008年国务院批复的《珠江三角洲地区改革发展规划纲要》明确提出在广州建设区域金融中心，而建设区域金融中心需要良好的司法环境。

据本报记者了解，2013 年 3 月，广州市中级人民法院为更好地服务广州市建设区域金融中心的目标，成立了金融审判庭，同时为解决金融案件的执行难问题，该法院执行局根据金融案件的特点，强化了内部的职能分工，成立了专门的执行合议庭办理该类案件。2014 年 1～9 月，该院金融审判庭共新收案 1283 件，同比增加 191 件，增长 17.49%；结案 871 件，同比增长 51.22%。而在执行方面，自 2013 年以来，广州两级法院涉及金融机构的总收执行案件数 12960 件，其中结案 10324 件，执行到位金额 23.67 亿元。

广州市中级人民法院执行局刘跃南局长认为，在当前形势下，一定要正确认识协助人民法院依法执行与提高金融行业公开竞争水平的关系，比如说，金融机构通过法律救济手段收回大量呆滞贷款，合法权益得到维护，但当法院按法律规定要求其协助执行其他案件时，个别机构又从自身利益出发，为留住客户，违法地拒绝或变相拒绝履行协助义务。

刘跃南介绍说，当前金融机构协助人民法院执行工作存在的问题有四个方面：一是明显违反规定，另行制定"土政策"。比如，在收到法院发出查询冻结通知后，仍然要求本行领导签字或领导批准同意后才进行。二是变相拒绝履行协助义务。如银行系统内拒绝提供全部账户及存款信息，要求执法人员逐个网点查询。三是消极履行协助义务。如金融机构各柜台之间相互推诿，拖延办理协助事项，有的甚至以法院级别太低为由拒绝法院查询。四是金融机构内部管理不规范导致执行不畅。如多头开户、违反存款实名制规定等，导致法院执行难。

张长龙：金融知识要恶补

广东金融学院金融法研究中心主任、教授张长龙，作为广州地区十大杰出中青年法学家，一上台演讲就直奔主题。他说，金融法制环境也是金融生态环境的一个部分。广州市最近出台了《广州市金融生态环境建设实施方案》，包括几个方面的内容，一是信用方面，二是改善金融法制环境，要建立金融司法联系机制，加强金融债权保护，完善金融纠纷调解机制，大力推广金融仲裁，建立金融诉讼的绿色通道，加大金融案件的执行力度。

他提到，最近给广东全省金融监管部门培训小额贷款公司监管人员，监管部门提出金融创新太快，金融知识跟不上，如何进行监管是个很大的问题。

因此，张长龙认为，金融创新的法律风险必须要引起高度重视。法律风险不等于违法风险，有些银行认为不违法就可以，认为不违法就没有法律风险，这是错误的。这样把法律的可预见性固定化、无限扩大，是不行的。在司法实践中还有大量的非理性、偶然性的因素，存在灰色地带。特别是金融行业，很多法律规定是非常模糊的。例如 P2P，很多企业在打擦边球，在 2012 年深圳召开 P2P 行业会议，讲到如何操作，很多人以为自己没有违法，但实际上可能是违法的。

张长龙特别提醒大家关于刑事法律风险问题。在实践中大家能够预见自己行为的法律后果是最好的。他举例说，有一位医生在开处方药的时候拿回扣，检察院起诉的时候罪名就是受贿罪。但张长龙认为不是这个罪名，他认为，这类行为跟银行工作人员受贿是类似的，应当是非国家工作人员受贿罪，这位医生受贿金额是一万多元，应以非国家工作人员受贿罪定罪。张长龙以自己是广东省人民检察院专家咨询委员身份提出异议，最后这位医生也是以非国家工作人员受贿罪定罪，判了缓刑。所以，恶补金融知识，提高防范金融风险的能力刻不容缓。

图说：广州市人民政府金融工作办公室聂林坤副主任在主持论坛（图略）

广州中院："隐蔽账户"妨碍
金融案件执行

21 世纪经济报道（记者：曾颂）等[①]

广州市中级人民法院执行局局长刘跃南在第 14 次珠江金融论坛上披露了广州金融案件的最新数据。

为应对金融案件的增长，广州市中院于 2013 年 3 月成立了"金融审判庭"。2014 年 1 月至 9 月，该审判庭新收案 1283 件，同比增加 191 件，同比增长 17.49%；结案 871 件，同比增长 51.22%。

与温州此前公布的数据相比，广州的情况尚属"温和"。但刘跃南对 21 世纪经济报道记者表示，执行中发现有部分金融机构涉嫌不依法履行协助义务，甚至给被执行人开设"隐蔽账户"，有助其逃废债务之嫌。

法院执行时常常碰到赖账不还现象，明明有钱却不还，执行人员需要银行配合从其账户划款。但刘跃南指出，一些单位"多头开户"现象给执行带来一定阻碍：名下账户十几个，有的单位基本账户存款为零，资金仅存放在专用账户上。"部分金融机构协助被执行人多头开户，在各账户间隐匿存款。"

此外，执行人员发现部分银行涉嫌违反存款实名制规定，开户姓名与身份证号码不对应、改动单位名称、公款私存，使当事人得以逃废债务。有的银行所开账户是"隐蔽账户"，在人民银行系统上不能查到；或者即使在人民银行登记备案，但账户信息更新过慢。

一些问题则与银行的业务流程有关。譬如在收到法院发出的查询、冻结通知后，银行工作人员仍要求本行领导签字或批示才执行；查询单位存款时要求提供完整账号；有能力查询异地存款信息的，拒绝查询。

"还有的银行系统不能直接划款，必须先冻结才能进入划拨操作，迫使法院

[①]　该篇报道发表于 21 世纪网 2014 年 10 月 29 日中国·政策栏目，凤凰财经、和讯网、搜狐财经、网易新闻、巨人财经、证券时报网、金融界、华讯财经等网络媒体对其进行了转载。

作出不必要的裁决，导致执行程序不严谨。"刘跃南说，一些地方频频发生不协助法院执行的现象，是部门利益和地方保护主义的表现。

"隐蔽账户"到底是什么账户？广州某国有大行支行长对21世纪经济报道记者解释道，单位"多头开户"现象确实存在，有的是为了设"小金库"，有的是银行为完成揽存任务，为企业专设的账户，但都受人民银行颁布的《人民币银行结算账户管理办法》（以下简称《办法》）约束，"至少据我所知，不存在完全隐蔽的账户"。

根据前述《办法》，单位可开立四种账户，包括基本存款账户、一般存款账户、专用存款账户以及临时存款账户。其中一般存款账户不需要人民银行核准，企业开多个账户时最常选用。与基本存款账户相比，一般存款账户少了取现、向个人账户转存等功能。

前述支行长称，一般存款账户虽不经央行核准，但同样要报备，"隐蔽"不了多久。"央行系统信息不是实时更新，新设账户大概要两周才能查到。"他认为，执行人员查不到账户可能"只是时间问题"。

此外，一些单位将资金放在专用账户里。由于账户资金要求专款专用，法院划拨时可能要走一些程序，但并非无法划拨。

他还强调了分支行"管辖权"的问题。"执行环节关键是找到当事人的开户行。因为分支行对管辖范围外的账户，行里严令禁止查询信息，更不要说划拨、冻结了。"至于账户信息与当事人实际情况不符，他表示有可能发生，关键看银行的管理能力。

刘跃南透露，从2013年至今，广州两级法院执行了12960件涉及金融机构的案件，现已结案10324件，执行到位金额23.67亿元，执行到位率35.52%。"金融机构是执行工作的最大受益者。通过法律救济收回了大量呆滞贷款，合法权益得到维护。"

穗设网络仲裁院化解金融纠纷

大公网（记者：方俊明）[①]

近年互联网金融呈多样化、大众化发展，伴随而来的金融纠纷亦激增，"影子银行"频现。广州中院今天透露今年前三个季度金融庭结案量同比飙升逾50%。而广州仲裁委也专门建立网络仲裁院，旨在研究将互联网金融纠纷通过网络仲裁解决。

第 14 次珠江金融论坛之"金融法制环境建设论坛"今天在穗开幕。

广州仲裁委主任陈忠谦在论坛上表示，随着互联网金融逐渐深入到传统金融业务的核心当中，内地的互联网金融从第三方支付开始，逐步向网络筹资、网络投资、个人理财服务等领域拓展，特别是今年以来，众筹、P2P、网络股权交易平台等多种金融交易工具亮相，互联网金融进一步向多样化、大众化方向发展，也伴随产生大量纠纷。

对此，广州仲裁委专门建立网络仲裁院，研究将互联网金融纠纷通过网络仲裁解决，因为两者都是没有地域的限制，都具有便捷性；而互联网金融形成的大部分证据，包括网上支付、电子合同等都是通过网络形成的。目前开发的网络仲裁系统为当事人提供 UKEY 认证登录，网络仲裁形成的电子文件、电子档案或纸质档案的数字化副本使用了可信的时间戳认证，由中国科学院国家授时中心提供授时与守时监测。

"融资担保公司监管也存在较大问题。"广东金融学院金融法研究中心主任张长龙表示，从广东省金融办地方处了解到，2011 年广州拿到经营许可证的融资性担保公司有 382 家，但在工商部门注册的有"担保"字样的公司近 3000 家。目前很多担保公司都在从事吸收存款和发放贷款的业务，实际上扮演了"影子银行"的角色，往往不以公司的名义，而以公司法人代表的亲属等名义从事民间借贷，近年警方破获的利用担保公司等中介机构进行非法集资的案件呈现上升趋势。

---

① 该篇报道发表于大公网 2014 年 10 月 29 日。

第 14 次珠江金融论坛在广州成功举办

中国仲裁网①

　　2014 年 10 月 28 日上午，由广州金融业协会和广州仲裁委员会主办、广州金融仲裁院承办的第 14 次珠江金融论坛在广州珠江宾馆隆重举行。本次论坛以"金融法制环境建设"为主题，来自政府机构、裁判机构、金融企业的代表共聚一堂，针对当前金融生态环境不断发展与个别金融领域法制建设相对滞后的矛盾，从实务角度对金融法制环境建设的方针、路径进行了有益的探索。

　　中央驻粤金融监管机构领导以及金融企业代表等 200 多人出席了此次论坛。本次论坛由广州市金融办聂林坤副主任主持，广州仲裁委员会陈忠谦主任、广州市中级人民法院执行局刘跃南局长、广东金融学院金融法研究中心张长龙主任担任主讲嘉宾。

　　陈忠谦主任首先做了"从仲裁角度看企业投融资的法律风险"的主题演讲。陈主任从企业投融资的自身法律风险防范出发，结合广州仲裁委员会受理的典型案件，阐述了企业在借贷合同的签订、履行过程中所面临的各种法律风险并就上述风险的防范与可控性发表了看法。同时，陈忠谦主任从成立背景、治理模式、仲裁规则制定、仲裁员队伍建设等方面介绍了广州金融仲裁院的发展，金融仲裁灵活、专业、高效的特征符合当前金融纠纷多元化、纠纷解决便捷化的发展潮流。陈忠谦主任还因应互联网金融的兴起和与会嘉宾一同分享了网络仲裁这种新型仲裁方式并表示广州仲裁委员会作为一家一直致力于提供现代法律服务的仲裁机构，必须顺应互联网时代的要求，才能为当事人提供更优质的服务。

　　随后，针对当前广州市金融案件审判、执行工作开展情况，刘跃南局长向与会者介绍了广州中院金融审判庭、执行合议庭等机构在规范金融案件审判执

---

　　①　该篇报道发表于中国仲裁网 2014 年 11 月 7 日。

行流程方面发挥的积极作用。刘跃南局长表示，良好的金融生态环境建设离不开金融机构的依法协助，但现实中仍存在不少金融机构不配合执行的情形，增加了执行工作的难度。执行工作不仅要保证债权人权利的实现，还需要在法院办案效率和外部社会效益上达到理想的平衡。这种平衡的实现有赖于法院与金融机构之间的执行联动以及金融监管部门加强对金融机构怠于履行协助义务的责任追究。

张长龙主任则在"金融创新的法律实务"的主题演讲中，通过四个典型金融案例揭示当前金融创新进程中所遇到的法律问题，无论是小额贷款公司或是融资担保公司的监管仍存在许多不完善的地方；实践中关于金融创新与非法集资的界限并不清晰，准确界定非法集资与其他金融活动是非常必要的。张长龙主任认为，必须从严守法律法规、抓住规制要点、不断完善立法、引导利用资源四个方面对金融创新进行法律规制，并结合最高院和省高院的有关文件精神，探讨金融创新的纠纷解决问题。

三位主讲嘉宾的精彩演讲，引起台下热烈的反响，与会人员就金融法制环境建设中的有关问题与主讲嘉宾们进行了深入的交流与探讨。论坛现场还对"金融法制环境建设论坛"征文活动的获奖论文作者进行了表彰，广州市金融办聂林坤副主任向活动承办方广州金融仲裁院颁发了第 14 次珠江金融论坛——金融法制环境建设论坛纪念杯，广州仲裁委员会副主任、广州金融仲裁院李立之副理事长作为代表上台领取纪念杯。

本次珠江金融论坛的成功举办，为仲裁机构、人民法院与金融机构之间的沟通协调、充分对话提供了一个良好的平台，有助于更好地处理金融争议。三位主讲嘉宾对于金融仲裁、执行实务和立法方面的权威解读，既为金融案件当事人维护自身合法权益提供了有益指引，也为构建公平、公正的金融司法环境、完善金融执法体系提供了有效助力。

前三季广州金融类案件增 17.49%

广州日报（记者：李婧暄）等①

记者从第 14 次珠江金融论坛获悉，目前，广州地区金融类案件增长有所抬头，数据显示，2014 年 1~9 月，广州市中级人民法院金融庭新收案 1283 件，同比增加 191 件，增长 17.49%，结案 871 件，同比增长 51.22%。

---

① 该篇报道发表于《广州日报》2014 年 10 月 29 日 AII2 金融版，凤凰财经、搜狐财经、网易新闻、中国新闻网、中国日报网等网络媒体对其进行了转载。

广州电视台综合频道
《夜间新闻》有关报道

广州电视台（记者：董婷）[①]

　　广州金融业协会今天举办第 14 次珠江金融论坛，本次论坛以"金融法制环境建设"为主题，针对当前金融生态环境不断发展与个别金融领域法律建设相对滞后的矛盾，从实务角度对金融法制环境建设的方针、路径进行了探索。

　　（视频略）

---

　　①　该篇报道发表于广州电视台综合频道 2014 年 10 月 28 日 23：00《夜间新闻》栏目。